Le parcours de l'Odyssée Sibérien

Lac Baïkal - Moscou : 8 000 km

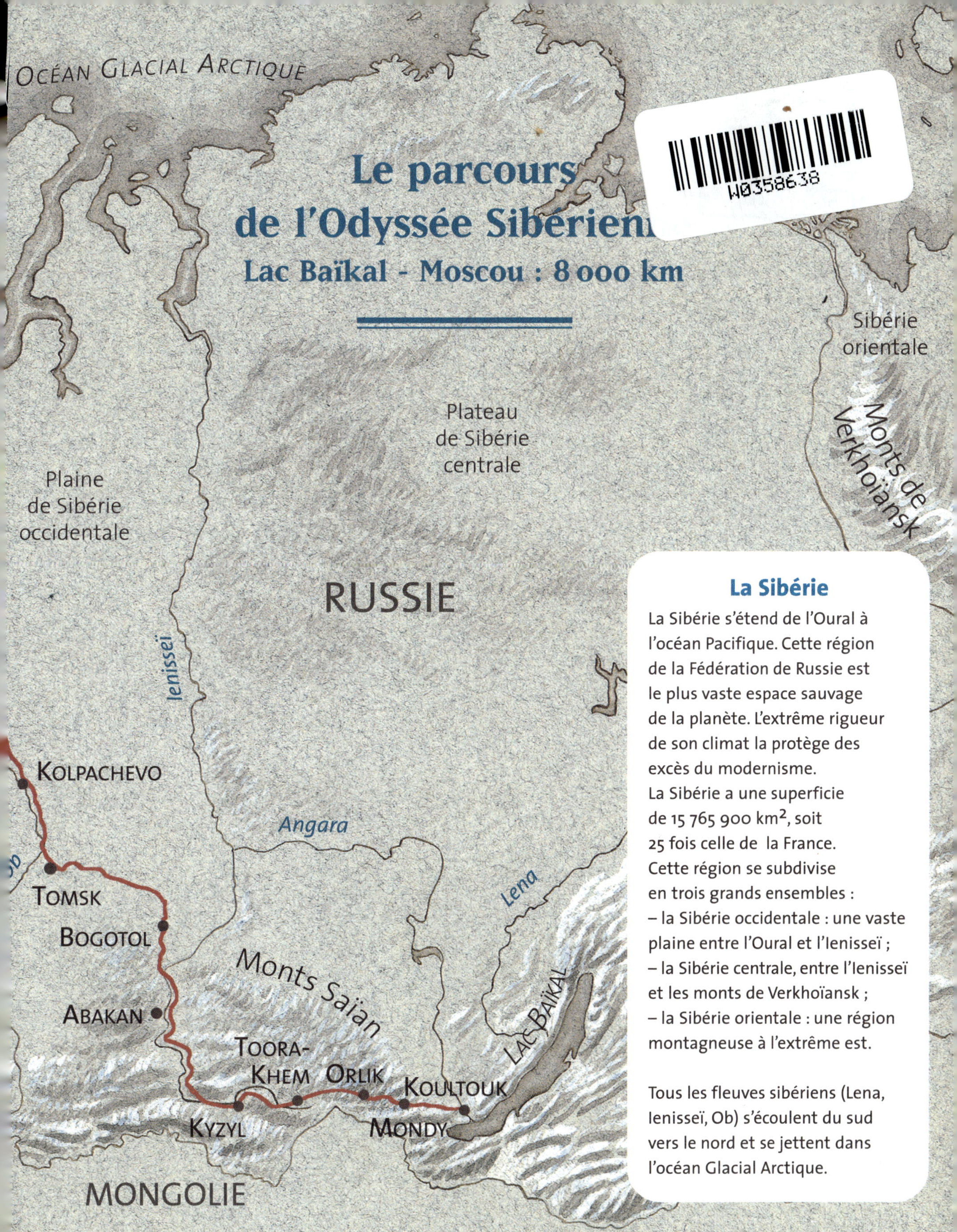

La Sibérie

La Sibérie s'étend de l'Oural à l'océan Pacifique. Cette région de la Fédération de Russie est le plus vaste espace sauvage de la planète. L'extrême rigueur de son climat la protège des excès du modernisme.

La Sibérie a une superficie de 15 765 900 km², soit 25 fois celle de la France.

Cette région se subdivise en trois grands ensembles :

– la Sibérie occidentale : une vaste plaine entre l'Oural et l'Ienisseï ;

– la Sibérie centrale, entre l'Ienisseï et les monts de Verkhoïansk ;

– la Sibérie orientale : une région montagneuse à l'extrême est.

Tous les fleuves sibériens (Lena, Ienisseï, Ob) s'écoulent du sud vers le nord et se jettent dans l'océan Glacial Arctique.

et le plus court est le chemin tracé par la nature. » Marc Aurèle

NICOLAS VANIER

Avec la collaboration de
Marie Rouvillois

L'ODYSSÉE SIBÉRIENNE

Le guide de l'aventurier
pour découvrir et protéger la nature

« Le rêve utile,
tel est le but de l'Odyssée Sibérienne. »

Nathan

Ce livre a été réalisé par Agence Media

Coordination : Philippe Tamic
Mise au point des textes : Françoise Caille
Maquette et mise en page : Françoise Bouvard, Laurence Canaveira et Sylvie Daudré
Lecture correction : Catherine Lucchesi, François Berland.

Conception graphique : Romain Hisquin
Illustrations : Grégory Blot, Nicolas Debon, Jean-François Pénichoux, Claude Quiec

Couverture : Romain Hisquin (photo © Thibaut Branquart)
Carte d'ouverture et de fin : Philippe Mignon

Coordination Équipe Nathan
Sophie Caron (Édition), Jean-François Saada et Pauline Martin (Artistique)
Merci à Carole Coulon et Lieve Louwagie pour leurs conseils

Fabrication : Claire Svirmickas

Remerciements à Taïga

ISBN : 2-09-251355-9

Le rêve utile, tel est le but de l'Odyssée Sibérienne.

Le sous-titre de cet ouvrage résume assez bien le sens que j'ai voulu donner à cette expédition.

Réchauffement climatique, déforestation, biodiversité, développement durable... tant de termes mal compris de la plupart d'entre nous, parce que nous avons besoin d'exemples concrets, qui nous vont droit au cœur. Je ne suis ni un scientifique, ni un homme politique. Je me considère comme un témoin, un ambassadeur de la nature, que je pense bien connaître pour avoir consacré plus de vingt-cinq ans de ma vie à sillonner les espaces sauvages du Grand Nord.

En traversant ces terres lointaines, que l'on croit encore préservées, j'ai constaté combien notre planète va mal. Ces terres sont très fragiles, prioritairement touchées, et leur état préfigure ce que sera le monde demain.

Je suis ému à l'idée qu'une grande partie des « pays d'en haut » va disparaître. Avec des photos, des anecdotes, des jeux, des activités à réaliser dans la nature, je t'emmène à la découverte de ces territoires. Je veux partager avec toi mon émotion, te donner l'envie de les aimer et de les protéger.

« Nous ne pouvons rien faire », diront certains.

À cela, je réponds que la solution vient de chacun d'entre nous, de notre capacité individuelle à changer nos comportements et notre façon de consommer. Il faut en finir avec le décalage démesuré qui existe entre ce que nous gaspillons et ce que notre belle Terre peut donner. C'est un défi formidable que nous devons relever, un défi enthousiasmant car il ne s'agit pas de se priver, mais de vivre mieux. La nature pleure, il faut la consoler. Nous en sommes capables.

Nicolas

Sommaire

« Nous n'héritons pas la terre de nos parents,

LA PRÉPARATION

L'Odyssée Sibérienne avait un double objectif :

- effectuer en traîneau à chiens la traversée du Grand Nord sibérien du lac Baïkal jusqu'à Moscou, soit 8 000 kilomètres de taïga, de toundra et de montagne ;
- réaliser un « rêve utile » en s'appuyant sur cette formidable expédition pour sensibiliser le public à la fragilité de ces grands espaces.

Un projet de cette envergure s'organise dans les moindres détails, sinon on court à l'échec.

15 SEMAINES D'EXPÉDITION

-62 °C TEMPÉRATURE LA PLUS FROIDE

ET PLUSIEURS MILLIERS DE RENCONTRES...

nous l'empruntons à nos enfants. » Proverbe indien

PRÉPARER L'ITINÉRAIRE

Afin de déterminer le meilleur itinéraire, je commence toujours par étudier une carte à grande échelle. J'aime ce moment où le rêve se matérialise sous la forme d'un trait fébrilement tracé sur une carte. Au fur et à mesure que le crayon avance, j'imagine les paysages, les montagnes à franchir, les fleuves à suivre, les grandes étendues de forêt ou de toundra à traverser...

Le crayon cherche l'eau. C'est elle que l'on suit le plus souvent possible. En milieu sauvage, les routes naturelles que constituent les fleuves, les lacs ou les mers gelés sont préférés à tout autre type de terrain. On ne s'en écarte que contraint et forcé, lorsque les fleuves et les rivières sont imparfaitement gelés ou inutilisables.

Toutefois, comme beaucoup d'autres détails essentiels, l'état de la glace n'apparaît pas sur une carte. Il faut ensuite se rendre sur le terrain et effectuer une première exploration.

Reconnaître le terrain

Nous collectons des informations dans les villages situés sur le parcours. Cependant, elles se contredisent parfois ou paraissent trop imprécises. Nous organisons alors des sorties, complétées parfois d'un survol en avion ou en hélicoptère, pour nous faire une idée des difficultés et des solutions possibles.

Par exemple, les villageois nous signalent qu'une région a été dévastée par un feu, et les arbres abattus empêchent toute progression. La reconnaissance menée en avion révèle que cette forêt ne monte pas très haut : le passage est donc possible par les alpages, en allant plus au nord.

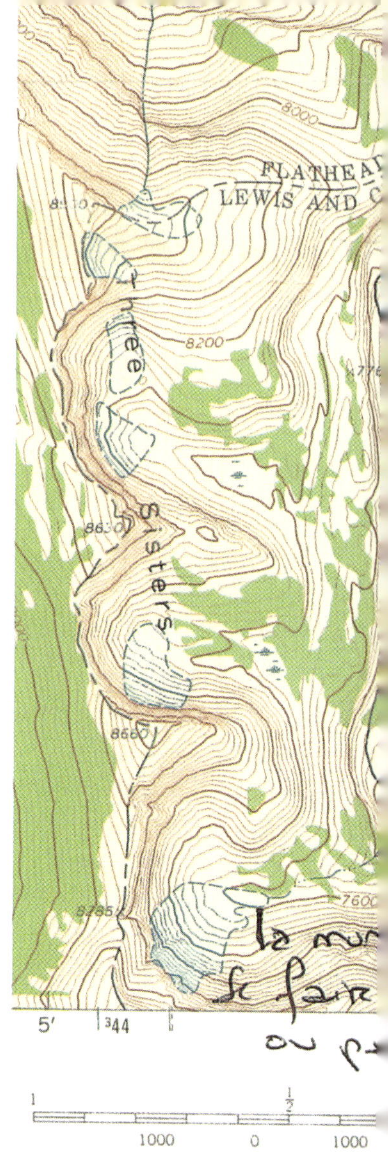

Repérage

Lorsque nous effectuons un survol aérien, je note le maximum d'informations sur une carte la plus précise possible.

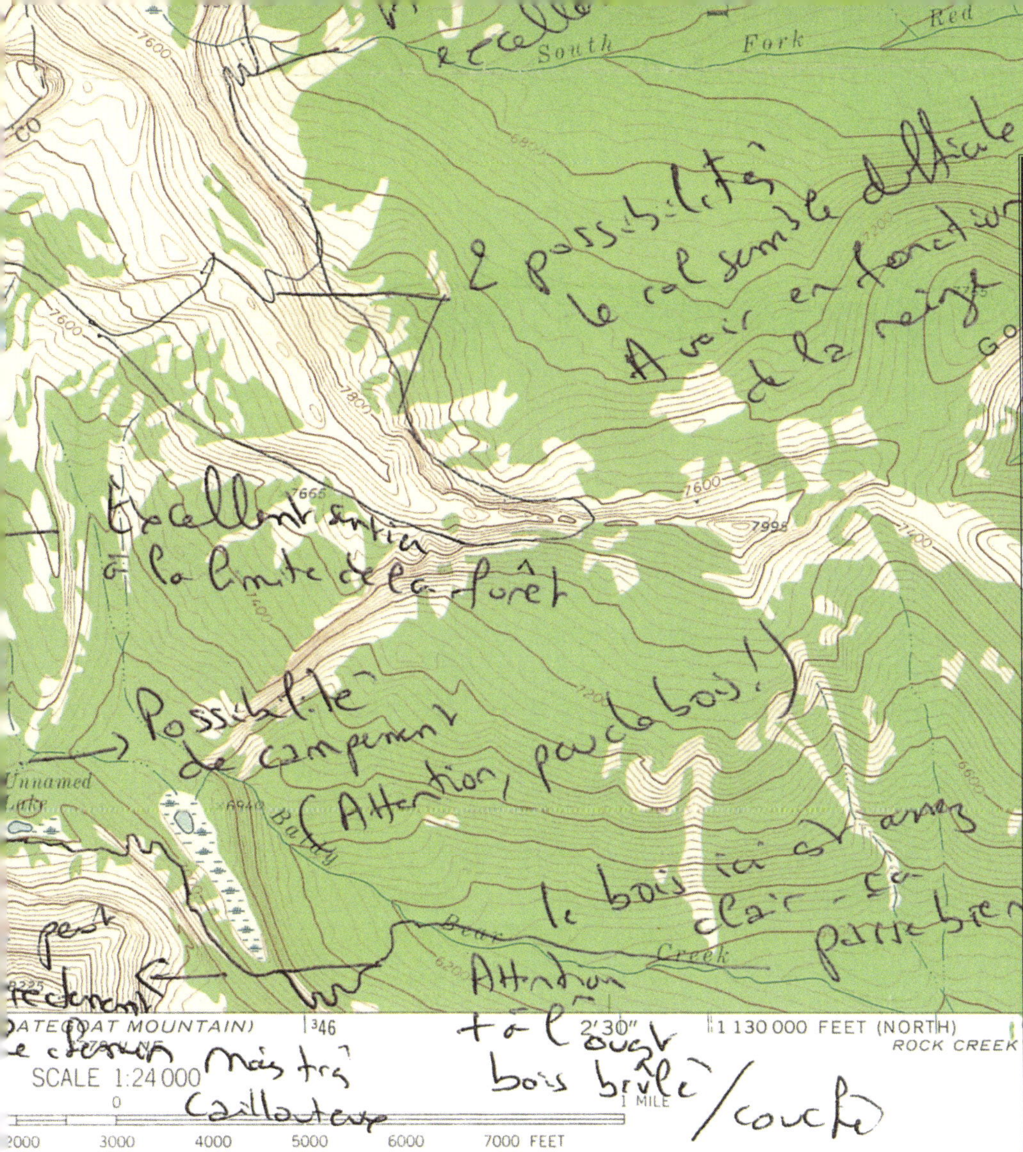

Organiser les dépôts de ravitaillement

Durant l'Odyssée Sibérienne, j'ai voyagé sur un traîneau tiré par dix chiens qui consommaient chacun 1,5 kilo de nourriture par jour. Le calcul des dépôts s'est donc fait en multipliant le nombre de jours par 15 kilos (10 chiens x 1,5 kilo). Un traîneau peut contenir 60 kilos de matériel (sac de couchage, vêtements de rechange, hache, scie...), auxquels on peut ajouter au grand maximum 150 kilos de nourriture, soit dix jours d'autonomie. La préparation de l'itinéraire doit tenir compte de cette autonomie et fixer un point de dépôt au moins tous les dix jours, même s'il faut faire un détour pour traverser un village à l'écart du tracé. Quand deux villages sont distants de plus de dix jours, on organise un ravitaillement aérien, coûteux mais indispensable.

Les points de ravitaillement

Dans chacune des régions visitées, nous recrutons au sein de la population des correspondants chargés de prévoir les dépôts de nourriture, de répondre à nos questions et de résoudre des problèmes techniques.

Nous achetons des cartes très détaillées sur lesquelles nous notons toutes les informations recueillies. En mesurant les distances le plus précisément possible, nous évaluons le nombre de jours nécessaires pour se rendre d'un point de ravitaillement à un autre.

Les autorisations

Une fois que le tracé du parcours et les différentes étapes sont fixés, la tâche suivante consiste à demander les autorisations administratives, obligatoires pour se rendre dans certaines zones de Russie.

On peut faire cette requête par l'intermédiaire de l'ambassade de France à Moscou ou en s'adressant directement aux administrations locales. Attention, les accords donnés par oral ne suffisent pas. Les fonctionnaires changent, mais les écrits restent !

ENTRAÎNER LES CHIENS

On ne voyage pas en traîneau sans avoir entraîné les chiens car, sans préparation physique, ils n'iraient pas très loin. L'entraînement doit être progressif et de longue durée pour que les chiens, tels des athlètes de haut niveau, parviennent à une excellente condition sans effort excessif. Durant l'Odyssée Sibérienne, les chiens devaient parcourir presque 100 kilomètres par jour l'entraînement a donc commencé dès le mois de juillet.

L'exercice consiste à les faire courir chaque jour un peu plus, mais toujours moins qu'ils ne le souhaitent. Au début, on prévoit une promenade de 10 kilomètres alors qu'ils pourraient facilement tenir 5 de plus. Une semaine plus tard, on les fait courir 20 kilomètres alors qu'ils ont manifestement envie de courir 10 kilomètres de plus... Et ainsi de suite de semaine en semaine, jusqu'à ce qu'ils puissent couvrir 80 kilomètres sans effort et sans s'arrêter.

De cette façon, on stimule à la fois le plaisir et la vitesse. Le plaisir est maintenu, car on arrête les chiens avant qu'ils n'aient le temps de sentir la fatigue. Mais, sans cesse frustrés, ils tentent de compenser en allant plus vite. Or, la vitesse est l'objectif recherché, car plus les chiens parcourent vite la distance quotidienne de 80 kilomètres, plus leur temps de repos avant le départ suivant est long et profitable.

Le programme d'entraînement

JUILLET
15 km/jour x 4 jours – 1 jour de repos – 20 km/jour x 3 jours – 1 jour de repos. On reprend cette séquence jusqu'à la fin du mois.

AOÛT
25 km/jour x 3 jours – 1 jour de repos – 30 km/jour x 2 jours – 1 jour de repos...

SEPTEMBRE
40 km/jour x 4 jours – 2 jours de repos – 50 km/jour x 2 jours – 1 jour de repos...

OCTOBRE – 15 NOVEMBRE
On allonge les distances.

SECONDE QUINZAINE DE NOVEMBRE
80 km entrecoupés de périodes de repos de moins en moins longues, jusqu'à faire 2 x 80 km avec seulement 2 heures de repos. La dernière semaine, les chiens ne font plus qu'environ 10 km par jour.

L'entraînement dans l'eau
La nage est un bon exercice pour les chiens... et pour ceux qui les entraînent.

Travailler la traction
L'été, on entraîne les chiens en leur faisant tracter un quad...

L'équipe de l'Odyssée Sibérienne
L'équipe était composée de pisteurs, de régisseurs, de cameramen, de preneurs de son, d'interprètes travaillant notamment sur le grand projet d'éducation à l'environnement, qui nécessitait l'envoi régulier de photos, de textes, de films... De gauche à droite : debout, Thomas, Nicolas, Patricia, Pierre, Emmanuel, Jean ; assis, Didier, Sacha et Rock.

CONSTITUER L'ÉQUIPE

Certaines expéditions se font en solitaire, d'autres en équipe. Dans ce dernier cas, il faut savoir bien s'entourer.
Les candidats sont nombreux, car beaucoup de jeunes gens veulent vivre de telles aventures. Ils sont souvent séduits par les grands voyages racontés dans les films, les magazines ou les livres, mais la réalité est tout autre. Ce n'est pas facile de partir en quittant tout, ses amis, ses parents et son confort. Certains déchantent lorsqu'ils sont sur le terrain. En ce qui me concerne, je ne juge pas les gens sur l'expérience, elle est pour moi secondaire par rapport à la motivation.
Une équipe peut se comparer à un bouquet de fleurs : celui qui le compose doit faire preuve de discernement et ne pas mettre dans un même vase des fleurs dont les couleurs jurent entre elles. Il en est des équipiers comme des fleurs.
Certains éléments sont compétents pris séparément, mais, placés au sein d'une équipe, ils nuisent à son harmonie. Il faut mettre ensemble les couleurs qui s'accordent et se complètent.
Les hommes sans défauts n'existent pas. Un chef d'équipe doit connaître les qualités de ses équipiers et les valoriser pour les placer aux postes où ils donneront le meilleur d'eux-mêmes.

FINANCER L'EXPÉDITION

L'arrivée de l'Odyssée Blanche
Après latraversée intégrale du Grand Nord canadien en moins de 100 jours, plusieurs milliers de personnes et plus de 200 journalistes étaient présents à l'arrivée.

Mon premier voyage dans le Grand Nord

Il avait pour objectif la Laponie. J'ai pris le train gare du Nord, à Paris, avec un billet bon marché offert aux scolaires pendant les vacances. Je suis descendu à Kiruna, le dernier arrêt situé au-delà du cercle polaire arctique. Pendant un mois, sac au dos et avec quelques centaines de francs de l'époque, j'ai marché sur les hauts plateaux, où j'ai rencontré des éleveurs de rennes et découvert ce Grand Nord qui me fascinait tant.
J'y ai réalisé mes premières photos et mon premier film amateur avec une petite caméra super-8 achetée d'occasion pour 50 francs. C'était le début d'une longue aventure.

Comment trouver de l'argent ?

Une expédition telle que l'Odyssée Sibérienne est onéreuse : la reconnaissance effectuée par deux personnes durant deux mois en Sibérie, le voyage aller-retour des dix chiens depuis le Canada, les assurances, tout cela représente des coûts importants.
Pour pouvoir s'offrir une telle aventure, il est donc indispensable de chercher des financements.
Si l'expédition est relayée par les médias et qu'elle véhicule des valeurs qui servent l'image de certaines grandes entreprises, il est possible de trouver des sponsors. Ces derniers proposent alors de l'argent en échange de l'effet de publicité offert par l'expédition.
Ainsi, un grand fabricant de nourriture pour animaux peut être motivé à l'idée d'associer son nom et son image au projet pour démontrer que ses produits sont d'excellente qualité, puisqu'ils nourrissent les athlètes que sont mes chiens de traîneau. De même, des fabricants de vêtements, de matériel sportif ou de piles vont offrir de nous équiper pour profiter de l'exposition médiatique de l'expédition.

Être connu

Encore faut-il être connu. Plus on l'est, plus la médiatisation est grande. Si un inconnu se rend au pôle Nord à pied, il n'aura pas la même couverture médiatique – loin s'en faut – que Zidane s'il tentait l'aventure !
Mais le parcours est long avant de retenir l'intérêt des médias et des sponsors. Le mieux est de commencer par des projets peu coûteux pour se familiariser avec ce réseau complexe mais nécessaire à la réalisation de grandes aventures. Moi, j'ai commencé par travailler pour financer mes voyages...

COMMENT LA PRESSE EN PARLE ?

Pour qu'une expédition intéresse des partenaires, elle ne doit pas seulement adhérer à l'image de marque de l'entreprise, elle doit également être médiatisée pour que leurs noms et leurs logos puissent être vus du public.
Plusieurs moyens de médiatiser une expédition sont possibles.

Des films et des reportages, notamment pour la télévision

C'est le média qui intéresse en priorité les partenaires éventuels. C'est aussi le plus difficile à obtenir, car les télévisions sont harcelées de demandes et ne disposent chaque jour que d'un certain nombre d'heures de programmes potentiels. Outre la concurrence, l'accès au petit écran demande de savoir filmer et réaliser soi-même les images, ce qui n'est pas donné à tout le monde.

Des reportages dans la presse quotidienne ou dans les magazines

Les journaux et les magazines sont dans l'ensemble plus friands de scoops que du suivi d'aventures telles que les nôtres. Pour les intéresser, il faut leur fournir des reportages exceptionnels. Dans un monde où tout a été vu ou presque, ce n'est pas facile. La presse quotidienne régionale est souvent le média le plus adapté.

Des commentaires sur les radios

Les radios, comme les télévisions, choisissent chaque jour ce dont elles vont rendre compte. Des carnets de bord peuvent être mis en place, mais encore faut-il savoir raconter des histoires. La radio n'est pas un média facile, car elle apporte peu de visibilité aux partenaires.

Des livres

Ils intéressent les partenaires parce qu'ils constituent une trace durable du projet. Mais, bien entendu, on espère qu'ils sont également prometteurs de grand succès.

MON ÉQUIPEMENT

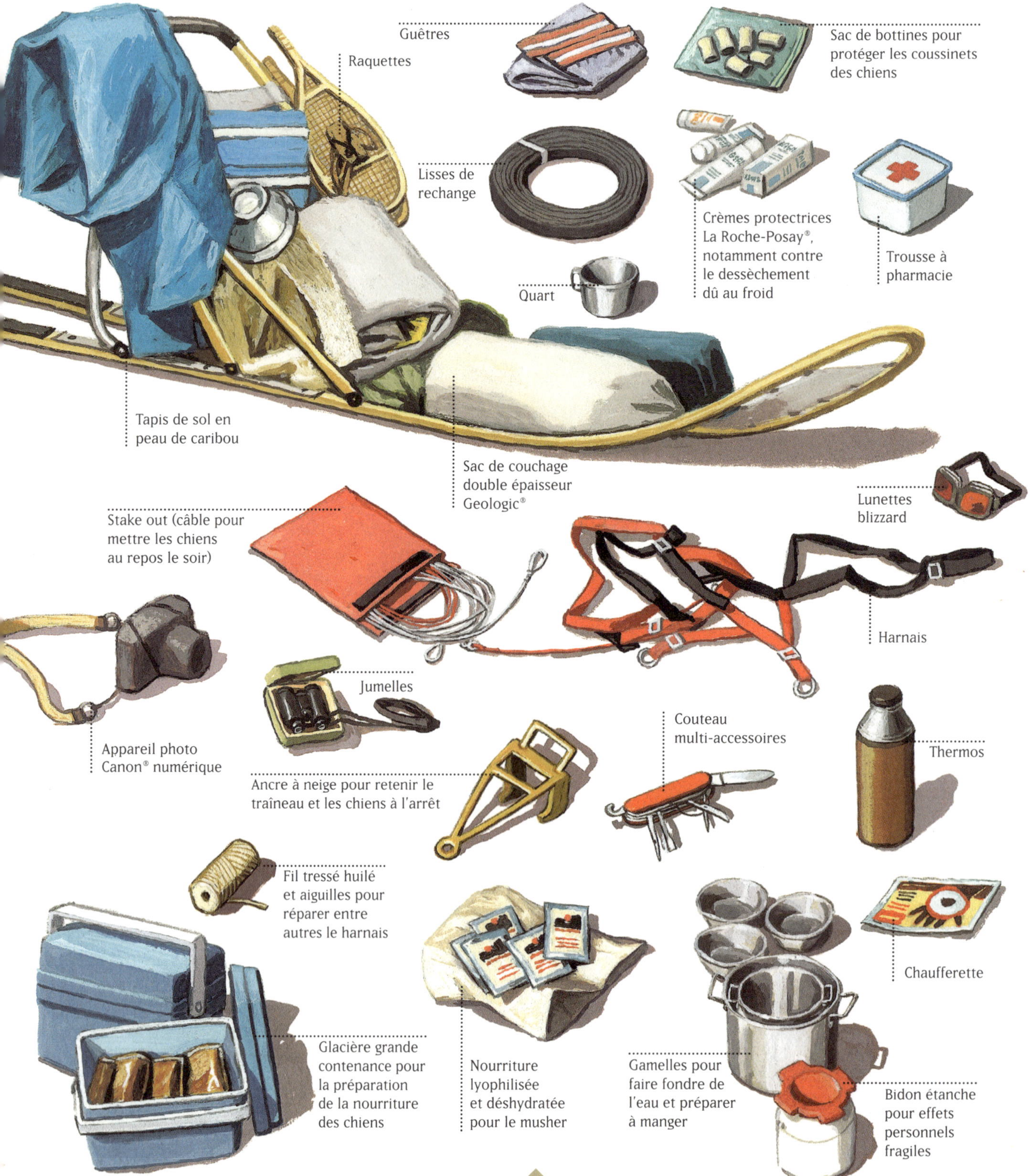

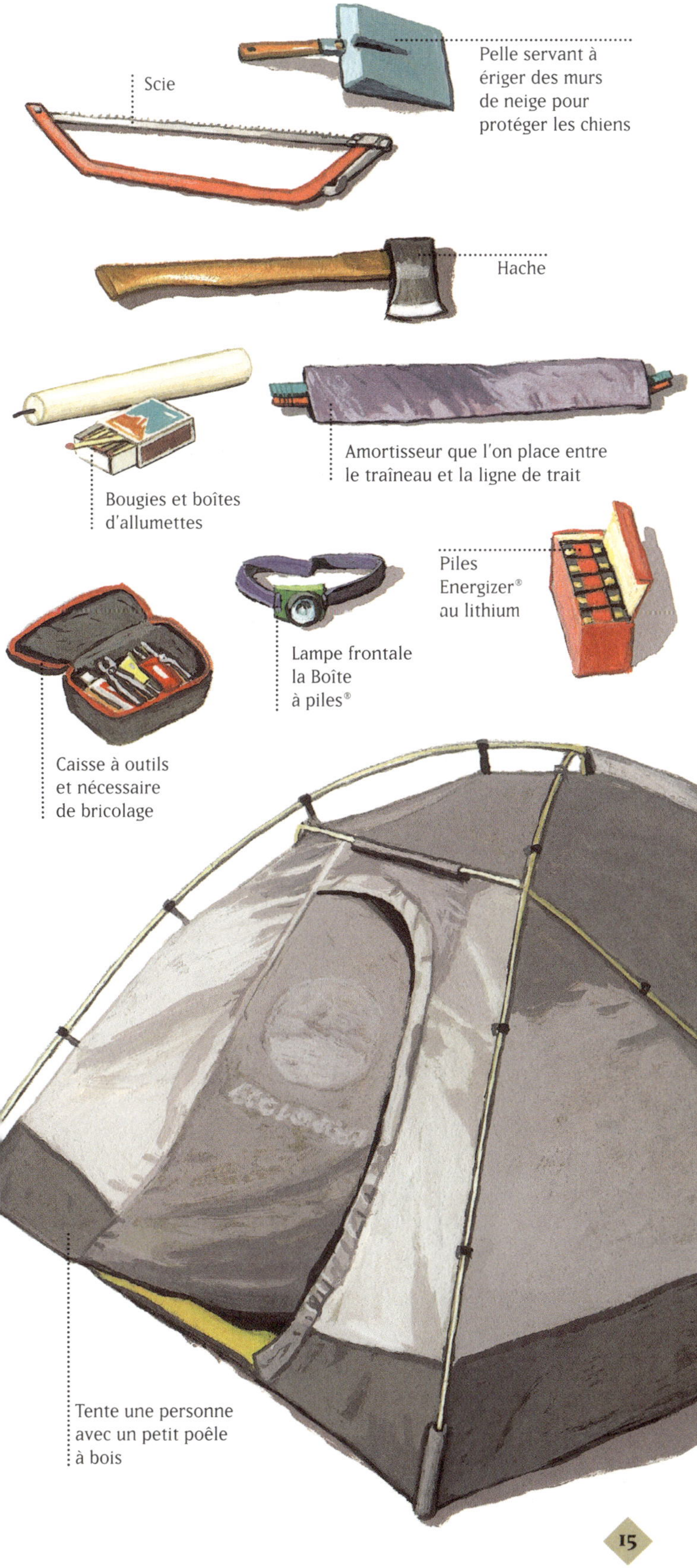

Les partenaires de l'Odyssée Sibérienne

Gaz de France, qui œuvre depuis longtemps pour le développement durable, a participé au financement de l'expédition, notamment en communiquant autour du programme de l'éducation à l'environnement mis au point avec l'Odyssée Sibérienne.
Geologic, la marque nature de Décathlon, a mis au point et fabriqué tous les vêtements et les sacs de couchage de l'Odyssée Sibérienne, montrant ainsi son grand savoir-faire.
Energizer a fourni toutes les piles au lithium nécessaires à l'expédition, sachant qu'il en fallait une grande quantité pour s'éclairer dans un pays où les nuits durent 18 heures en plein hiver.
Pedigree a mis au point une nourriture très riche et parfaitement adaptée aux besoins spécifiques des chiens. Elle se compose de granulés et de snacks que j'ai distribués toutes les deux heures.
À ces quatre partenaires principaux se sont ajoutés d'autres fournisseurs, comme *Yamaha,* qui a testé avec nous la dernière génération de motoneige particulièrement économe en énergie, *La Roche-Posay* avec ses crèmes protectrices, ainsi que *Normaction*, *Audisoft*, *la Boîte à piles,* etc.

TOI AUSSI, PRÉPARE TON AVENTURE

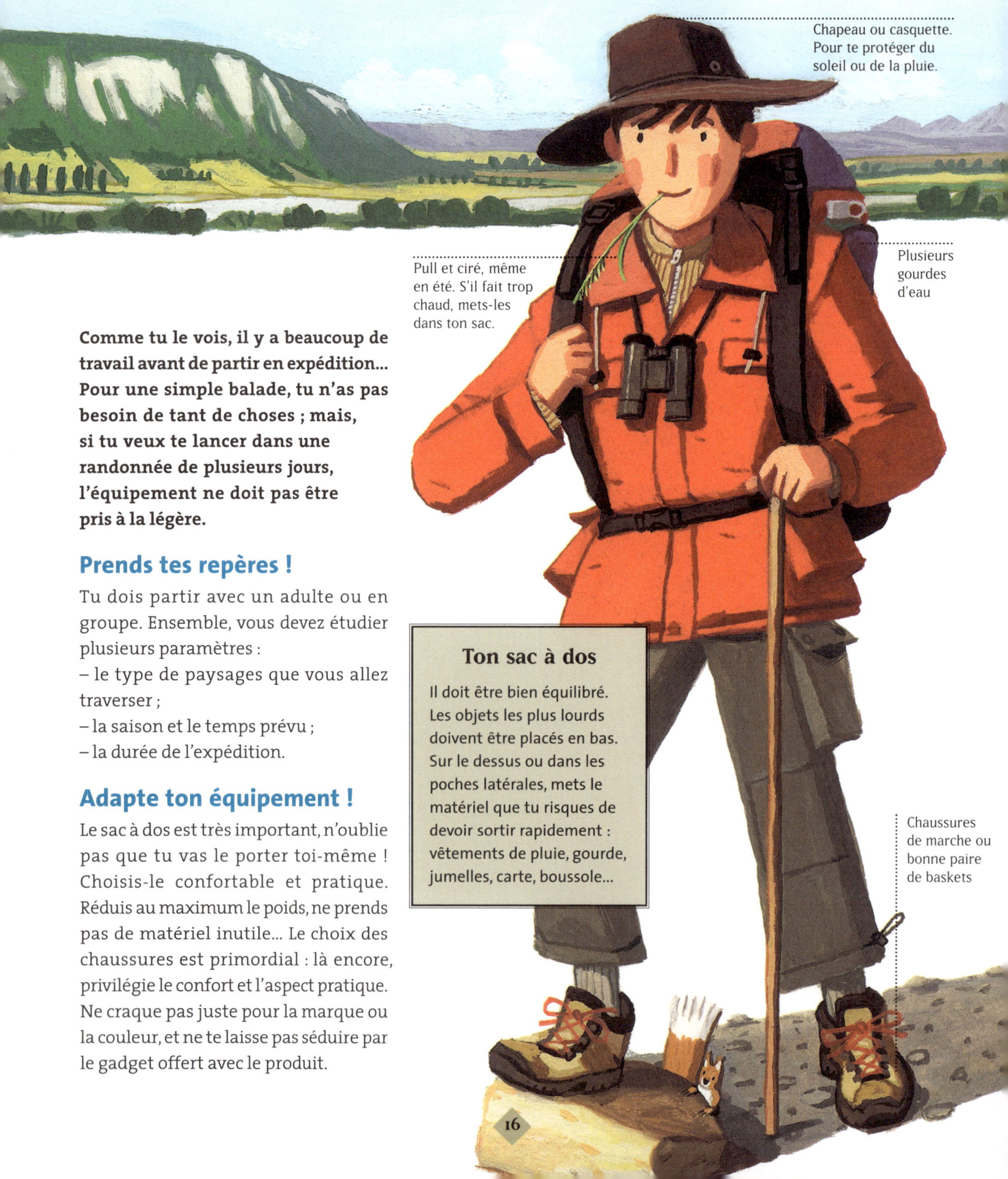

Comme tu le vois, il y a beaucoup de travail avant de partir en expédition... Pour une simple balade, tu n'as pas besoin de tant de choses ; mais, si tu veux te lancer dans une randonnée de plusieurs jours, l'équipement ne doit pas être pris à la légère.

Prends tes repères !

Tu dois partir avec un adulte ou en groupe. Ensemble, vous devez étudier plusieurs paramètres :

– le type de paysages que vous allez traverser ;

– la saison et le temps prévu ;

– la durée de l'expédition.

Adapte ton équipement !

Le sac à dos est très important, n'oublie pas que tu vas le porter toi-même ! Choisis-le confortable et pratique. Réduis au maximum le poids, ne prends pas de matériel inutile... Le choix des chaussures est primordial : là encore, privilégie le confort et l'aspect pratique. Ne craque pas juste pour la marque ou la couleur, et ne te laisse pas séduire par le gadget offert avec le produit.

Ton sac à dos

Il doit être bien équilibré. Les objets les plus lourds doivent être placés en bas. Sur le dessus ou dans les poches latérales, mets le matériel que tu risques de devoir sortir rapidement : vêtements de pluie, gourde, jumelles, carte, boussole...

Entraîne-toi !

Je te conseille de préparer ton expédition en campant d'abord dans ton jardin ou près de chez toi. Cela te permettra de tester ton matériel et t'entraînera à la vie en plein air ! Et surtout, apprends au cours de petites balades à te servir d'une boussole et d'une carte.
Marcher quelques kilomètres avec ton équipement te renseignera sur le poids que tu peux supporter. Très vite, tu sauras repérer l'indispensable.

Pour marcher librement, tu dois éliminer ce qui est inutile, parfois au détriment d'un certain confort. L'aisance pendant la marche vaut mieux que le confort à l'étape !

Le contenu de ton sac à dos

Que dois-tu emporter ? Tout dépend de ta randonnée, du type de terrains que tu vas traverser, du temps prévu, de la distance, etc. Voici quelques indispensables.

« Une immense nappe d'eau se déroulait aux pieds de

1 – LE LAC BAÏKAL

LE DÉPART

Installé sur la rive sud du lac, j'attends le moment favorable au départ et je profite du spectacle offert par cette immense étendue d'eau. Les Sibériens parlent du lac comme d'une mer, et ils en sont très fiers. Ses eaux sont d'une grande transparence : lorsqu'on le traverse en bateau, on est pris de vertige en regardant le fond. Voir, 40 mètres sous ses pieds, les poissons évoluer comme dans un espace aérien procure la sensation magique de voler.

Michel Strogoff. C'était le lac Baïkal. » Jules Verne, MICHEL STROGOFF, chapitre IX

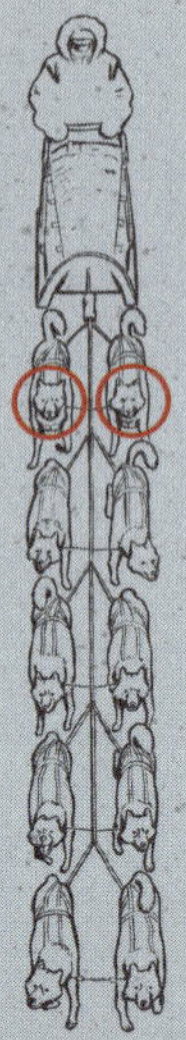

Sa place dans l'attelage

Un attelage est comme une équipe de foot. Les chiens occupent les postes pour lesquels ils sont le plus doués : à l'« avant », en « milieu de terrain » ou à l'« arrière ». Ils peuvent aussi évoluer ailleurs selon les circonstances. Au musher d'effectuer les bons placements. Les cercles rouges indiquent les deux places différentes que j'assigne à Tchito.

Tchito est un chien à part

Il est original tant physiquement que psychologiquement.

Dès l'arrêt, Tchito se couche !

Il n'est pas content de s'arrêter ; il ne le sera pas non plus au moment de repartir.

Tchito

Un vrai poisson !

Quand je me baigne avec les chiens dans le lac situé près de chez nous, au Canada, Tchito est toujours le premier dans l'eau. C'est le meilleur nageur de la bande. Si je nage vite, il est le seul à pouvoir me suivre. C'est une activité à laquelle il prend grand plaisir.

La nage est un excellent exercice pour les chiens : elle leur permet de se rafraîchir en été, de développer leur musculature et d'entretenir leur souffle.
Tchito est un bon nageur mais aussi un chien grognon, le plus bougon de la bande. On le voit à sa tête et à son comportement. Hors de l'eau, Tchito est un éternel mécontent. Quelle que soit la consigne, partir, s'arrêter, ralentir, accélérer, il a toujours l'air contrarié. En revanche, c'est un chien de traîneau exemplaire, très endurant, qui ne montre jamais aucun signe de paresse, à l'inverse de certains de ses compagnons !
Tchito est très copain avec Québec, le chef de la meute. Il s'est placé sous sa protection, si bien que personne ne lui cherche d'ennuis. Tchito est grognon mais malin !

Tchito est grognon

Ce mauvais caractère ne l'empêche pas de faire preuve d'une endurance incroyable.

Enfin le grand départ !

J'AVAIS TRENTE ANS et depuis vingt ans je rêvais de traverser la Sibérie, cette terre mythique sur laquelle j'avais lu absolument tout ce qui existait. Dans ma chambre d'enfant, j'avais affiché plusieurs cartes de la « grande terre froide » et j'imaginais déjà l'itinéraire d'une future expédition.

En 1990, très ému, j'ai pris la tête d'une caravane de dix chevaux, à la frontière sud de la Sibérie, et je suis parti pour un périple qui allait durer un an et demi. Il fallait un été entier à cheval pour traverser la gigantesque chaîne de montagnes qui s'étend de la frontière mongole au lac Baïkal, puis deux mois à la rame dans une vieille barque de pêcheur pour atteindre le nord du lac.

MA RENCONTRE AVEC OTCHUM

C'est au bord du lac Baïkal, alors que j'attendais l'hiver sur une petite île d'un demi-hectare, qu'un trappeur, Alexander, m'a donné mon premier chien de traîneau. Il s'appelait Otchum, du nom d'une petite peuplade disparue qui vivait autrefois sur les bords de cette véritable mer d'eau douce. Pendant un an, j'allais vivre avec lui cette formidable expédition.

Nous nous sommes mis en route pour un voyage de trois mois en traîneau à chiens. Dès la fin février, nous avions atteint la Yakoutie. Deux mois durant, nous avons traversé cette région en direction des monts de Verkhoïansk avec des poneys attelés au traîneau.

Alors a commencé un extraordinaire périple de six mois en compagnie d'un clan de nomades éleveurs de rennes. Ils se déplaçaient l'hiver en traîneau et l'été à dos de renne. Puis nous avons descendu la rivière Jana en canoë jusqu'à l'océan Arctique, étape finale de cette expédition.

Otchum et moi étions devenus inséparables, nous sommes rentrés en France ensemble.

La traversée du lac Baïkal en bateau

Toute l'équipe réunie au bord du lac Baïkal pour mettre en place la logistique et effectuer les derniers préparatifs est hébergée dans une sorte de campement qui sert de base au ministère russe des Situations d'urgence. Les chiens sont logés avec nous.
Le 1er décembre, à l'aube, nous quittons cette base pour Koultouk, un petit village situé à l'extrémité sud du lac, où doit avoir lieu le grand départ.
Le chef de la base a mis un bateau à notre disposition.
Le froid est tombé, de la glace s'accroche au bastingage et les chiens sont habillés de givre. La traversée doit prendre toute la journée. Je suis heureux. Sur les eaux claires du lac, je revis les sensations merveilleuses éprouvées en 1990 lorsque, pendant deux longs mois, j'ai remonté à la rame cette véritable mer d'eau douce avec une vieille barque de pêcheur achetée précisément à Koultouk.

OTCHUM ET SA DESCENDANCE

Je lui ai aussitôt trouvé une compagne nommée Ska, une belle chienne groenlandaise aux yeux jaunes. Avec elle, il a eu neuf chiots en trois portées successives qui ont constitué mon premier attelage.

Le nerpa
Un phoque d'eau douce

Le lac Baïkal est un site exceptionnel dont les eaux abritent plus de 3 500 espèces vivantes. Certaines espèces sont endémiques, c'est-à-dire qu'elles sont uniques. La plus emblématique est le phoque d'eau douce, aussi appelé nerpa.

Un mode de vie étonnant

Le nerpa a une fourrure gris argent, assez foncée sur le dos et plus claire sur le ventre.
Il passe la majeure partie de sa vie dans l'eau et remonte à la surface pour respirer. Grâce à un sang qui peut garder longtemps l'oxygène, il a la capacité de se maintenir sous l'eau plus de 50 minutes.
En général, il y reste environ 20 minutes pour attraper la quantité de poissons dont il a besoin pour se nourrir, soit 3 à 4 kilos par jour. En nageant, le nerpa peut atteindre 25 km/h ; mais sa vitesse « de croisière » est de 12 km/h, alors que les champions du monde de natation nagent à 7 km/h.
La source principale de nourriture du nerpa est le golomyanka, une espèce de poisson présente uniquement dans le lac Baïkal.
Il se nourrit surtout la nuit, quand les poissons remontent en surface.
En général, les phoques passent l'hiver sous la glace. Ils respirent par des trous d'air ouverts dans la couche de glace, souvent cachés par des congères ou par des monticules de glace.

Les bébés phoques

À la mi-mars, les mères donnent naissance aux bébés phoques dans des repaires qu'elles creusent dans la glace avec leurs griffes.
En forme de demi-ovale, ces abris peuvent mesurer jusqu'à 2 mètres de profondeur et 5 mètres de large.

FICHE D'IDENTITÉ

Le nerpa ou phoque d'eau douce

Espèce : mammifère marin
Territoire : le lac Baïkal et ses rives
Poids : de 50 à 150 kg
Taille : jusqu'à 2 m
Régime alimentaire : poissons (piscivore)
Reproduction : 11 mois de gestation pour une portée de 1 ou 2 bébés phoques

Un animal amphibie
Le phoque d'eau douce passe la majeure partie de son temps dans l'eau et remonte à la surface pour respirer.

Le savais-tu ?

Le phoque peut rester presque une heure sous l'eau sans respirer !

À la naissance, les bébés phoques, de couleur vert-jaune, pèsent environ 4,5 kilos. Au bout de deux semaines, leur fourrure devient blanche. Ce pelage leur sert de camouflage sur la glace pendant les deux mois que dure l'allaitement. Lorsqu'ils sont sevrés, la nourriture à base de poissons fait foncer leur fourrure.

La fourrure du nerpa

En 1994, le gouvernement russe a procédé à un recensement. Il y avait à l'époque 104 000 nerpas et il n'en reste plus que 60 000 aujourd'hui. Cette régression est due en partie à la pollution, mais plus encore à la chasse. Le nerpa est recherché pour sa viande, sa graisse et sa fourrure.
Les contrôles effectués sont insuffisants et ne dissuadent pas les braconniers, qui gagnent plus de 1 000 roubles – soit plus d'un mois de salaire – en vendant une seule peau. Et, malheureusement, la fourrure blanche des bébés se vend bien plus cher.

Un mystère

La présence du phoque d'eau douce dans le lac Baïkal est un véritable mystère !
Aucun scientifique n'a encore pu déterminer la façon dont s'est effectué ce peuplement. On suppose que, en des temps très reculés, la mer venait jusque-là puis s'est retirée.

J'étais sur une île. *Installé dans une cabane de pêcheur, j'attendais l'hiver pour repartir vers le nord avec les chiens de traîneau. Nous les entraînions chaque jour sur le marais, qui avait gelé bien plus tôt que le lac.*
Un matin, j'ai aperçu une grande plaque de glace qui dérivait vers moi, poussée par le vent. J'ai arrêté les chiens à l'abri d'une sorte d'épaulement de terrain et me suis approché, car j'avais vu des petits points noirs bouger sur la glace… Il y avait plusieurs centaines de phoques entassés sur cet îlot glacé ! Le vent soufflait fort et la glace dérivait assez vite vers moi. Je me suis caché et, malgré le froid (il faisait déjà – 40 °C), j'ai attendu en profitant du spectacle. Les phoques s'approchaient et je pouvais les voir dormir, jouer, gratter la glace, plonger dans l'eau et remonter prestement sur l'îlot. C'était extraordinaire !
Soudain, alors que les plus proches n'étaient plus qu'à une cinquantaine de mètres, les chiens se sont mis à aboyer furieusement. Quelle débandade ! En quelques secondes, dans un énorme brouhaha, tous les phoques se sont jetés à l'eau, fuyant vers un coin plus tranquille.
Je suis rentré à la cabane, ravi de ce spectacle impromptu. Deux jours plus tard, le lac était enfin gelé et nous sommes repartis.

Pendant dix ans, j'ai vécu avec Otchum de grandes et belles aventures loin de la Sibérie, en Alaska, en Laponie et au Canada. Puis les chiens ont vieilli. Otchum est mort, laissant ses petits-enfants prendre le relais.

C'est avec ce nouvel attelage que je retrouve le lac Baïkal, quinze ans après ma première rencontre avec lui. Québec, le chef de cette belle petite meute d'athlètes, lui ressemble comme deux gouttes d'eau et perpétue son souvenir. Nous vivons donc ce voyage comme un véritable retour aux sources.

UN RÊVE UTILE

Nous sommes le 1er décembre 2005 et 8 000 kilomètres de montagne, de taïga et de toundra m'attendent. Avec cet attelage entraîné depuis des mois, j'ai le projet d'atteindre Moscou. Mon objectif est double : vivre une aventure avec mes chiens en partant à la découverte de territoires inconnus, et utiliser cet événement pour révéler la fragilité de ces grands espaces sauvages de plus en plus abîmés.

Tout au long de ce périple, j'ai l'intention de recueillir des témoignages pour ensuite raconter des histoires, montrer des images et apporter les preuves concrètes de toutes les menaces qui pèsent sur notre environnement.

UNE MÉTÉO CAPRICIEUSE

Sur les bords du lac Baïkal, le manque de neige témoigne déjà des caprices du climat. L'automne a été trop doux. La neige est tombée sous forme de pluie jusqu'aux montagnes, à 800 kilomètres du lac.

Il y avait moins d'une chance (ou plutôt d'une malchance) sur mille pour qu'il en soit ainsi. Cette anomalie est la conséquence directe du changement climatique induit par l'activité humaine à cause des émissions excessives de gaz à effet de serre.

Depuis quelques années, les Sibériens observent ces anomalies qui se traduisent chez eux par des périodes de canicule en été, des tempêtes inhabituelles et des hivers trop froids ou trop chauds. Les hommes, la faune et la flore en souffrent, tout comme nous souffrons de ce manque de neige qui remet en cause notre départ.

Partir en traîneau sans neige est un peu comme vouloir partir en bateau sans eau. Que faire ? Abandonner ? Reporter d'un an le départ ? Pour notre arrivée à Moscou, j'ai fait fabriquer un châssis équipé de roues qui doit se placer sous le traîneau et permettre de rouler en ville. J'ai donc l'idée de me servir de cet équipement pour quitter le lac Baïkal, en espérant trouver la neige en chemin.

Le lac Baïkal
Le lac de tous les records

Situé en Russie, juste au-dessus de la Mongolie, le Baïkal est le lac le plus vaste, le plus ancien et le plus profond du monde.

La « perle de Sibérie »

Inscrit au patrimoine mondial de l'Unesco, le lac Baïkal porte bien son nom : *baï* signifie en effet « riche » et *kal* « lac ». Il a 25 millions d'années et peut atteindre 1 620 mètres de profondeur !

On le surnomme « la perle de Sibérie » car c'est une gigantesque réserve d'eau transparente.

Un réservoir écologique

Il renferme une flore et une faune très originales. Plus de 3 500 espèces différentes y sont recensées et, parmi elles, plus d'un tiers, soit environ 1 500, n'existent nulle part ailleurs : ce sont des espèces endémiques.

Gelé six mois par an
En hiver, le lac est obstrué par la glace dès que la température atteint – 40 °C.

Une véritable mer
En 1990, j'ai mis deux mois pour le traverser à la rame.

FICHE D'IDENTITÉ

Plus grande profondeur : 5 fois la tour Eiffel !

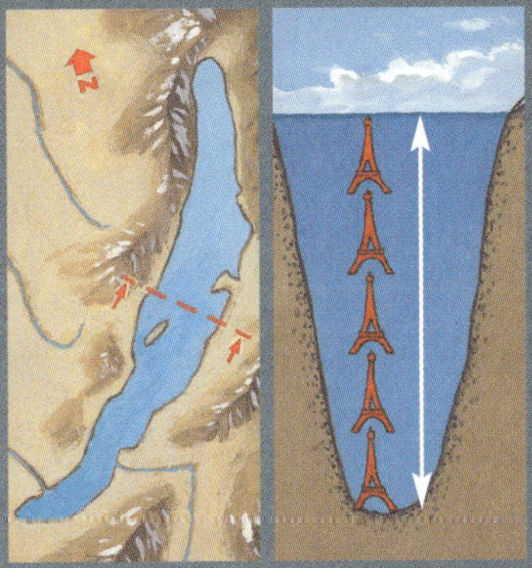

Le lac de tous les records

Superficie : 31 500 km²
Longueur : 640 km
Largeur moyenne : 47,8 km
Largeur maximale : 79,4 km
Altitude : 455 m
Le plus haut **sommet** environnant est à 3 491 m.
Le lac reçoit l'apport de 365 **rivières** et une seule, l'Angara, y prend sa source.
Les **vagues** peuvent atteindre 6 m de haut.

La vie dans le Grand Nord

Le radeau « Coulapic »

Pour traverser l'Alaska en été, j'ai construit un radeau et je l'ai aménagé pour y vivre au quotidien : dormir, cuisiner et manger.

Le « Coulapic »
Avec une tente et un feu, nous pouvions dormir et manger, donc vivre 24 heures sur 24, sur ce radeau qui, en dépit de son nom, a résisté pendant les 1 500 kilomètres de navigation sur le Yukon.

Grâce au courant qui nous emportait à plus de 10 km/h, nous avancions sur le fleuve Yukon à raison de plus de 200 kilomètres par 24 heures. Une voile permettait de profiter du vent pour aller plus vite ou pour nous replacer au centre du courant. Une rame à l'avant du radeau et une à l'arrière faisaient office de gouvernails. De temps en temps, nous accostions pour faire des provisions de bois mort et d'eau claire (car l'eau du Yukon est sale et trop chargée en limon), mais aussi pour nous dégourdir un peu les jambes. Nous avions baptisé ce radeau le *Coulapic*, mais il n'a pas coulé, bien au contraire, il nous a portés un mois durant et nous avons ainsi traversé une grande partie de l'Alaska.

Une maison flottante

La construction de ce radeau a nécessité environ un mois de travail. Il a fallu abattre les arbres, les écorcer afin qu'ils ne pourrissent pas dans l'eau, les assembler avec un système d'encoches puis les fixer ensemble au moyen de tiges filetées. Enfin, il a fallu emboîter les bidons dans des espaces créés sous les rondins, puis monter la tente, installer un espace feu en briques pour cuisiner et fabriquer le mobilier : une table, un banc et des couchages. Nous avons ensuite fixé le mât pour la voile et une perche transversale en guise de bôme. Après quoi, nous étions prêts à naviguer. La mise à l'eau a eu lieu à minuit, en plein jour car, là-haut et à cette période de l'année, le soleil brille 24 heures sur 24 : on peut donc travailler de jour comme de nuit.

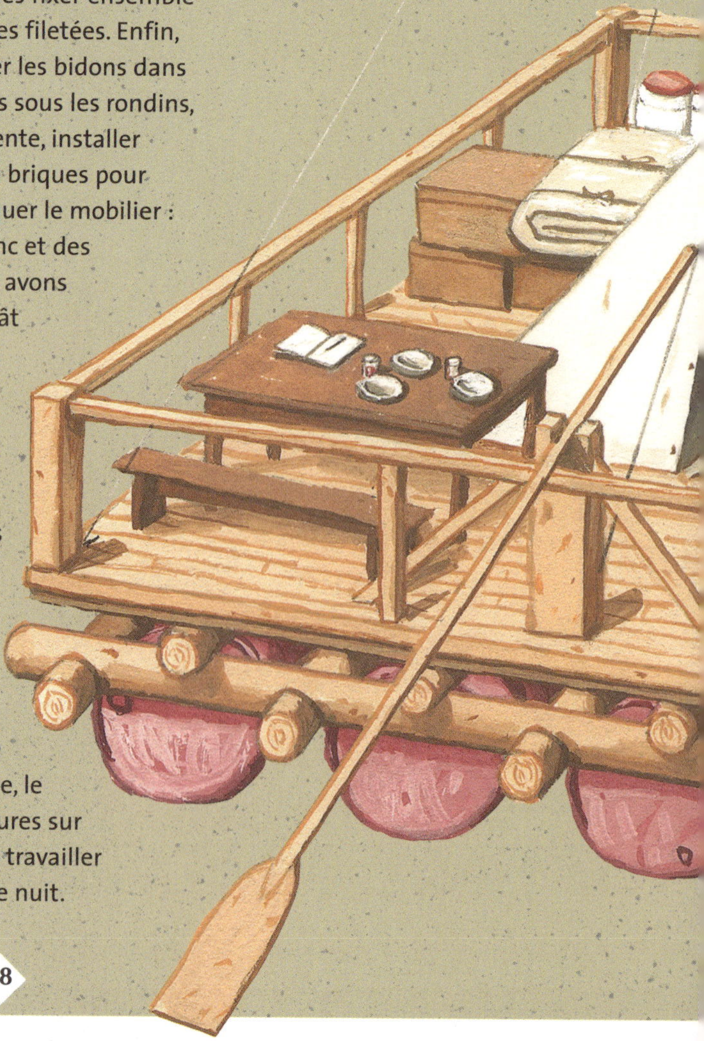

Construire le radeau de l'expédition « Le triathlon historique »

Les éléments nécessaires :
– des bidons – des rondins de pin de tailles différentes pour construire la structure du radeau, le plancher, la table, le banc, la rambarde et le mât – des tiges filetées – une bâche pour la tente – une rame pour l'avant et une pour l'arrière – des briques pour fabriquer le coin repas

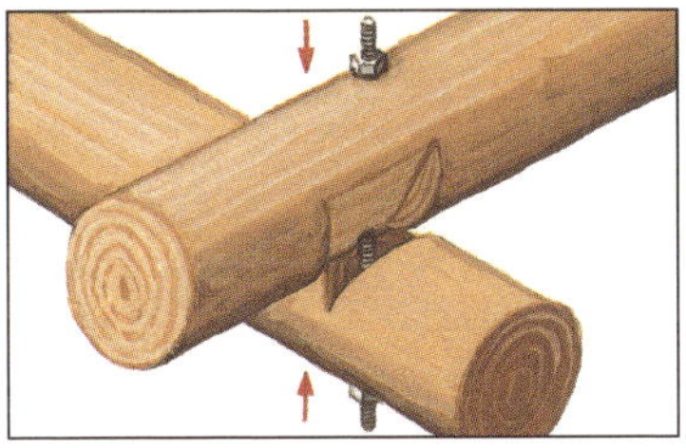

1 La structure

Les rondins qui constituent l'armature sont entaillés, puis fixés solidement avec de la tige filetée boulonnée aux deux extrémités.

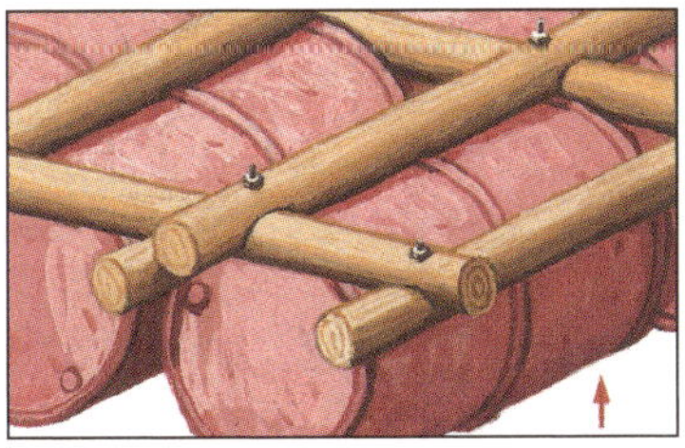

2 Les flotteurs

Les bidons sont emboîtés sous le radeau, mais ne sont pas attachés. Si l'un d'eux crève, on peut le retirer facilement pour le remplacer.

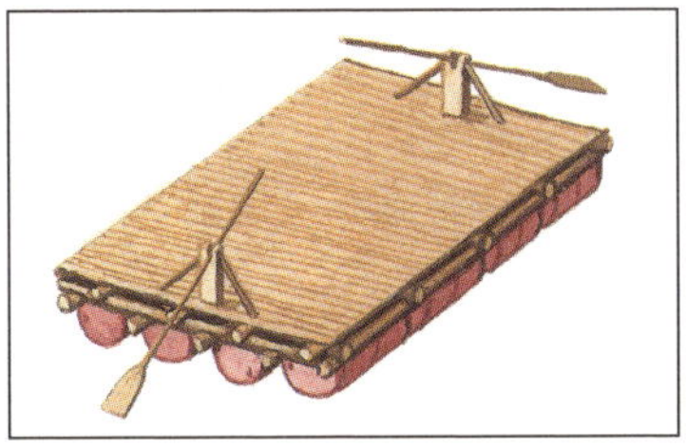

3 Les gouvernails

Deux rames servent de gouvernails, l'une à l'avant, l'autre à l'arrière. Elles permettent aussi de maintenir le radeau dans le centre du courant.

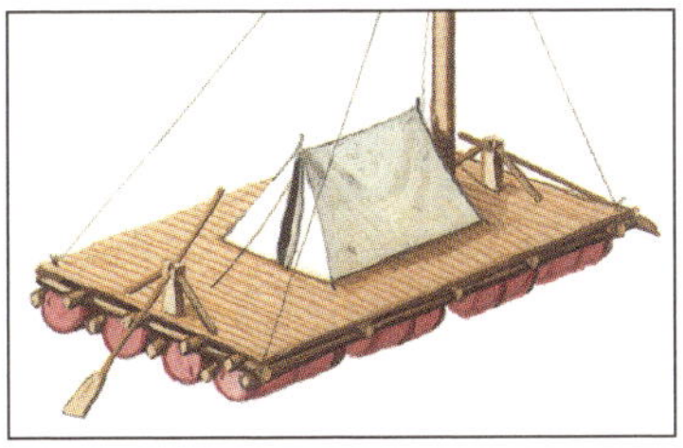

4 La tente

La tente en toile est montée en dernier. Une perche horizontale est accrochée sur le mât et posée à l'autre extrémité sur deux perches en croix.

Avant de te lancer dans une construction à taille réelle, réalise une maquette chez toi avec des petites branches, du fil, des bouchons de liège et du tissu blanc pour la tente.

L'eau

Source de la vie sur terre

L'eau est présente partout sur terre, mais en quantité variable suivant les régions du monde. Les zones polaires en comportent une bonne part à l'état de neige ou de glace.

Dans la nature, l'eau pure existe sous trois états physiques : solide, liquide et gazeux. Le premier est représenté par la glace, la neige, le givre, la grêle, la banquise, les icebergs. Le deuxième par les océans, les mers, les rivières, les lacs, le brouillard, la rosée. Le troisième par la vapeur d'eau invisible.
Chez toi, tu peux aussi observer les différentes formes de l'eau : les glaçons dans le réfrigérateur, l'eau qui coule du robinet et la vapeur d'eau qui se dépose sur le miroir après la douche.

L'eau dans tous ses états
Sur cette photo, tu peux voir les trois états de l'eau : solide (la glace et la neige), liquide et gazeux (le nuage de brouillard).

La neige

Sans neige, on ne fait pas de ski ni d'expédition en traîneau ! Pour traverser la Sibérie en traîneau à chiens, l'eau doit être à l'état de neige ou de glace. Dans le Grand Nord, la neige est un matériau inépuisable aux multiples fonctions.
Elle sert à faire des igloos, des garde-manger, et fournit de l'eau potable quand on la fait fondre. Pour les habitants des « pays d'en haut », la neige n'est pas seulement la conséquence d'une intempérie, elle est vivante comme peut l'être une plante : elle mûrit, vieillit et revêt plusieurs aspects. Elle est utile mais peut être dangereuse. La langue offre un vocabulaire étendu pour définir son état, sa consistance ou sa forme. Il existe environ 80 mots pour en parler : on dit ainsi que la neige est fraîche, légère, dure, givrée, granuleuse, en congères, dessinée en vagues par le vent, etc.

La formation de la neige

La neige est une précipitation, constituée de glace cristallisée et agglomérée en flocons. Elle se forme généralement par la condensation de la vapeur d'eau dans les hautes couches de l'atmosphère. Il faut donc trois conditions pour qu'il neige :
– la présence de vapeur d'eau ;
– des températures très basses ;
– des particules dans l'air (sable, fumée, cendres...) auxquelles s'accroche la vapeur d'eau.

Le cycle de l'eau : un voyage sans fin

L'eau est apparue il y a 3 ou 4 milliards d'années, au moment de la formation de notre planète. L'atmosphère agit comme un couvercle qui l'empêche de s'échapper. C'est donc toujours la même eau qui circule et se transforme dans l'air, à la surface et dans le sous-sol de la Terre : c'est le cycle naturel de l'eau (sans l'intervention de l'homme), dont le moteur est le soleil.

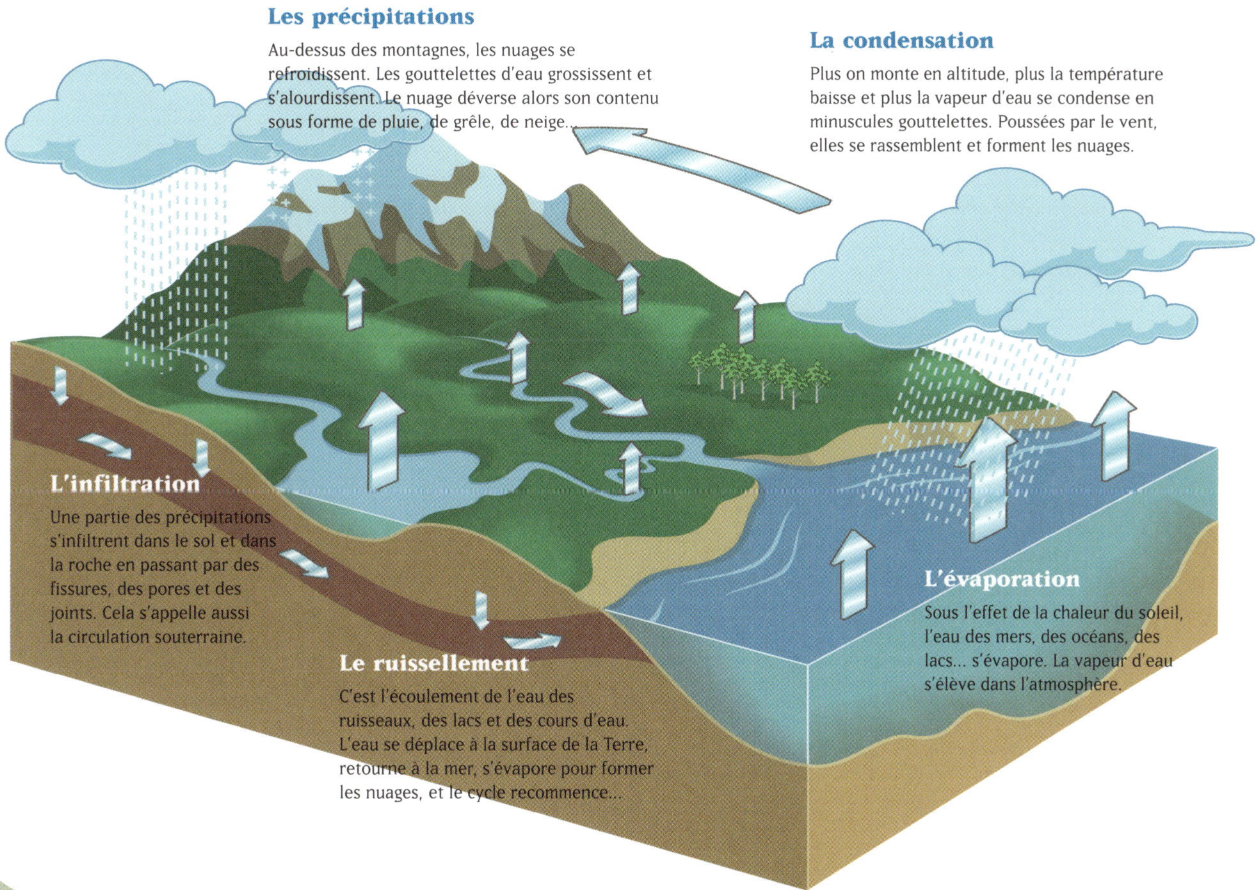

La neige dans notre langage

Elle se glisse dans des expressions familières.
Fondre comme neige au soleil signifie disparaître rapidement.
Les **neiges d'antan** désignent une chose oubliée.
Blanc comme neige évoque la couleur au sens propre et l'innocence au sens figuré.
Des **cheveux de neige** sont des cheveux blancs.

Nous avons failli mourir de soif au cours d'une expédition hivernale dans la toundra, au Labrador, alors que nous nous trouvions sur des tonnes d'eau. Mais cette eau se présentait sous forme de glace et de neige que nous n'avions aucun moyen de faire fondre : notre réchaud à essence était cassé et nous n'avions pas de bois pour faire un feu. En outre, nous ne pouvions plus manger car nous souffrions d'hypothermie. Finalement, grâce à une bougie, nous avons fait fondre le minimum vital qui nous a permis d'avancer jusqu'à un canyon dans lequel il y avait du bois !

L'eau

Un élément menacé

L'eau est essentielle à notre survie, mais les réserves naturelles ne sont pas infinies. Nous devons donc en prendre soin et l'économiser.

Dans nos pays occidentaux, les gens gaspillent l'eau. De fait, les ressources en eau potable diminuent un peu plus chaque jour. À cela s'ajoute le problème de la pollution.

De multiples pollutions

1 Les pollutions chimiques
Les eaux usées, chargées de matières organiques, de graisse, d'acides, de produits chimiques, sont traitées avant d'être rejetées. Mais des industriels malveillants rejettent encore ces déchets dans les cours d'eau, ce qui génère des maladies chez les espèces aquatiques.

2 Les pollutions agricoles
Les activités agricoles suscitent l'usage de pesticides et d'engrais chimiques (les nitrates et les phosphates) qui s'infiltrent dans les nappes souterraines et se propagent en suivant le cycle de l'eau.

3 Les pollutions par négligence
Les décharges sauvages (batteries, objets encombrants), les ordures jetées en pleine nature (canettes, sacs plastique) sont des sources de pollution.

4 Les pollutions domestiques
À la maison, nous rejetons des eaux usées polluées de manière chimique et organique. Ainsi, les phosphates contenus dans les lessives et les remèdes antibiotiques sont très nocifs.

5 Les pollutions accidentelles
Des accidents dans des usines provoquent parfois des rejets de gaz ou de produits toxiques. Les marées noires sont d'autres pollutions qui impressionnent car nos lieux de loisirs sont touchés.

Les pollutions criminelles
De nombreux bateaux polluent les océans en rejetant leurs déchets en pleine mer.

Luttons tous contre la pollution !

Les industriels se sont engagés à purifier leurs déchets liquides : pour cela, ils ont réduit de presque 60 % les rejets de matières toxiques.
Les villes ont créé des systèmes d'assainissement de l'eau usée.

CHIFFRES CLÉS !

Le lac Baïkal contient **20 %** des réserves d'eau douce non gelée de la planète.

Aujourd'hui, **1,3 milliard** de personnes n'ont pas accès à l'eau potable.

LÀ-BAS ICI !

En Sibérie, les porteuses d'eau vont chercher l'eau au puits ou dans les cours d'eau. En hiver, il faut creuser un trou dans la glace pour atteindre l'eau. L'effort fourni pour l'obtenir incite à l'économie. Et au respect !

Chez nous, d'un geste facile et quasi machinal, nous ouvrons le robinet et l'eau coule à volonté. Nous oublions à quel point l'eau est précieuse et nous avons tendance à la gaspiller.

LE SAVAIS-TU ?

* En France, nous utilisons par personne 150 litres d'eau potable par jour. Nous n'en buvons que 1 %, le reste sert pour l'hygiène, la cuisine ou le ménage.
* Un Américain consomme 600 litres d'eau par jour. Un habitant du Sahara ou de Madagascar de 5 à 20 litres...

Les agriculteurs ont l'interdiction, dans les zones protégées, d'utiliser des engrais azotés et des pesticides.

Nous pouvons tous lutter contre la pollution en respectant la nature et en soutenant l'agriculture biologique, qui progresse en France.

Les rives du lac Baïkal sont menacées. Les villages de pêcheurs me fascinent. Leurs chalets aux volets colorés, ornés de sculptures sur bois, offrent un vrai décor de bande dessinée. À l'aube, on entend le cri des canards, des oies et des grands tétras. C'est un endroit magique ! Mais le site est défiguré par le tourisme. Des investisseurs construisent d'horribles immeubles et cette belle nature commence à se détériorer. C'est une injure à l'harmonie du lieu !

Le Quiz sibérien !

Chaque bonne réponse au Quiz sibérien te permet de gagner un point (solutions page 215).

Le lac qu'on appelle une mer en Sibérie, c'est :
- le Baicoule
- le Babacoule
- le Baïkal

Quel pourcentage de la réserve d'eau douce de surface de la Terre contient-il ?
- 20 %
- 30 %
- 70 %

En 1990, Nicolas Vanier a traversé le lac Baïkal :
- en patins à glace
- en jet-ski
- à la rame

Le second titre de l'Odyssée Sibérienne est :
- le Cauchemar Inutile
- le Rêve de Gao
- le Rêve Utile

Le phoque d'eau douce est également appelé :
- narval
- nerpa
- omul

Calcule tes points.
0-2 points :
Ouille, aïe, aïe ! Pas terrible !
3-4 points :
C'est bien, tu es presque un écocitoyen.
5 points :
Bravo, tu es 100 % écocitoyen !

AGIS POUR LA PLANÈTE : ÉCONOMISE L'EAU !

Un bain consomme environ 120 litres d'eau alors qu'une douche de 5 minutes nécessite 25 litres.

Quand tu te brosses les dents en laissant le robinet ouvert, le volume d'eau utilisé équivaut à celui de plus de 12 bouteilles de 1,5 litre !

Source : ADEME – WWF-OGILVY&MATHER

Tu peux faire trois gestes simples :

- Prends une douche plutôt qu'un bain !
- Ne laisse pas couler l'eau quand tu te brosses les dents !
- Récupère les eaux de pluie pour arroser, laver la voiture...

Et surtout, dis-le à tes parents !

CHANTE-LE AUX PETITS !

Besoin d'eau !

(Sur l'air de Il était un petit navire)

L'eau est pour nous un grand trésor (bis)
Bien plus précieux que des tas de pièces d'or ! (bis)
De l'eau, de l'eau !!!
On a, on a besoin d'eau !
Les humains, les plantes, les animaux...
On a, on a besoin d'eau !
Y en aura pas assez si on en prend trop !

« Si nous prenons la nature pour guide,

2 - LA MONTAGNE

CHERCHER LA NEIGE

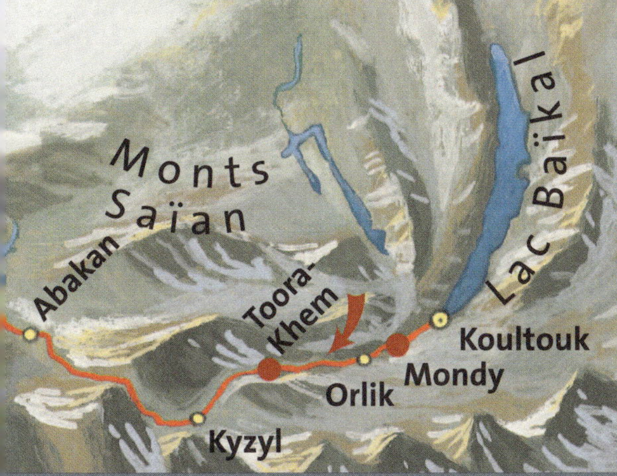

Au cours de mes expéditions dans le Grand Nord, quel que soit mon mode de déplacement, en traîneau à chiens, à cheval ou à dos de renne, j'ai toujours fait le choix de traverser les zones montagneuses. J'aime la montagne parce qu'elle offre une très grande variété de paysages, d'animaux, de conditions de progression, de lumières... Le voyage n'est jamais monotone. Au contraire, il réserve sans cesse des surprises.

nous ne nous égarerons jamais. » Cicéron

Sa place dans l'attelage
Les cercles rouges indiquent les quatre places différentes que j'assigne à Kurvik.

Le repos mérité
Kurvik est un excellent trotteur qui garde le rythme en permanence. Il ne se relâche qu'à la pause.

Un montagnard
Son nom sonne comme « court vite » car il excelle à la course, surtout en montagne.

Kurvik

Le champion du maillot à pois* !

Kurvik a emprunté son nom à l'un de mes chiens, un fils d'Otchum mort trop jeune d'un cancer. Il lui ressemble terriblement : même blancheur et même allure de grand trotteur infatigable. Jamais il ne se relâche, même pour un temps, comme le font la plupart des chiens qui, sur des petites distances, récupèrent d'un effort trop soutenu. En revanche, il ne brille pas d'une intelligence lumineuse ! Il n'a jamais compris, par exemple, comment dégager sa patte prise dans le trait. La plupart des chiens se libèrent des nœuds en une demi-seconde, d'un petit saut bien ajusté sur le côté... Kurvik, non ! Il laisse faire le hasard, ce qui a pour effet de stopper l'attelage, et il faut courir l'aider. En outre, Kurvik n'a rien d'un chien de tête car il ne connaît toujours pas la signification des deux ordres de direction. Mais on peut le placer à l'avant, en binôme avec Gao, pour accélérer l'allure, Kurvik impose alors son rythme d'enfer. Cette disposition est très efficace dans une longue montée car Kurvik est un parfait montagnard. Il a toujours gagné le maillot à pois, dans les montagnes d'Alaska comme ailleurs !

Un vrai bébé
Kurvik adore qu'on s'occupe de lui.

* Maillot à pois : maillot du meilleur grimpeur du Tour de France cycliste.

Le défi de la hauteur

AU DÉBUT DE L'ODYSSÉE SIBÉRIENNE, nous avons dû rejoindre une immense chaîne de montagnes au sud-ouest du lac Baïkal, et cette étape s'est révélée à la fois comme un avantage et comme un inconvénient. Elle nous a permis de trouver la neige en altitude malgré la douceur exceptionnelle de ce début d'hiver alors qu'ailleurs, dans les vallées et autour du lac, elle ne tombait plus. En revanche, le relief, avec ses crêtes escarpées, ses cols abrupts, ses cirques rocheux, comportait des pièges et nous étions sans cesse obligés de monter et de descendre dans un environnement difficile où les kilomètres se gagnent à la force des muscles.

CHERCHER LA NEIGE

Pour ne rien arranger, l'épaisseur de la couche de neige et sa consistance étaient très inégales en raison de l'exposition variable au vent et au soleil. Mener dix chiens et un traîneau dans ces conditions est une gageure quand on a fait le pari d'avancer de plus de 80 kilomètres chaque jour.

Je n'avais pas le choix. Mais, pour être franc, traverser ces massifs montagneux que je connaissais déjà pour les avoir parcourus à cheval en été dix ans plus tôt ne me déplaisait pas. Les montagnes m'ont toujours fasciné.

Ce n'est pas un hasard si, pour la plupart de mes longs séjours dans le Grand Nord, j'ai choisi des régions élevées : au Canada, les montagnes de la Colombie-Britannique et du Yukon ; en Sibérie, les monts de Verkhoïansk et de Saïan ; et, en Laponie, les zones montagneuses de Finlande et de Norvège. Les paysages sont somptueux, la faune est extrêmement variée et la progression n'est jamais monotone. Et, surtout, la montagne se mérite !

Une fois encore, l'Odyssée Sibérienne m'a confronté au défi de la hauteur. J'ai dû prendre de l'altitude pour trouver la neige, puis j'ai cherché à redescendre pour gagner le nord de la Sibérie et les grands fleuves, mais les cours d'eau étaient imparfaitement gelés. Il m'a donc fallu passer par des cols infranchissables et effectuer de grands détours, ce qui m'a fait prendre beaucoup de retard.

L'ours brun
Un animal emblématique

On pense à tort que le grizzli est un animal redoutable et dangereux. Il n'en est rien, hormis de très rares exceptions qui font toujours la une des journaux et continuent d'entretenir le mythe. En fait, l'ours brun est un animal sauvage, discret et assez peureux, qui n'attaque que pour se défendre.

Un animal très rusé

L'ours brun manie les petits objets avec presque autant de dextérité que les singes. Il sait retourner des pierres pour dénicher des insectes, cueillir des baies et attraper des poissons. Ses paumes sont très sensibles, et ses griffes à l'aspect menaçant sont avant tout de précieux outils pour palper, fouiller et retourner.

Son ouïe et son odorat sont très performants : il peut détecter un cadavre à près de 30 kilomètres de distance ! En revanche, il ne distingue pas les objets au-delà de 10 mètres.

C'est un animal curieux, intelligent et observateur, qui bénéficie d'une bonne mémoire. Il attend qu'il neige pour regagner sa tanière : ainsi, les flocons recouvrent ses traces et le lieu où il hiverne est à l'abri des intrus.

Des mamans attentionnées

Les petits naissent aveugles et dépourvus de poils. L'ourse les garde lovés contre elle pendant trois mois et les allaite de six à douze mois. Elle crée ainsi avec eux un lien très fort. Les mamans vivent avec les oursons pendant deux ans et les protègent des prédateurs.

FICHE D'IDENTITÉ

L'ours brun ou grizzli

Espèce : mammifère omnivore

Territoire : toundra et taïga

Poids : de 100 à 700 kg

Taille : de 1,30 à 2,10 m

Régime alimentaire : végétaux, poissons, petits et grands mammifères

Reproduction : naissance de 2 ou 3 petits fin janvier, au moment de l'hivernation

Quand les petits quittent la tanière, à la fin de l'hiver, la maman ourse se charge de leur éducation : apprendre à marcher, faire la différence entre les plantes comestibles et les vénéneuses, sentir le danger, dénicher une tanière et y faire sa couche… Puis vient la période d'hivernation.

Apprentissage
Dès leur plus jeune âge, les oursons apprennent à grimper dans les arbres. De vrais écureuils !

Au deuxième printemps, les oursons revoient leurs leçons et la mère les quitte. Un ourson est donc soigné par sa mère jusqu'à sa maturité.

L'ours : un danger pour l'homme ?

L'ours a peur de l'homme. Il ne devient dangereux que s'il se sent menacé, s'il est blessé, s'il est dérangé dans sa tanière… On rencontre peu les ours, et les attaques sont très rares. L'animal se contente en général d'une charge d'intimidation dont l'effet est radical !

Vivre ensemble !

Autrefois, l'ours brun était présent en France. Au début du xxe siècle, il en vivait encore 150 dans les Pyrénées. Il y a dix ans, il n'en restait plus que 5. Aujourd'hui, on en compte entre 14 et 18 grâce au programme de réintroduction d'ours venant de Slovénie. La majorité des Pyrénéens acceptent la présence de l'ours, considéré comme un vieil habitué de la région. Il fait partie de la vie des montagnards. Mais certains bergers dont les troupeaux ont été attaqués par l'ours sont hostiles à sa réintroduction. De nombreuses mesures sont mises en place pour favoriser la cohabitation entre le pastoralisme et la préservation de toutes les espèces.

Le savais-tu ?

L'ours en peluche, ou Teddy Bear en anglais, tient son nom du président américain Theodore Roosevelt, surnommé Teddy ! En 1902, celui-ci revient bredouille d'une chasse à l'ours. On attache alors un ourson à un arbre afin qu'il puisse l'abattre. Mais Roosevelt refuse de tirer. Un marchand de jouets s'inspire de l'événement pour créer un ours qu'il nomme Teddy.

***L'ours dort en hiver,** mais il arrive qu'il se réveille. C'est en général un jeune ours dont la tanière, mal fabriquée, s'affaisse. Il doit alors se mettre en quête d'une autre cache, une tâche difficile car les bonnes grottes sont occupées à cette époque de l'année. L'ourson est affamé et de mauvaise humeur. Tous les habitants du Grand Nord savent qu'il vaut mieux l'éviter. Cet hiver, il faisait – 45 °C et je voyageais avec mes chiens sur une petite rivière lorsque j'ai aperçu dans la neige les traces fraîches d'un jeune grizzli. J'aurais dû fuir, mais la nuit arrivait et je ne pouvais plus avancer sans visibilité sur cette rivière imparfaitement gelée. J'ai installé les chiens et je me suis allongé à côté d'eux, dans mon sac de couchage posé sur un lit de branches de sapin. J'avais fait un grand feu pour éloigner l'ours au cas où il viendrait. Puis je me suis endormi et le feu s'est éteint… Les chiens m'ont réveillé en aboyant. L'ours arrivait. J'étais paniqué ! J'ai entendu un bruit et aperçu une ombre, puis deux, puis trois ! C'étaient des loups ! Ils sont restés un moment autour de nous avant de nous laisser. Les loups ne sont pas dangereux, sauf pour les chiens, mais ils ne les attaquent pas en présence de l'homme. La nuit s'est terminée tranquillement et nous sommes repartis loin de ce grizzli que nous n'avons pas croisé… heureusement !*

DES RENCONTRES EXCEPTIONNELLES

Heureusement, le décor était à couper le souffle et j'ai fait des rencontres exceptionnelles. La région est peuplée d'animaux. Dans les forêts au fond des vallées, on rencontre des cerfs, des chevreuils et des sangliers.

Les cerfs vivent sur les pentes exposées au soleil et les sangliers dans l'épaisseur des bois, où ils retournent la neige pour manger les fruits des arbres ensevelis. Plus haut et dans les zones moins forestières, on croise des élans. Les rennes préfèrent les zones non boisées. Les loups, les lynx et les gloutons se tiennent là où se trouvent leurs proies ! Les loups chassent tous les mammifères, avec une prédilection en hiver pour l'élan et le cerf, alors que les lynx poursuivent les lièvres. Des chevrotins porte-musc (ci-contre) occupent les zones de taillis des versants abrupts. Cette région montagneuse abrite aussi des ours, mais ils dorment en hiver.

Des oiseaux prestigieux, comme le grand tétras et le très élégant coq de bruyère, nichent en altitude. On voit aussi de nombreux lagopèdes et des gélinottes. Enfin, sur les crêtes dégarnies par les vents, on aperçoit des mouflons et des bouquetins, les seigneurs de la haute montagne.

LE LÉOPARD DES NEIGES

Mon plus grand plaisir eût été de croiser, ne serait-ce qu'une fois, le léopard des neiges, symbole de ces montagnes. Mais je n'ai vu que des traces de lynx.

Volodia, l'un des rares trappeurs que j'ai rencontrés par ici, m'a soufflé l'idée d'un prochain voyage. Il connaît une région où sévissent plusieurs léopards et m'a affirmé que je pourrais en approcher en séjournant quelques mois sur ce territoire et en suivant patiemment leurs traces.

Je rêve déjà de revenir un jour, sans appareil photo ni caméra, juste avec une paire de jumelles, pour le plaisir des yeux et d'une possible rencontre…

La vie dans le Grand Nord

Apprends à te repérer !

Pour ne jamais perdre le nord quelles que soient les circonstances, guide-toi avec les seuls repères infaillibles : le Soleil et l'étoile Polaire.

En l'absence de carte, les astres ont longtemps servi de points de repère au voyageur qui se rendait dans l'hémisphère Nord.

Dans la journée

À midi, le Soleil est au zénith, il indique le sud et se déplace d'environ 15° vers l'ouest en une heure. À 15 heures, le Soleil indique donc le sud-ouest. Grâce à un calcul simple, le voyageur peut déterminer la place des quatre points cardinaux à partir de la position du Soleil dans le ciel.

La nuit

L'étoile Polaire est également un excellent guide, car elle est pratiquement immobile. C'est la dernière étoile et la plus brillante de la constellation de la Petite Ourse.

Sur la glace

En raison de l'uniformité des étendues de glace, les Inuits ont développé un sens aigu de l'observation. Pour pouvoir se diriger, ils relèvent et mémorisent avec attention tous les indices (aspérités du terrain, orientation des arêtes de neige formées par le vent, formes de la neige...). Quand ils se déplacent dans une zone sans relief ni végétation, ils notent l'angle du vent au moment de leur départ. Puis ils vérifient leur position au fur et à mesure de leur progression en regardant l'inclinaison des poils de la fourrure de leur capuche. Les Inuits peuvent aussi se guider en écoutant les cris des oiseaux. Comme ceux-ci partent en mer dans la journée et regagnent les côtes à la nuit tombante, leur direction constitue un repère.

Chercher l'étoile Polaire

L'étoile Polaire, située à l'extrémité de la constellation de la Petite Ourse, est un excellent guide pour s'orienter la nuit.

Les premières cartes du Grand Nord

Bien avant que les explorateurs ne pénètrent sur leur terre, les Inuits savaient mémoriser la configuration de régions entières et dessiner des cartes sur le sol à l'aide de cailloux, de galets et de brindilles. Ils gravaient aussi dans du bois des cartes en trois dimensions qui leur permettaient de visualiser le relief des côtes lorsqu'ils naviguaient.

Nicolas, seul dans l'immensité
Dans le relief de l'Oural, on se repère facilement. En revanche, la progression est lente et souvent chaotique.

ASTUCE !
Dans le Grand Nord, les villages sont tous situés à proximité d'un fleuve. Si l'on est perdu dans la taïga, il faut chercher un ruisseau et suivre le courant jusqu'à un cours d'eau plus important, qui rejoint lui-même une rivière puis un fleuve. Ils te conduiront à un village !

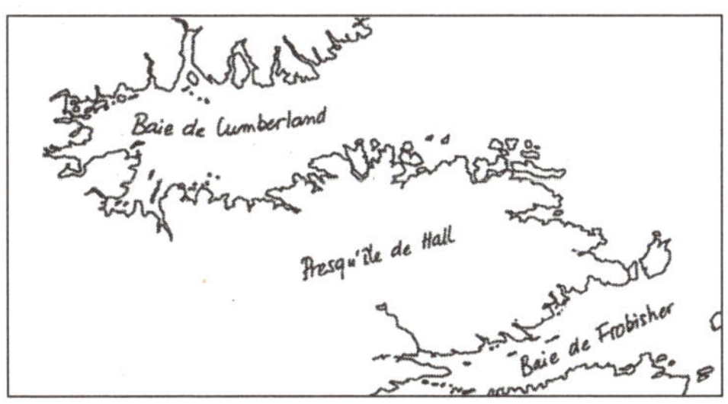

Cartes d'une région du Grand Nord
En haut, une carte dessinée de mémoire par un Inuit.

En bas, une carte de la même région produite par la cartographie moderne.

Le savais-tu ?

Un trappeur a toujours sur lui une bougie et des allumettes pour faire un feu très rapidement.

Dans le Grand Nord, c'est une obligation de laisser une bougie et des allumettes dans la cabane que l'on quitte. Celui qui ne respecte pas cette loi encourt une très grosse amende.

Le relief

Les plissements de la Terre

La Terre, comme un oignon, est formée de plusieurs couches. La couche sur laquelle nous vivons s'appelle la croûte terrestre. Elle se compose de plaques tectoniques en mouvement permanent, ce qui provoque parfois des accidents et donne naissance au relief.

L'orogenèse, qui signifie naissance des montagnes, est le terme scientifique utilisé pour parler de la formation des chaînes de montagnes.

Comment naissent les montagnes ?

L'orogenèse est principalement due aux phénomènes géologiques (séismes, volcanisme), appelés mouvements tectoniques.

On rencontre deux phénomènes :
– la subduction (ou enfoncement) d'une plaque océanique sous une autre, qui donne naissance à une cordillère comme les Rocheuses ;
– la collision entre deux plaques continentales, qui crée une chaîne de montagnes comme les Alpes.

La montagne est vivante et vieillit. L'eau et le vent sont responsables de son vieillissement : on parle alors d'érosion.

Subduction de deux plaques tectoniques
Le chevauchement d'une plaque océanique par une plaque continentale génère un relief.

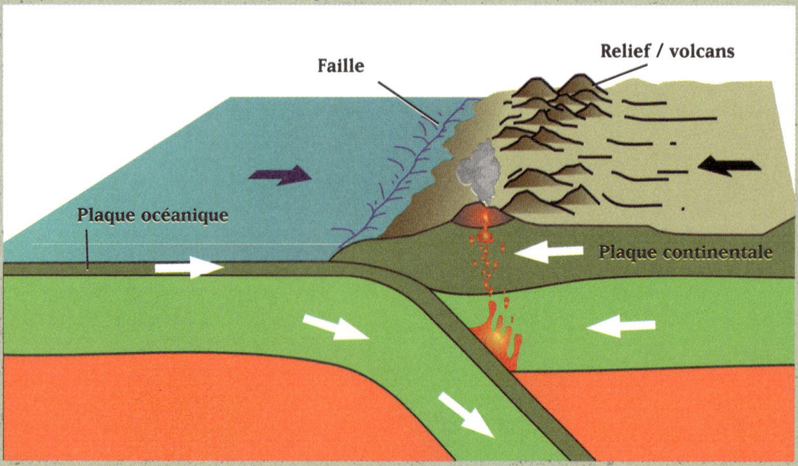

Les différentes strates de la montagne

On distingue plusieurs étages de montagne, avec des animaux et des végétaux spécifiques.

Comment mesure-t-on une montagne ?

L'altitude d'une montagne est la hauteur de son sommet par rapport au niveau de la mer, appelé niveau zéro. Pour la calculer, on utilise un altimètre.

Les plus hauts sommets

Sur Terre, la plus haute montagne culmine à 8 848 mètres au-dessus du niveau de la mer : c'est le mont Everest, dans l'Himalaya.

L'étage nival (plus de 3 000 m)

C'est celui des neiges éternelles et des minéraux. Seules quelques plantes à fleurs adaptées survivent (edelweiss, génépi). Les mousses et les lichens y sont prospères. Il y neige de 10 à 12 mois par an.

L'étage alpin (2 200 à 3 000 m)

Il est composé de grandes étendues de roches et d'herbes, mais les arbres sont rares. Il peut y faire très froid, même en été. La température moyenne annuelle est inférieure à 3 °C. Il y neige de 6 à 9 mois par an.

La zone de combat

Zone à partir de laquelle les arbres ont des difficultés à pousser.

L'étage subalpin (1 500 à 2 200 m)

Il est composé pour la majeure partie de forêts de conifères et de pâturages. Il n'est plus habité, sauf par des bergers. La température moyenne est inférieure à 8 °C. Il y neige de 5 à 6 mois par an.

L'étage montagnard (900 a 1 500 m)

Il est composé de forêts de résineux (pins et sapins) et de feuillus (hêtres). La température annuelle moyenne est comprise entre 8 et 15 °C. Il y neige de 3 à 4 mois par an.

L'étage collinéen

Il s'étend du bas de la montagne jusqu'à 900 m d'altitude. Il est composé de vallées et de prairies où sont installés les villages et où se déroule l'activité agricole. La température moyenne annuelle est de l'ordre de 15 °C. Il y neige de 1 à 2 mois par an.

Le Mauna Kea, un volcan éteint des îles Hawaii, émerge à 4 208 mètres au-dessus du niveau de la mer, avec une base de 5 500 mètres sous le niveau de la mer : il présente donc un relief total de près de 10 000 mètres ! Mais ce record est battu sur une autre planète. La plus haute montagne connue du système solaire se trouve sur Mars. Il s'agit de l'Olympus Mons, qui atteint 26 000 mètres de haut !

Lexique montagnard

La vallée d'une montagne est composée de deux versants. L'**ubac** est le versant qui reçoit la plus courte exposition au soleil direct car il est exposé au nord. L'air y est froid et humide. L'**adret** est le versant qui bénéficie de la plus longue durée d'ensoleillement car il est exposé au sud. L'air y est chaud et sec. Les villages s'installent donc sur ce versant.

Le savais-tu ?

Les avalanches se produisent généralement sur des pentes comprises entre 30 et 45° et, dans 90 % des cas, au cours des 24 heures qui suivent une chute de neige.

En été, avec l'altitude, le froid augmente d'environ 1 °C par tranche de 100 mètres.

Le mal des montagnes atteint plus de 50 % des hommes et des femmes au-delà de 4 000 mètres d'altitude.

Protégeons la nature

Le triste sort des rennes de montagne

Les animaux sont dépendants du milieu dans lequel ils vivent. Lorsque l'environnement est abîmé, les espèces sont menacées de disparition.

On appelle écosystème un ensemble formé par une communauté d'êtres vivants (hommes, faune et flore) et son environnement physique (air, eau, terre). Porter atteinte à l'une des espèces ou à un élément de l'environnement perturbe l'équilibre de tous.

Rennes et lichens

Dans les hauts alpages des monts Saïan vivent des petites hardes de rennes qui se nourrissent de lichens. Depuis quelques années, les scientifiques constatent que la surface des prairies de lichens a tendance à se réduire et même à disparaître à certains endroits en raison du réchauffement climatique. Les lichens sont remplacés par des plantes herbacées adaptées au climat plus doux. La situation est grave pour les rennes. Certaines espèces s'adaptent, comme les caribous nordiques du Canada, qui peuvent migrer vers le nord et trouver des régions mieux préservées (caribou est le nom donné au renne en Amérique du Nord).

Vont-ils disparaître ?

En montagne, les lichens ont tendance à disparaître en altitude et les rennes sont incapables de franchir les milliers de kilomètres qui les séparent de la toundra où ils pourraient retrouver cette nourriture. Ils sont donc condamnés à disparaître, comme de nombreuses espèces qui dépendent de ce milieu.

Menace sur les rennes de montagne

Lorsque la température augmente, la ligne A remonte jusqu'à disparaître. Pour survivre, il faudrait que les rennes de montagne puissent migrer de 500 kilomètres vers le nord, où se trouve les lichens. Mais ils ne peuvent effectuer ce parcours sans manger...

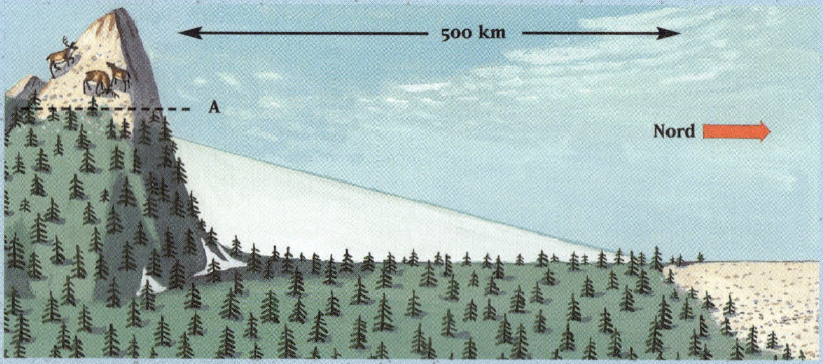

CHIFFRES CLÉS !

Selon la FAO (Organisation pour l'alimentation et l'agriculture), **75 %** des réserves mondiales de poissons sont épuisées, surexploitées ou en passe de l'être.

LÀ-BAS ICI !

Là-bas, dans la zone montagneuse d'Abakan, l'acheminement de la nourriture coûte cher. Les habitants utilisent au mieux les ressources locales malgré un contexte climatique difficile, il n'y a donc pas de gaspillage.

Aujourd'hui, en France, 27 % de la nourriture achetée est jetée à la poubelle... Comme nous disposons de tout en abondance, sans effort, nous ne faisons plus attention et nous avons beaucoup trop tendance à gaspiller...

LE SAVAIS-TU ?

* Un fruit importé par avion consomme pour son transport 10 à 20 fois plus de pétrole que le même fruit de saison produit localement.

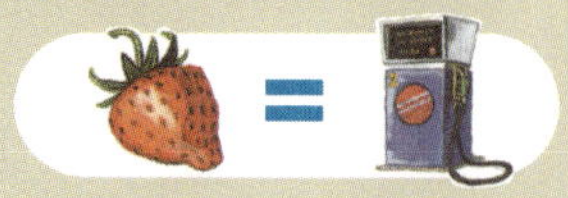

Renne
En été, les rennes recherchent les endroits exposés au vent afin de ne pas être importunés par les moustiques.

Chaque bonne réponse au Quiz sibérien te permet de gagner un point (solutions page 215).

Quelle attitude faut-il adopter face à un ours ?
- ne pas bouger
- partir en courant
- crier

Le meilleur chien de l'attelage de Nicolas en montagne, c'est :
- Courvite
- Kurvik
- Coulapic

Le grizzli est un ours :
- noir
- brun
- blanc

Les montagnes que Nicolas traverse au début de l'expédition sont les monts :
- Saranpaul
- Sadéménage
- Saïan

Lequel de ces animaux trouve-t-on dans les montagnes de Sibérie ?
- le lion des montagnes
- le léopard des neiges
- le jaguar de Sibérie

Calcule tes points.
0-2 points :
Ouille, aïe, aïe ! Pas terrible !
3-4 points :
C'est bien, tu es presque un écocitoyen.
5 points :
Bravo, tu es 100 % écocitoyen !

AGIS POUR LA PLANÈTE : MANGE DIFFÉREMMENT !

✱ Par nos choix alimentaires, nous pouvons encourager des modes de production plus écologiques que d'autres.

✱ Consomme des fruits et des légumes de saison : pour les connaître, consulte les almanachs des jardiniers !

✱ Fais bien attention aux dates de péremption des produits que tu achètes : bien gérer ses achats alimentaires et ne pas gaspiller, c'est important.

Et surtout, dis-le à tes parents !

Source : ADEME – WWF-OGILVY&MATHER

CHANTE-LE AUX PETITS !

Légumes de saison !

(Sur l'air de Nous n'irons plus au bois)

Les légumes, que c'est bon ! / J'en achète au marché.
À chacun sa saison / Pour être bien mangé !
Poireaux en hiver, / Tomates en été !
Goûtez, mangez / Des légumes en bonne santé !

« Il faut inscrire le passé

3 - LES VILLAGES

L'HOSPITALITÉ

Dans une expédition comme celle de l'Odyssée Sibérienne, les villages sont pour le voyageur l'équivalent des ports pour les marins. On se rend de l'un à l'autre le plus vite possible pour profiter d'un repos bien mérité, mais aussi pour se ravitailler et organiser la suite du périple avec les coéquipiers. Ce sont également des étapes de rencontre avec les villageois, qui donnent un rythme amical au voyage.

dans l'avenir. » André Malraux

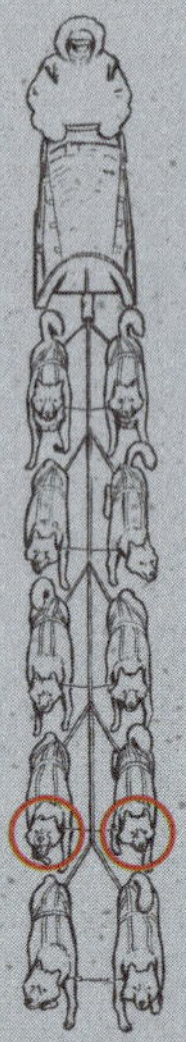

Sa place dans l'attelage
Les cercles rouges indiquent les deux places différentes que j'assigne à Abache.

Abache au repos
Il soigne ses attitudes, même dans la niche où il se repose après un entraînement matinal.

Une tête très fine
Avec son museau effilé comme celui d'un renard, Abache a des allures de femelle. Mais c'est bien un mâle.

Abache

Séducteur et curieux !

Abache est un mâle, mais on pourrait le prendre pour la femelle de la bande. Il en a l'allure et soigne son apparence. Il est bien proportionné et toujours impeccable. Sa tête est superbe, comme peinte à la main, harmonieuse et équilibrée. Il est aussi très câlin et appelle le sourire tant il semble sourire lui-même en permanence. Heureux de vivre, Abache est un bon élément car c'est aussi un bon coureur. Son seul défaut est une insatiable curiosité qui l'incite à toujours croire que la piste voisine est meilleure que celle qu'on emprunte. Si je choisis celle de droite alors qu'il s'en présente deux parallèles, il ne se passera guère plus de quelques minutes avant qu'Abache fasse des bonds de côté, désespéré, pour aller voir à quoi ressemble cette autre piste. Il en résulte des « emmêlages » et de brusques écarts de tout l'attelage lorsqu'il trouve en Yukon un allié pour le suivre. De fait, certains chiens de la meute pensent que ce changement de direction résulte d'un ordre qu'ils n'auraient pas entendu et suivent aussitôt le mouvement. Et moi j'enrage tandis qu'Abache, ravi de son coup, revient prestement à droite en attendant l'occasion de récidiver !

Abache et Kurvik
Abache a un esprit de meute très développé. Il adore la présence des autres et c'est réciproque.

La vie dans les villages

APRÈS AVOIR FRANCHI CETTE IMMENSE CHAÎNE DE MONTAGNES, quasi déserte à l'exception de quelques hameaux peuplés de familles de trappeurs, j'ai traversé la république de Touva. Je suis alors allé d'un village à un autre et j'ai bénéficié d'un accueil exceptionnel.

LE SENS DE L'HOSPITALITÉ

Dans le Grand Nord, comme dans la plupart des lieux peu habités par les hommes, la solidarité est grande. Dans toutes les régions de Sibérie où je me suis rendu, j'ai observé, plus qu'ailleurs, un sens profond de l'hospitalité. Accueillir ses hôtes avec bienveillance est un geste naturel : pas un village, pas un hameau où je n'aie été reçu à bras ouverts.

DES VILLAGES ÉTAPES

Les étapes dans les villages étaient prévues très à l'avance. Nous nous y arrêtions environ tous les dix jours, au moins douze heures, parfois vingt-quatre, pour prendre un peu de repos. Entre les villages, je faisais halte dans des hameaux ou des cabanes dont les habitants étaient plus ou moins informés de mon aventure. J'arrivais parfois en pleine nuit dans ces îlots de vie où je séjournais quelques heures.

On m'offrait alors spontanément un hébergement, on me donnait à manger, on mettait de la paille à la disposition des chiens et on leur distribuait souvent de la viande ou du poisson. C'était, à chaque fois, tout simplement exceptionnel.

LE RESPECT DE LA NATURE

Issu d'un monde où le gaspillage d'énergie, de nourriture et de matière première est devenu un véritable art de vivre, j'ai été frappé par le regard des villageois sur la nature. Ils ont une conscience aiguë de sa valeur.

À commencer par l'eau : elle est présente partout en Sibérie, et cependant très peu de villages sont équipés en eau courante. En plein hiver, on peut voir de vieilles femmes revenir du fleuve courbées sous le poids de deux seaux pendus aux extrémités d'une perche. Elles ont puisé l'eau dans un trou creusé dans le fleuve gelé et recouvert d'une peau de renne ou de cheval, parfois de couvertures. Malgré cette protection, chaque matin, au moyen d'un pic en acier, il faut casser la glace qui s'est reformée la nuit.

Le castor
Un animal amphibie

Les castors sont dépendants des cours d'eau. Ce sont de grands travailleurs et d'habiles constructeurs de structures aquatiques. Durant l'été et l'automne, saisons où l'eau est libre, ils construisent, améliorent, agrandissent leurs huttes et leurs barrages.

La vie en colonie

Le castor vit au sein d'une famille constituée du mâle, de la femelle et des petits nés les deux années précédentes. Le groupe familial s'appelle une colonie et vit dans une hutte, sur un territoire délimité par des traces odorantes. C'est la femelle qui domine et dirige la famille. Le castor est monogame et reste fidèle à sa partenaire toute sa vie.

Une morphologie adaptée à son activité

Comment le castor fait-il pour voir et pour travailler sous l'eau ? Son corps est adapté à la vie aquatique.
Ses yeux sont munis d'une double paupière transparente qui se baisse au contact de l'eau et lui permet de voir normalement.
Ses deux narines se referment totalement quand il entre dans l'eau, et les poils de ses lèvres bloquent l'orifice buccal.
Il peut rester immergé quinze minutes.

En outre, grâce à ses pattes arrière palmées, c'est un très bon nageur qui peut atteindre une vitesse de 5 km/h. Les doigts de ses pattes avant servent de « pince » pour saisir les objets.
Les dents sont l'élément qui caractérise le plus le castor : il possède quatre longues incisives qui lui permettent de ronger des troncs de plus de 70 centimètres pour les faire tomber. Elles sont aussi un outil précieux pour retirer les branches et l'écorce et pour découper les troncs en morceaux.

FICHE D'IDENTITÉ

Le castor

Espèce : mammifère rongeur
Territoire : zones boisées à proximité de l'eau
Poids : de 12 à 35 kg en moyenne, parfois jusqu'à 45 kg ; les femelles sont souvent plus lourdes que les mâles
Taille : jusqu'à 1,50 m avec la queue
Régime alimentaire : feuilles, branches, écorces (herbivore)
Reproduction : une portée par an de 1 à 9 petits (en moyenne 3 ou 4)
Prédateurs : l'ours, le lynx, le loup, le glouton, la loutre et l'homme

Des dents caractéristiques
Le castor peut ronger un tronc d'arbre de plus de 50 centimètres de diamètre. Un vrai bûcheron !

Les incisives du castor poussant en permanence, il est obligé de les aiguiser en frottant celles du haut contre celles du bas.
La queue du castor, aplatie et couverte d'écailles, lui est très utile. Multifonction, elle lui sert :
– de gouvernail lorsqu'il nage ;
– de balancier lorsqu'il transporte des branches ;
– de signal en cas de danger (il fouette l'eau pour alerter les autres castors).
Contrairement à une croyance populaire, il ne l'utilise pas comme pelle pour tasser la terre ou la boue sur sa hutte.

Comment se nourrit-il ?

Au printemps et en été, le castor se nourrit d'écorces tendres, de feuilles, de bourgeons moelleux, de fruits...
En automne, il se nourrit plutôt d'écorces pour grossir en prévision de l'hiver.

Le savais-tu ?
Un barrage de castors d'une longueur de 700 mètres a été observé aux États-Unis.

En hiver, il ralentit son rythme de vie et brûle ses réserves de graisse. Mais, lorsqu'il a faim, il puise dans un garde-manger, une sorte de jardin sous-marin constitué de branches plantées dans la vase.

Une queue recouverte d'écailles
Avec sa queue, le castor fait d'énormes « splatch » pour prévenir ses congénères d'un danger.

J'ai observé ces étonnants bâtisseurs, un jour, au fond des montagnes Rocheuses de Colombie-Britannique. C'était la fin de l'été, j'avais volontairement détruit une partie d'un barrage de castors et je m'étais posté non loin de là, caché par un écran de végétation. Les rongeurs ont décelé la fuite d'eau dès les premières minutes. Ils ont examiné l'état du sinistre pour établir un diagnostic puis se sont mis au travail. J'étais fasciné.
Deux d'entre eux sont allés abattre des tiges de saule alors que les autres recueillaient des cailloux et de la boue. Puis ils ont coincé les tiges en les croisant et en les disposant du bon côté de la brèche, de façon que le courant les plaque contre le barrage. Les cailloux ont été fixés derrière ce dispositif avec de la boue argileuse choisie à un endroit précis au fond de l'eau. En quinze minutes, la brèche a été rebouchée. Les castors ont tassé, ajouté encore un peu de boue, et sont allés vérifier le reste du barrage. Je m'excusais mentalement du tour que je leur avais joué, mais quel spectacle !

Lorsque les seaux sont pleins, il faut gravir les marches taillées dans la berge verglacée et traverser le village jusqu'à la cabane, où l'eau est gardée précieusement près du poêle. Dès lors, comment imaginer qu'elle soit gaspillée ?

DES ÉCONOMIES D'ÉNERGIE

Il en est de même avec le chauffage. En Sibérie, on se chauffe avec le bois de bouleau ou de pin récolté dans la taïga alentour. Les arbres destinés à la coupe sont choisis au printemps précédent. On enlève l'écorce sur une dizaine de centimètres afin de les faire mourir sur pied, les troncs sèchent pendant l'été et on attend les premières neiges pour les couper en tronçons de 2 ou 3 mètres. Ces bûches sont ensuite transportées jusqu'au village sur une charrette à cheval, un traîneau tiré par des rennes ou une motoneige pour les plus chanceux. Puis elles sont sciées à la longueur du poêle, fendues et stockées le long de la cabane contre le mur exposé au soleil, enfin prêtes à l'emploi.

La vie dans le Grand Nord

La cabane en bois rond

Typiques des régions boisées du Grand Nord, les cabanes en bois rond se rencontrent du Canada jusqu'à la Sibérie, dans toute la taïga, au cœur de villages ou isolées dans les forêts.

Pour bâtir une cabane en bois rond, il faut choisir des arbres bien droits et assez hauts afin que le diamètre soit identique d'un bout à l'autre du tronc. Quand on les abat, on les ébranche puis on écorce rapidement le tronc avant de le faire sécher. Cet écorçage est nécessaire afin d'éviter que les parasites ne s'installent entre l'écorce et la chair de l'arbre. La durée de vie de la cabane en dépend.

Les encoches

Une fois la surface de la future cabane délimitée, on forme un carré avec les premiers morceaux de bois. On creuse à la hache des encoches pour qu'ils s'encastrent les uns dans les autres. S'ils ne sont pas bien droits, il faut les raboter afin qu'ils s'ajustent le mieux possible.

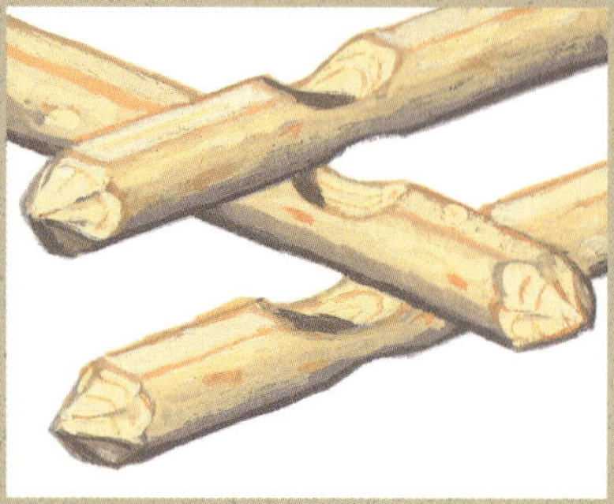

L'assemblage

Cette technique d'assemblage permet de monter solidement la charpente de la cabane sans autres matériaux que du bois, une hache, une scie et un rabot. C'est un travail minutieux. S'il y a trop d'espace entre les troncs, le froid risque de pénétrer à l'intérieur.

L'isolation

Autrefois, on utilisait de la mousse ou un mélange de lichens et de terre pour boucher les interstices entre les morceaux de bois. Aujourd'hui, la laine de verre a remplacé ces matériaux.

Le sol peut être en terre battue, couvert de pierres plates d'ardoise ou de bois. Les fenêtres sont en verre et fermées par des planches clouées pendant l'été pour que les ours, les gloutons et les porcs-épics n'entrent pas.

La cabane dont j'ai rêvé pendant vingt ans
Je l'ai construite avec Diane, ma femme, dans les Rocheuses.

Le toit

Autrefois, le toit des cabanes était fait avec des rondins ou des tuiles d'écorce et de terre argileuse, parfois avec du chaume dans les endroits où poussent des roseaux. Aujourd'hui, on utilise de la tôle ondulée. L'isolation du toit joue un rôle important pour empêcher la chaleur qui monte de s'échapper. L'hiver, l'épaisse couche de neige est la meilleure des isolations.

Le chauffage

Sauf en Laponie, où une cheminée en pierre équipe encore quelques cabanes, le poêle à bois est le mode de chauffage le plus répandu. C'est aussi le plus rapide et le plus pratique.
Quand la cabane est bien isolée, on peut rapidement obtenir une température intérieure de 20 °C avec un seul poêle alors que dehors il fait entre – 40 et – 50 °C.

Construire une cabane en bois

Les éléments nécessaires :
une scie – de la corde – des branches solides et bien droites de tailles différentes
Attention ! Dans les forêts du domaine public, il est interdit de couper du bois.

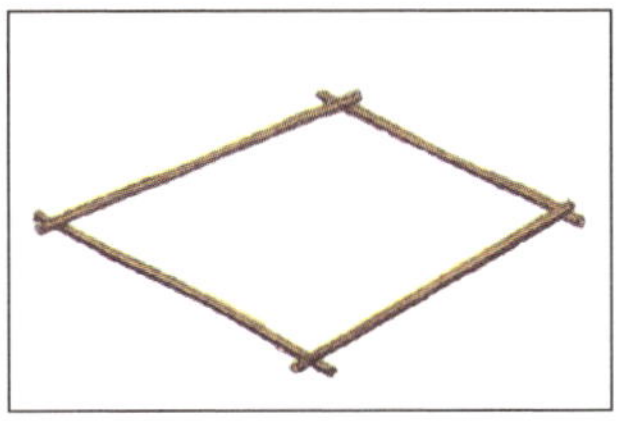

1 La base

Trace au sol un parallélépipède avec les quatre premières branches pour constituer la base de la cabane.

2 Les coins

Croise les branches entre elles à chaque extrémité et fixe-les avec des liens solides.

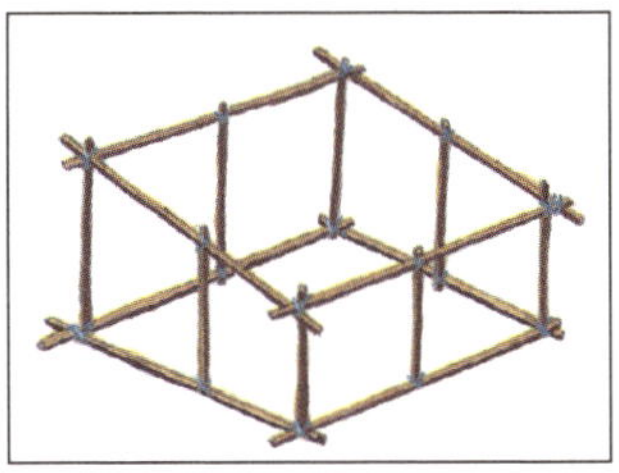

3 Les piliers

Plante dans le sol des branches verticales qui vont se placer aux angles et au milieu des parois et servir de piliers.

4 Les parois

Monte les parois le long des piliers en fixant chaque branche à la précédente. Pour une cabane étanche, fais des encoches et encastre les branches les unes dans les autres.

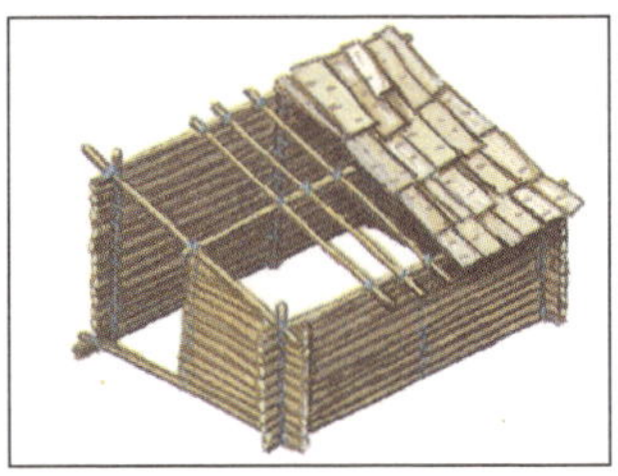

5 Le toit

Pour le toit, pose des branches à plat et attache-les aux parois. Tu peux les recouvrir d'écorce ou de branchages fixés par des branchettes transversales.

La hutte du castor

Le castor, un véritable « ingénieur de la nature »

Les castors sont à la fois bûcherons, architectes et constructeurs.

Certains territoires ont été totalement modifiés après avoir été colonisés par des castors. Des ruisseaux se sont trouvés détournés ou asséchés. Des morceaux de forêts sont morts, inondés (voir photo ci-contre), alors qu'une nouvelle flore et de nouvelles espèces animales se développaient dans une zone devenue marécageuse.
Pour éviter, ou tout au moins contrôler, ces phénomènes bouleversant un écosystème, le Canada notamment a établi des quotas. Chaque année, un nombre déterminé de castors est alloué aux chasseurs et aux trappeurs. Ces derniers ont l'obligation de réaliser ces prélèvements, qui permettent de maîtriser la prolifération de rongeurs par ailleurs tellement sympathiques.

Le savais-tu ?

Une hutte de castor peut atteindre 3 mètres de haut et 7 mètres de diamètre. La taille est fonction du nombre d'individus qui l'occupent.

La construction s'effectue en plusieurs étapes, selon un système particulièrement ingénieux.

1re étape : le choix de l'emplacement

Le lieu idéal est un point d'eau entouré d'arbres, qui servira à réaliser les diverses constructions ainsi qu'à approvisionner les occupants en nourriture. Dès que le castor a choisi son emplacement, il aménage un terrier sur la rive. C'est une sorte de « maison temporaire » où il s'installe et se protège du danger durant la construction de la hutte. La rivière ou le lac doivent être profonds de 4 mètres au moins pour que toutes les entrées soient sous l'eau et que, l'hiver venu, l'eau gelée ne les obstrue pas.

2e étape : l'édification du barrage

Si l'étendue d'eau n'est pas suffisamment profonde, les castors construisent des digues qui régulent la profondeur à un niveau adéquat en toute saison.
En bons ingénieurs, les castors adaptent leur environnement à leurs besoins. Deux barrages sont construits, l'un en aval de la hutte, l'autre en amont. Ils alignent de longs troncs à la surface de l'eau et plantent des morceaux de bois plus petits qui font office de piliers. Pour consolider le barrage, ils le recouvrent de boue et de brindilles.

Hutte d'une famille de castors
Une ou plusieurs entrées sous la surface de l'eau mènent à une première zone d'habitation, qui donne elle-même accès à une seconde chambre tapissée de litière où naissent les petits. Un trou dans le toit favorise l'aération.

3e étape : la fabrication de la hutte

La hutte est faite avec du bois et de la boue, selon une architecture complexe. Une entrée souterraine est reliée à l'étendue d'eau par un tunnel. Le castor peut ainsi sortir de sa hutte sans être vu par ses prédateurs. D'autres tunnels servent à prendre la fuite lorsqu'un ennemi réussit à entrer. La hutte comporte deux chambres : l'une donne accès à l'eau, l'autre sert de couche ou de litière où naissent les petits. Des conduits d'aération permettent de renouveler l'air et de sécher la litière, qui est remplacée tous les quinze jours. La nourriture pour l'hiver est stockée dans un garde-manger.

En Alaska, je m'étais arrêté au bord d'un lac retenu par un barrage de près de 200 mètres de long. Il faisait chaud et j'ai décidé de me baigner. À cette période de l'année, le soleil brille 24 heures sur 24 et l'eau s'était un peu réchauffée. À l'extrémité du lac, j'ai aperçu un jardin d'hiver sous l'eau. Les castors avaient planté dans la vase et soigneusement disposé une multitude de tiges de saule en feuilles. J'ai plongé pour aller voir cette installation de plus près et je suis tombé nez à nez avec un énorme castor ! Il ne s'est pas enfui, bien au contraire. Comme il semblait hostile, j'ai pris la fuite aussi vite que possible en me retournant plusieurs fois pour vérifier qu'il ne me suivait pas. J'ai compris que dans cet élément il n'avait peur de rien, pas même de l'homme, qu'il n'avait sans doute jamais rencontré.

Le chauffage

Pourquoi chauffer dehors !

En Sibérie, même par – 60 °C, il fait chaud dans les maisons. Il n'y a pas de perte d'énergie car elles sont bien isolées avec des matériaux traditionnels : une véritable leçon d'efficacité thermique.

Dans les villages sibériens, les maisons sont conçues avec le souci extrême d'éviter toute déperdition de chaleur. Les habitants du Grand Nord seraient consternés de voir à quel point nos maisons sont mal isolées et combien nous gaspillons d'énergie !
Il est étonnant de constater qu'une petite bûche qui se consume lentement pendant deux heures suffit à maintenir une température de plus de 20 °C à l'intérieur d'une cabane.
En Occident, la société d'abondance nous fait perdre de vue la valeur des dons de la nature et nous gaspillons l'énergie de même que, par exemple, nous gaspillons la nourriture.
En Sibérie, c'est l'harmonie avec la nature qui prévaut. Les hommes ont envers elle une attitude très respectueuse car c'est pour eux une nécessité impérieuse de vivre en symbiose avec leur environnement.

Une attitude économe

L'idéal est d'opter pour un mode de chauffage à base d'énergie renouvelable, couplé à une bonne isolation de la maison. Si ce n'est pas possible, il faut veiller à ne pas surchauffer ni chauffer avec des fenêtres ouvertes.

Le chauffage solaire

Le chauffage solaire est une solution intéressante. Il couvre entre 40 et 80 % de nos besoins, voire 100 % en été pour chauffer l'eau. Il faut savoir que, s'il est coûteux à l'achat, il se rentabilise à long terme.

Des stalactites de glace
Lorsque la glace se forme ainsi, c'est que le toit est mal isolé.

Le chauffage au bois

Le chauffage au bois est une bonne solution. En France, environ 6 millions de foyers l'utilisent, souvent comme énergie d'appoint. De nombreux progrès ont été faits dans les modes de combustion (inserts).

CHIFFRES CLÉS !

En France, le chauffage et l'eau chaude constituent les **2/3** de notre consommation d'énergie domestique.

LÀ-BAS ICI !

En Sibérie, les maisons sont parfaitement isolées, le moindre interstice est calfeutré, les vitres sont doubles, l'entrée est aménagée comme un sas entre deux portes, le toit est épais. Il n'existe aucune déperdition d'énergie.

Chez nous, ce n'est que depuis le premier choc pétrolier de 1974 que l'on se soucie de bien isoler les constructions. Malgré ces efforts, beaucoup de bâtiments ont encore une mauvaise isolation.

LE SAVAIS-TU ?

* Le chauffage au bois ne contribue pas au réchauffement global de la planète, car le dioxyde de carbone (CO_2) libéré lors de la combustion correspond à celui qui a été absorbé pendant la croissance de l'arbre.

L'isolation de la maison

En isolant sa maison, on réduit ses besoins en énergie. On peut en économiser jusqu'à 30 % en améliorant l'isolation du toit et des murs. La conception de l'habitat sibérien, parfaitement isolé avec de la mousse ou avec des lichens et de la terre, est une démonstration éloquente !

Des matériaux traditionnels
Avec du bois et de la mousse, on obtient une isolation parfaite.

Le sas prévu par tous les Sibériens *pour ne pas perdre de chaleur en rentrant ou en sortant de la maison est d'une grande utilité. Il est parfois très petit, d'une surface de 1 ou 2 m², parfois plus grand. Ils s'en servent alors de remise pour ranger un tas de choses. C'est dans une remise de ce type que je me suis retrouvé cet hiver en pleine nuit alors que je m'étais levé en tenue légère pour faire pipi. Sans lampe, je ne parvenais pas à retrouver la porte d'entrée. Il faisait – 50 °C et je commençais à sentir la morsure du froid. J'avais beau tambouriner sur les murs épais et crier, ceux qui m'avaient offert l'hospitalité ne pouvaient pas m'entendre. J'étais victime de l'isolation ! Finalement, j'ai trouvé la porte de sortie. Alors j'ai traversé la rue et j'ai pu réveiller le voisin juste à temps pour ne pas geler !*

Chaque bonne réponse au Quiz sibérien te permet de gagner un point (solutions page 215).

Un des chiens de Nicolas ressemble à une chienne. C'est :
- Apartca
- Abache
- Apache

Le castor est un animal :
- amphibie
- nocturne
- carnivore

Un des prédateurs du castor est :
- le chacal
- le glouton
- le plouton

Pour construire une cabane, on écorce les arbres. Pourquoi ?
- pour qu'ils pèsent moins lourd
- à cause des parasites
- parce que c'est obligatoire en Sibérie et au Canada

Quelles sont les dents du castor qui poussent indéfiniment ?
- les canines
- les molaires
- les incisives

Calcule tes points.
0-2 points :
Ouille, aïe, aïe ! Pas terrible !
3-4 points :
C'est bien, tu es presque un écocitoyen.
5 points :
Bravo, tu es 100 % écocitoyen !

AGIS POUR LA PLANÈTE : ÉCONOMISE LE CHAUFFAGE

✱ 19 °C, c'est la température idéale d'une pièce ; 1 °C de plus augmente de 7 % la facture de chauffage.

✱ Si tu as froid, ne monte pas le chauffage, mets un pull en laine.

✱ 16 °C dans les chambres la nuit, c'est suffisant et meilleur pour la santé !

✱ Il faut entretenir régulièrement la chaudière : cela permet de diminuer la consommation d'énergie de 8 à 12 %.

Et surtout, dis-le à tes parents !

Source : ADEME – WWF-OGILVY&MATHER

CHANTE-LE AUX PETITS !

J'habite sur ma planète !

(Sur l'air de LA BARBICHETTE)

Je l'aime bien, tu l'aimes bien, ma jolie planète !
Chaque jour, pour toujours, toi et moi,
on la protég'ra !

© Krystell de Mouette

« C'est une triste chose de penser que la nature

4 - UN ART DE VIVRE

CHASSE ET TRAPPE

Prélever dans la nature ce dont on a besoin relève d'un véritable art de vivre que les peuples qui vivent dans le Grand Nord cultivent et transmettent dans le plus grand respect des équilibres. Malheureusement, ce mode de vie fondé sur une grande connaissance des animaux et de leur milieu disparaît peu à peu au profit d'une trappe et d'une pratique de la chasse plus commerciales.

parle et que le genre humain n'écoute pas. » Victor Hugo

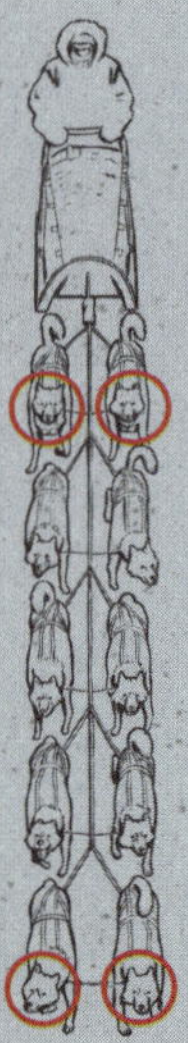

Sa place dans l'attelage
Les cercles rouges indiquent les quatre places différentes que j'assigne à Québec.

Une autorité incontestée
Chef de meute est le plus haut rang de la hiérarchie, une place qu'il ne faut pas confondre avec celle de chien de tête.

Le sosie de son grand-père
Avec ses taches blanches au-dessus des yeux, Québec ressemble à Otchum, son grand-père.

Québec

Le chef de la meute

Autant l'avouer tout de suite, Québec est mon chien préféré car il ressemble à Otchum, son grand-père, que j'ai tant aimé. C'est incroyable, c'est son portrait tout craché. Québec est un chef, le chef de la meute, sur laquelle il a toute autorité. Personne ne lui conteste cette place même si, au-dessous, Kurvik, Gao et Churchill se battent pour la place de second.
Cette hiérarchie, qui prête souvent à confusion, ne correspond en rien à la position qu'ils occupent dans l'attelage. Primordiale dans la vie de la meute, elle est identique à celle qui régit une meute de loups : chacun à sa place, un chef et une hiérarchie bien définie.

Québec attend le départ
Chien de traîneau très endurant, Québec se laisse vite distraire.

Québec est donc le patron. D'un tempérament très gai, il est curieux de tout. Il passe ses journées le nez en l'air pour satisfaire une curiosité jamais rassasiée. Une plume tourbillonnant dans le vent peut suffire à son plaisir ! Tout l'intéresse. Et s'il est un formidable chien de traîneau, costaud et endurant, il relâche cependant le rythme pour se distraire car Québec, contrairement à Kurvik, est incapable de passer des heures en tête, dans le harnais, à courir le nez sur la piste.
Toujours content de repartir, un tantinet impatient quand on s'arrête, Québec aime que ça bouge et vite. Il communique son enthousiasme aux autres et grogne contre les retardataires qui continuent de dormir à la fin d'une pause, sans se soucier du départ imminent !

Le fruit de la chasse

Dans le Grand Nord sibérien, plus les territoires sont reculés, plus les hommes prélèvent dans la nature ce dont ils ont besoin. Au-delà d'Abakan, le long de la rivière Tom, le territoire est giboyeux et la plupart des rivières sont poissonneuses. Les habitants se nourrissent essentiellement du produit de leur pêche. La chasse aux oiseaux, aux lièvres et aux grands mammifères est une source de nourriture secondaire mais très appréciée.

LIRE DANS LA NEIGE

Cependant, la chasse est pratiquée de façon excessive. On le constate lorsqu'on traverse le pays en traîneau. On lit dans la neige comme dans un livre ouvert. Nul besoin de surprendre les animaux pour savoir s'ils sont là, les traces en témoignent.

La densité d'animaux est inversement proportionnelle au nombre d'habitants d'un territoire. Sans carte, en observant les empreintes dans la neige, j'étais capable de dire si nous approchions ou non d'un village et je pouvais en donner l'importance. Plus il était grand, plus les traces animales disparaissaient.

LE BRACONNAGE

On rencontre partout du braconnage et des gardes-chasse corrompus. Un jour, je m'étonnais de trouver devant une cabane le cadavre d'une femelle élan. J'ai demandé au chasseur s'il ne craignait pas d'avoir des ennuis avec le garde.

La ligne de trappe

Le terme « ligne » fait allusion à la piste le long de laquelle un trappeur pose ses pièges. Elle est généralement située dans une vallée et s'étend sur une centaine de kilomètres.
Le trappeur se déplace sur une motoneige, plus rarement sur des skis, des raquettes ou un traîneau à chiens.
La location ou l'achat d'une ligne de trappe donne le droit de construire des cabanes sur ce territoire.

La réglementation de la trappe

Au Canada, plusieurs personnes peuvent acheter différents droits d'exploitation sur un même territoire : des droits de chasse, de pêche, de trappe ou d'exploitation des sols.
Dans ce pays, la trappe est très réglementée : les périodes de chasse sont limitées et des quotas sont fixés pour certains animaux.
En Sibérie, il est difficile d'évaluer le nombre de bêtes tuées car beaucoup de peaux sont écoulées clandestinement, au marché noir.

– Le garde, m'a-t-il répondu, est passé hier et je lui ai fait cadeau d'une épaule. C'est cher payé, mais il me laissera tranquille.

Cet état d'esprit n'existe pas dans tout le Grand Nord. La protection des espèces passe au second plan en Sibérie, car les populations manquent de l'essentiel ; mais, en Laponie, au Canada ou en Alaska, les mesures gouvernementales sont appliquées et contribuent à maintenir une densité d'animaux sauvages élevée.

LES TECHNIQUES DE CHASSE ET DE TRAPPE

En hiver, la traque est facilitée par la neige, qui permet de suivre les animaux à la trace. C'est comme s'ils avaient un fil attaché à la patte. Mais la neige n'offre pas que des avantages : elle est souvent bruyante quand elle est tassée, et on se fatigue vite à marcher avec des skis ou des raquettes.

En Sibérie, nombreux sont ceux qui s'adjoignent les services d'un laïka. Ce chien rapide et endurant, doté d'un flair exceptionnel, accule l'animal et le tient en respect en aboyant jusqu'à ce que son maître le rejoigne. Le chasseur n'a plus qu'à l'abattre.

Pour attraper les oiseaux, qui laissent peu de traces dans la neige, la technique consiste à se rendre là où ils se nourrissent, notamment dans les marécages où poussent des saules et des aulnes, qui ont la particularité de porter de savoureux bourgeons en hiver. La difficulté consiste à s'approcher d'eux avec précaution afin de les surprendre.

On peut aussi poser des pièges, notamment des collets, sur le passage des perdrix, et les attraper par le cou. Dans les zones peuplées de nombreux prédateurs, les trappeurs tendent un arc qui se relève brusquement lorsque l'oiseau est pris.

Le mouflon
Un seigneur de la haute montagne

Le mouflon est un ruminant sauvage qui vit dans les régions de haute montagne. Il appartient à la faune sibérienne, mais on le rencontre également en Europe (Alpes, Pyrénées) et au Canada. Le mâle porte de grandes cornes recourbées, dont la longueur est le symbole de sa puissance et dont il se sert dans de violents combats contre ses pairs.

En été, on croise assez souvent des mouflons dans les alpages, non loin des crêtes où ils se gavent d'herbes grasses. L'hiver, on les voit moins car ils passent l'essentiel de leur temps à l'abri pour se protéger du froid et du vent. Pourtant, leurs traces dans la neige les trahissent. Avec un peu d'expérience, on peut déterminer la direction dans laquelle ils se déplacent. En suivant les pistes des yeux, on peut deviner où ils se cachent, où ils se nourrissent, où ils se reposent. Lorsqu'on connaît leurs habitudes, on sait à quelle heure et à quel endroit il faut les chercher.

Les mouflons forment des groupes familiaux de 4 à 40 individus. Comme ils vivent en altitude, ils ne côtoient pas souvent l'homme et le craignent.

Des combats spectaculaires

Les combats entre mâles sont fréquents au moment du rut et extrêmement violents.

FICHE D'IDENTITÉ

Le mouflon

Espèce : mammifère ovin
Territoire : haute montagne
Poids : de 50 à 100 kg
Taille : de 90 cm à 1,10 m au garrot
Régime alimentaire : herbivore
Reproduction : accouplement d'octobre à décembre ; 1 seul petit par portée

Des mouflons mâles
Le mouflon est un animal noble, un vrai seigneur des routes de montagne.

Des cornes impressionnantes
Les anneaux de croissance permettent de déterminer précisément l'âge de l'animal.

Après avoir pris de l'élan, ils se chargent à une vitesse de plus de 30 km/h. Leurs fronts se heurtent dans un fracas qui s'entend à 2 kilomètres de distance ! La lutte peut durer vingt heures... Malgré la violence du choc, il n'y a jamais de dégâts grâce à la solidité de leur crâne et de leurs cornes.

Des cornes en spirale

Les cornes des mouflons sont enroulées en spirale. Elles sont en kératine, comme les ongles des humains, et leur taille est proportionnelle à la puissance de l'animal : plus elles sont grandes, plus il est fort. Contrairement à celles d'autres animaux, elles sont permanentes.

En compagnie de Nicolaï, je traversais les monts Saïan. Le trappeur gardait les yeux rivés sur la neige pour étudier les pistes fraîches. Ici un lynx, là un élan, plus loin un caribou. Quant à moi, je passais l'essentiel de mon temps le nez en l'air, à la recherche de mes amis les mouflons. Nicolaï m'avait surnommé « l'homme-mouflon ».

Un jour, j'ai été le témoin d'une scène tragique. Un groupe de jeunes mouflons dévalait la montagne à vive allure. Je ne sais ce qui les avait effrayés à ce point. Soudain, sur un éboulis instable, l'un d'eux a dérapé et entraîné un compagnon dans sa chute. Ils ont bien tenté l'un et l'autre de se rétablir sur quelques mètres, mais la pente était trop forte et verglacée. Le cœur serré, j'ai compris qu'ils n'allaient pas échapper à leur triste sort. En quelques secondes, ils étaient déjà 50 mètres plus bas. Ils roulaient, heurtaient de gros cailloux sur lesquels ils rebondissaient. C'était horrible à voir. Ils se sont immobilisés en bas de l'éboulis, inertes. Quelques minutes plus tard, sortis de nulle part, les corbeaux étaient là, prêts à se repaître des cadavres. Dans la nature, c'est la loi : un animal meurt et d'autres vivent grâce à lui.

Il est alors hors de portée des lynx et des renards. Une méthode plus cruelle consiste à les capturer en plaçant des hameçons dans des bourgeons ou des myrtilles, dont les oiseaux sont friands. Cette technique est interdite mais encore pratiquée.

LA CHASSE AUX GRANDS MAMMIFÈRES

L'élan est l'un des animaux les plus recherchés, par les hommes comme par les loups. Le plus grand cervidé du monde peut peser 800 kilos et fournit de quoi nourrir une famille pendant un an ! On le chasse en automne, lorsque les mâles courent en tous sens à la recherche d'une femelle et sont trahis par leur brame, ou en hiver, en les poursuivant sur des skis ou des raquettes.

On chasse aussi les caribous, car leur chair est savoureuse. Les habitants du Grand Nord connaissent bien leurs axes de migration. Dans les espaces dégagés, ils se servent de « cairns » en pierre imitant la silhouette d'un homme pour les diriger vers les chasseurs postés à un endroit stratégique.

Les animaux à fourrure sont souvent attrapés avec des appâts ou des pièges placés sur leur passage : des collets ou des boîtes tombantes, qui les capturent vivants, ce qui permet de les relâcher s'ils ne correspondent pas à ce que l'on cherche.

La vie dans le Grand Nord

La trappe, une philosophie

« Trapper » signifie piéger des animaux. Contrairement à la chasse, la trappe permet de capturer les animaux sans abîmer leur fourrure.

Le savais-tu ?

Le trappeur explique toujours son geste à l'animal qu'il a tué et le remercie.

Les « vrais » trappeurs, comme Davy Crockett ou Jeremiah Johnson, n'existent plus. Les trappeurs d'aujourd'hui ont élaboré de nouvelles techniques pour chasser et trapper sur de plus grands territoires. Seuls quelques irréductibles conservent les rudiments d'une ancienne philosophie de l'adaptation de l'homme à l'environnement. Ils sont les derniers représentants d'un art de vivre avec la nature.

La philosophie des trappeurs

Les trappeurs savent qu'un paysage ne peut exister que grâce à un équilibre entre la faune, la flore, les rivières et les vents. Leur sagesse vient de cette relation profonde et particulière qu'ils entretiennent avec la nature.
Ils sont persuadés que le partage et l'échange avec le milieu naturel sont essentiels à l'équilibre de l'homme, qui se situe au sommet de la chaîne alimentaire.

Un métier en voie de disparition

Aujourd'hui, beaucoup de trappeurs ont abandonné le métier car la chute du prix de la fourrure ne leur assurait plus un revenu suffisant. Même si les écologistes se réjouissent de leur disparition progressive, il faut savoir que la trappe, effectuée sans excès, ne menace pas les populations animales.
Au contraire, souvent elle les dynamise et l'homme, comme tout autre prédateur, a sa place dans la nature.

Des gardiens de la nature

Les hommes qui vivent près de la nature sont de plus en plus rares. C'est une philosophie qui disparaît, et avec elle les derniers gardiens d'une nature chaque jour un peu plus malade.

Une trappe fructueuse
Les trappeurs préparent eux-mêmes les peaux qu'ils vendent en fin de saison. Ici, des zibelines et une martre de Sibérie.

Les différents types de pièges

Pour pouvoir vivre dans la nature, il faut savoir trouver sa nourriture. Les trappeurs utilisent plusieurs sortes de pièges pour attraper les animaux. Dans le Grand Nord, il n'est pas vraiment nécessaire de les cacher car les animaux sont peu habitués aux pièges.

1 Le piège à mâchoire

Il est très répandu et sert en général à piéger les zibelines. L'animal est attiré par l'appât disposé à proximité et marche sur le piège, qui se referme brutalement. Le plus souvent, c'est une patte qui se trouve emprisonnée.

2 Le collet

Pour les animaux dont la tête est plus large que le cou, comme les lièvres, les renards et les lynx, on pose des collets (pièges avec des nœuds coulants) sur les sentiers. Plus ils se débattent, plus la corde se resserre autour de leur cou. On se sert aussi de collets pour les grosses perdrix. On place un fil de pêche invisible au bout d'une perche en bois et on s'approche sans faire de bruit. On passe très lentement la boucle autour du cou du volatile et on tire d'un coup sec (voir illustration page 69).

3 La boîte tombante

Elle permet de capturer les castors et les blaireaux. La boîte est maintenue en équilibre sur un seul côté par une tige en bois. Lorsque l'animal, attiré par l'appât, s'introduit à l'intérieur, il fait tomber la tige et la boîte se referme sur lui.

4 Le piège-cabane

Lorsqu'il attrape l'appât que le trappeur a placé au fond de la cabane, l'animal déclenche un système de fermeture et une porte se rabat derrière lui.

La chaîne alimentaire

Les liens entre les espèces

Dans la nature, les relations qui unissent les êtres vivants, animaux et végétaux, sont essentiellement alimentaires et nécessaires à leur survie.

Une chaîne alimentaire est constituée d'êtres vivants qui se nourrissent les uns des autres. L'équilibre de l'écosystème repose sur son bon fonctionnement.
Elle est constituée de plusieurs maillons, animaux ou végétaux, qui occupent une place précise. Dans la nature, tout est interdépendant et il suffit qu'un maillon manque pour que tout soit déréglé.

Le rôle de l'homme dans la chaîne biologique

Il existe des milliers de chaînes alimentaires. L'homme constitue le dernier maillon de multiples chaînes, car il est omnivore et se nourrit de nombreux végétaux et animaux.
Cependant, l'homme est un « animal » doté d'une qualité supplémentaire : l'intelligence. Il a la faculté de comprendre les mécanismes naturels et peut ainsi aider la nature en intervenant de façon raisonnée. Il prend alors conscience de sa générosité et peut puiser dans ses ressources. La plupart des trappeurs sont de bons observateurs et s'adaptent aux variations constatées chaque année. Si une espèce vient à manquer, ils peuvent l'épargner jusqu'à ce qu'elle se développe à nouveau.

Un rôle parfois négatif

Mais attention ! Il existe des individus qui trappent en se fiant uniquement aux quotas fixés par le gouvernement et ne tiennent pas compte des modifications constantes du milieu.

Le savais-tu ?

La biodiversité désigne la variété extrême des formes du vivant.

Chaque être vivant a sa place dans le milieu naturel. Toute modification concernant l'un d'eux introduit un déséquilibre qui met la planète en danger.

« Si l'abeille venait à disparaître, l'homme n'aurait plus que quelques années à vivre. »

Albert Einstein

Cinquième maillon : les décomposeurs

Ces petits organismes (vers de terre, champignons...) vivent dans le sol. Ils se nourrissent de débris végétaux, de cadavres d'animaux, d'excréments, qu'ils décomposent et transforment en éléments minéraux. (Ici, les excréments du loup et les débris de l'arbre sont transformés par le ver de terre.)

Premier maillon : les producteurs

Les producteurs sont les végétaux qui fabriquent de la matière organique grâce à la photosynthèse. Ils absorbent par les racines les éléments minéraux rejetés par les décomposeurs.

Une chaîne alimentaire sibérienne

Dans une chaîne alimentaire, on distingue plusieurs maillons. Le végétal constitue généralement le premier maillon et le décomposeur est le dernier. Ces deux acteurs se rejoignent car chacun consomme les déchets de l'autre, refermant ainsi le cycle sans fin de la chaîne.

Quatrième maillon : les carnivores secondaires

Les carnivores primaires sont mangés par des carnivores secondaires qui se nourrissent aussi parfois des herbivores (Ici, le lynx est mangé par le loup.)

Deuxième maillon : les herbivores

Les végétaux sont mangés par les herbivores. (Ici, par le lièvre variable.)

Troisième maillon : les carnivores primaires

Les herbivores sont mangés par des carnivores primaires. (Ici, le lièvre variable est mangé par le lynx.)

L'électricité

Les bons réflexes

Sais-tu que les appareils électriques en veille continuent de consommer de l'électricité ? Fais la chasse aux petites lumières !

L'électricité semble faire partie de la maison et nous n'y prêtons plus attention. Pourtant, cette énergie est produite avec des ressources qui accroissent les tensions écologiques sur notre planète. Elle est précieuse et nous devons la respecter.

Consommation cachée

Dans nos maisons, la technologie est partout : télévision, réveil, ordinateur, imprimante, chaîne hi-fi, radio, magnétoscope, décodeur, lampe halogène, brosse à dents électrique, console de jeux, chargeur, etc. Beaucoup de ces appareils restent en veille après utilisation, ce qui représente 10 % de notre facture d'électricité ! Ainsi, un poste de télévision en veille pendant toute une journée consomme plus que la projection de deux films. D'autres consomment de l'électricité, même éteints (c'est le cas des ordinateurs et des imprimantes). Au total, si l'on considère tous les équipements de la maison, on peut économiser près de 50 % de la facture d'électricité !

Éviter le gaspillage

Le meilleur moyen est de débrancher les appareils que l'on n'utilise pas, soit en tirant la prise, soit en utilisant une multiprise avec interrupteur. Plus facile à dire qu'à faire ! Vu le nombre d'appareils qui se trouvent chez nous, il est difficile, voire impossible, de tous les débrancher. Mais adopter le réflexe pour quelques-uns, c'est déjà bien. Comme certains ne peuvent être débranchés pour leur fonctionnement optimal, il convient de choisir des appareils qui consomment peu. Au moment de l'achat, lisons bien les étiquettes énergie et préférons les appareils classés A ou A+.

CHIFFRES CLÉS !

En Europe, l'équivalent de **6 centrales** nucléaires sert à faire fonctionner des appareils électroniques... éteints ou en mode veille !

LÀ-BAS ICI !

Nicolas et ses chiens avancent vers l'ouest depuis deux mois. Pour rendre possible une telle expédition, tout a été calculé au plus juste. C'est à ce prix que l'on va loin et que l'humanité vivra longtemps en accord avec notre belle planète.

L'énergie électrique arrive dans nos maisons sans aucun effort. D'où notre gaspillage, qui nous rend encore plus dépendants de l'énergie nucléaire ou des énergies fossiles (pétrole, charbon, gaz naturel) et contribue à l'effet de serre.

LE SAVAIS-TU ?

* Certains appareils électriques consomment de l'électricité même s'ils sont éteints ! Ceci est dû au fait que l'interrupteur marche/arrêt est trop souvent placé après le transformateur, lequel reste sous tension et continue de consommer.

Chaque bonne réponse au Quiz sibérien te permet de gagner un point (solutions page 215).

En Sibérie, pour se déplacer dans la neige profonde, les trappeurs utilisent :
- des raquettes
- des skis
- des mocassins

Quel est le nom du chien préféré de Nicolas Vanier ?
- Québec
- Montréal
- Rantanplan

La piste le long de laquelle un trappeur pose ses pièges s'appelle :
- une piste de chasse
- une ligne de trappe
- une trappeuse

Le mouflon est :
- un bovin
- un caprin
- un ovin

Un de ces animaux migre. C'est :
- le caribou
- l'élan
- le carcajou

Calcule tes points.
0-2 points :
Ouille, aïe, aïe ! Pas terrible !
3-4 points :
C'est bien, tu es presque un écocitoyen.
5 points :
Bravo, tu es 100 % écocitoyen !

Une tasse de café chaud à – 50 °C, c'est presque miraculeux, mais surtout cela représente beaucoup de travail. Il faut aller chercher de la glace, collecter un peu de bois, allumer un feu, faire fondre les morceaux de glace pilée, attendre... On pense alors au retour, à la cafetière programmable qui sonne pour vous réveiller le matin et répand l'arôme du café sans que vous ayez à bouger de votre lit. On prend alors pleinement conscience du miracle que représente cette électricité... En expédition, tout prend de la valeur !

AGIS POUR LA PLANÈTE : ÉCONOMISE L'ÉLECTRICITÉ

Quelques conseils à suivre :

- Ne laisse pas une lampe allumée dans une pièce où il n'y a personne.
- Fais la chasse aux petites lumières rouges ou vertes sur les appareils en veille !
- Commence par tes propres affaires : débranche le chargeur de ta console ou de ton téléphone portable.

Éteins ton ordinateur et débranche-le.

- Plus astucieux : branche tes équipements sur une multiprise à interrupteur, que tu éteindras en partant.

Et surtout, dis-le à tes parents !

Source : ADEME – WWF-OGILVY&MATHER

CHANTE-LE AUX PETITS !

Économie d'énergie !

(Sur l'air de Marlbrough s'en va-t-en guerre)

Quand t'allumes la lumière,
Pour le soir, tout à coup, tout s'éclaire !
Quand t'allumes la lumière / Éteins si tu t'en vas ! (ter)
Quand tu chauffes l'hiver,
Pas trop chaud, ta maison, il faut faire !
Quand tu chauffes l'hiver / Mets un pull si t'as froid ! (ter)

« Fais de ta vie un rêve,

5 - LES HÉROS DES NEIGES

CHIENS DE TRAÎNEAU

S'il est un animal à qui l'on doit la plupart des découvertes et des exploits réalisés dans le Grand Nord, c'est bien le chien de traîneau, ce formidable voyageur du froid, endurant, rapide et tellement attachant. Son plaisir de courir dans la neige et de foncer sur les pistes est communicatif.

et d'un rêve une réalité. » Antoine de Saint-Exupéry

Mon premier chien de traîneau
Otchum est l'ancêtre de mes chiens (il n'a pas participé à l'Odyssée Sibérienne).

Otchum

Le patriarche

Un chien de confiance
Lorsqu'il n'était pas attelé, Otchum était toujours libre et restait près de moi.

Otchum, mon premier chien de traîneau, était un chien de tête exceptionnel. Il répondait aux ordres et les anticipait même, avec une précision d'horloger. Mais il renâclait à tirer, si bien qu'il fallait lui adjoindre un coéquipier pour lui donner le rythme. Il le regardait alors d'un air condescendant, presque risible, comme s'il voulait signifier :
– Pffff, tirer, c'est trop peu pour moi. Je vaux mieux que cela. Ce n'est pas assez intellectuel !

Otchum est mort, tué par ses fils, jaloux de l'amour que je lui vouais et qu'il me rendait. Ils lui ont aussi fait payer toutes les années d'une autorité patriarcale dont il avait abusé en tant que chef de meute, un pouvoir de plus en plus contesté par Voulk et Nanook, qui briguaient la place.
Je n'ai connu que deux fois ce type d'accident tragique. La première fois, ce fut avec Otchum ; la seconde, au cours de l'Odyssée Sibérienne avec Narsuak.
Dans une meute, les animaux se battent parfois à mort. C'est vrai chez les loups comme chez les chiens de traîneau. L'homme peut prévenir certaines bagarres et intervenir s'il en a le temps, mais il doit aussi respecter cette loi nécessaire qui instaure une hiérarchie dans la meute.

Nostalgie
Une complicité exceptionnelle nous unissait, Otchum et moi.

Un attelage pétillant

Avant l'arrivée à Tomsk, j'ai enfin trouvé des conditions favorables à la progression du traîneau et j'ai un peu rattrapé mon retard en profitant de la qualité de mon attelage. Ces chiens, qui ne sont pas issus d'une race reconnue, sont en effet rapides et endurants.

DES CHIENS PUISSANTS ET BAGARREURS

On distingue habituellement plusieurs races de chiens de traîneau : les groenlandais, les samoyèdes, les malamutes et les huskies. Mais on a récemment créé une nouvelle catégorie issue de croisements entre des huskies sibériens et des chiens de races dites non nordiques tels que les lévriers. Ces chiens de traîneau, dénommés alaskan huskies, sont aujourd'hui les plus nombreux.

Quant à moi, j'ai créé ma propre « race » en effectuant un croisement entre une chienne du Groenland et un laïka de Sibérie, chien utilisé par les trappeurs afin de poursuivre les animaux à fourrure dans la neige. Ce métissage inédit a produit des chiens très endurants et assez rapides, alors que les autres races ne possèdent que l'une ou l'autre de ces qualités. À la seconde génération, j'ai croisé les meilleurs d'entre eux avec deux chiennes alaskans en espérant obtenir des bêtes encore plus rapides.

J'ai mené l'Odyssée Sibérienne avec cette nouvelle lignée. Elle est capable de courir à plus de 15 km/h sur des distances pouvant atteindre 150 kilomètres, et résiste aux conditions les plus difficiles. Ces chiens possèdent donc les qualités inhérentes aux groenlandais et aux laïkas de Sibérie, mais ils en ont en même temps les défauts.

Ils sont bagarreurs, puissants et conquérants : un caractère qui leur donne parfois des allures de « loubards », ce qui est loin de me déplaire. Mes chiens sont par ailleurs dotés d'un grand charisme, alors que beaucoup d'alaskans en manquent.

L'INSTINCT DE LA CHASSE

Des laïkas, ils ont conservé le « nez ». Ce sont des chasseurs, toujours à l'affût du moindre gibier, accélérant la course chaque fois que nous croisons la piste d'un animal ou qu'ils flairent une odeur intéressante. Cela m'a d'ailleurs joué bien des tours. Je ne compte plus les sorties de route subies à cause de quelques lièvres ou perdrix coupant notre chemin.

Ce côté impulsif des chasseurs s'est encore révélé lorsque j'ai tenté de faire une course contre des traîneaux tirés par des rennes. L'hiver dernier, des nomades éleveurs de rennes m'avaient proposé cette épreuve. Lorsque je les ai retrouvés, ils n'avaient pas oublié leur proposition. Nous avons choisi de parcourir une trentaine de kilomètres ensemble. Je n'avais pas imaginé que mes chiens allaient considérer ces rennes domestiques comme du gibier. Mais pour eux, c'en était !

UNE COURSE IMPOSSIBLE

Dès que les nomades sont arrivés au point de départ, mes dix chiens sont devenus fous. J'ai eu toutes les peines du monde à retenir le traîneau. Impressionnés par leur énergie, qu'ils ont prise pour une furieuse envie de courir, mes camarades de jeu se sont dit que la course allait rapidement se conclure.

L'élan
Le plus grand des cervidés

L'élan est le plus grand cervidé du monde. Il peut peser jusqu'à 800 kilos et mesurer jusqu'à 2,20 mètres au garrot. Il est pourvu de longues pattes achevées par des sabots meurtriers.

Un « mastodonte » des neiges

L'élan occupe un vaste territoire car il a besoin d'une grande quantité de nourriture (près de 20 kilos par jour). C'est pourquoi la densité de population des élans est relativement faible. Haut perché sur ses pattes, avec un cou trop court, l'animal est contraint de s'agenouiller pour brouter les tendres pousses d'herbe au printemps.

De bas en haut

L'hiver, les élans vivent en harde d'environ 15 individus, à l'abri dans le fond des vallées. Ils broutent les aulnes et les saules dont les branches émergent de la neige. L'été, ils montent très haut en altitude pour échapper aux moustiques ou se baignent pour se protéger des insectes. Ce sont d'excellents nageurs.

Les bois

Les bois de l'élan sont larges et plats, avec de petites pointes. Chaque année, en hiver, ils tombent. L'élan souffre alors de démangeaisons qu'il calme en se frottant longuement contre les arbres. Les bois repoussent ensuite et parviennent à maturité en septembre, pour la saison du rut. Seuls les mâles possèdent cette ramure, qui peut dépasser 1,60 mètre d'envergure et peser 20 kilos.

FICHE D'IDENTITÉ

L'élan ou orignal en Amérique

Espèce : mammifère cervidé

Territoire : taïga et plus rarement toundra

Poids : jusqu'à 800 kg

Taille : jusqu'à 2,20 m au garrot

Régime alimentaire : herbe, feuillages, écorce (herbivore)

Reproduction : accouplement en automne ; 9 mois de gestation ; de 1 à 3 petits

Prédateurs : le loup, l'ours, l'homme

L'hiver, l'élan perd ses bois
Ils repoussent couverts de velours, un pelage parcouru de vaisseaux qui alimentent leur croissance.

Une ramure caractéristique
La forme de ses bois, qui évoquent deux grandes pelles, est l'un des éléments qui permettent de distinguer l'élan du caribou.

Des bois d'élan
Les chasseurs locaux s'encombrent rarement de trophées de chasse.

Des pattes comme des échasses

Pour se défendre, l'élan lance violemment ses pattes avant contre son agresseur. La force avec laquelle il projette ses sabots longs et pointus suffit à fendre le crâne d'un loup.
Le pas habituel de l'élan est un trot mal assuré, mais il est capable de galoper et d'atteindre une vitesse de 55 km/h. Avec ses très longues pattes, l'élan peut marcher dans la neige profonde, mais il est si lourd qu'il se fatigue vite.

Le savais-tu ?

Record du monde
Un élan découvert en Alaska en 1897 détient le record du plus grand cervidé connu : ce mâle atteignait 2,34 mètres à l'épaule pour 816 kilos et une envergure de cornes de 1,99 mètre.

Un prédateur : le loup

Ce mastodonte est pourchassé par les loups, qui cherchent à l'épuiser dans la neige profonde car l'élan, gêné par son poids et par la petite surface de ses sabots, s'enfonce. Pour pallier cet inconvénient, l'élan entretient des sentiers par un passage régulier. Les loups cherchent à les lui faire quitter pour en venir à bout. L'animal lutte très longtemps avant de se résigner. Lorsqu'il est acculé, il fait face car il sait que les loups attendent qu'il se retourne pour lui sectionner les tendons du jarret et le mettre à terre. Il brandit alors ses sabots acérés, qui constituent des armes redoutables.

Un danger pour l'attelage

Contrairement aux idées reçues, le loup et l'ours sont moins dangereux que l'élan, notamment pour les conducteurs de traîneau. Lorsqu'on voyage avec des chiens, on creuse des sentiers que les élans sont tentés d'utiliser.
Le musher fait tout pour éviter une telle rencontre, car il sait que l'élan va charger l'attelage. Les chiens, attachés, ne peuvent pas fuir et parfois c'est le carnage.

Je ne mangerai plus jamais de viande d'élan.

Lors d'une traversée des montagnes Rocheuses, nous avions prévu trois semaines de nourriture pour tenir entre deux villages. Or, le parcours a duré six semaines et nous n'avons consommé que de l'élan, matin, midi et soir. Les chiens étaient ravis, mais les hommes en ont tous été dégoûtés.

Comme convenu la veille, ils se sont placés au-devant de mes chiens et se sont élancés sur une belle piste qui serpentait au travers de la taïga. Je leur ai laissé 100 mètres d'avance et j'ai lâché ma meute.

Un vrai bouchon de champagne que cet attelage en furie, qui a rejoint en quelques bonds les deux traîneaux tractés par un couple de rennes. Lorsqu'ils m'ont fait signe de les dépasser, je me suis arrêté en bloquant le traîneau avec une corde glissée autour d'un arbre et leur ai expliqué la raison de ce rythme effrené. Ils ont proposé de me laisser partir en tête.

J'ai alors effectué un large détour pour éviter que mes chiens ne sautent sur les rennes au moment du dépassement. Mais, dès que nous nous sommes retrouvés devant, les chiens se sont mis à marcher au pas, certains allant jusqu'à freiner « des quatre coussinets » en regardant derrière eux l'objet de leur convoitise. Les rennes m'ont alors rejoint en quelques secondes. À leur approche, les chiens se sont totalement immobilisés et ils ont même tenté de faire demi-tour. Il m'a fallu user de toute l'autorité dont je suis capable pour les convaincre de continuer.

Mais nous n'avancions pas et, d'un commun accord, nous avons décidé d'annuler la course pour raison technique. Nous nous sommes contentés d'une balade inoubliable avec quelques rennes à l'avant, d'autres à l'arrière, et moi bien calé au milieu.

Les chiens de traîneau **Fidèles compagnons**

Il y a vingt-cinq ans, au Québec, j'ai voyagé pour la première fois avec un attelage de chiens de traîneau. Je m'en souviens comme si c'était hier. Je n'ai eu par la suite qu'un seul rêve : conduire mon propre attelage.

On distingue quatre races traditionnelles de chiens de traîneau. On y ajoute aujourd'hui l'alaskan, né de croisements hautement réfléchis et calculés entre des huskies et d'autres races pour créer un chien de course.

1 Le groenlandais

Typique du Groenland et du Grand Nord canadien, ce chien de traîneau est à peine moins lourd que le malamute.
C'est lui qui possède la plus lourde robe. Son poil à la fois long et épais lui permet de résister au grand froid et au terrible blizzard des régions arctiques.

2 Le husky

Quand on évoque les chiens de traîneau, on parle souvent de huskies. Le husky peut en effet être considéré comme le chien de traîneau le plus commun et le plus rapide, même s'il est détrôné depuis peu par l'alaskan, son très proche cousin. Ajoutons qu'il a le plus souvent les yeux foncés, et non bleus comme on l'imagine.

3 Le malamute

Il provient de la tribu des Malliumiuts, en Alaska. C'est le plus lourd et le plus puissant des chiens de traîneau. Il a fait des merveilles durant la grande période des explorations polaires.

C'est bon pour l'attachement
Il est très important de passer beaucoup de temps à jouer avec les chiens durant les six premiers mois de leur vie.

4 Le samoyède

C'est un chien primitif, doux et très affectueux. Le samoyède est courageux, puissant mais assez lent. Il est encore utilisé en Sibérie pour garder les troupeaux de rennes, et beaucoup moins fréquemment comme chien de traîneau.

1

2

3

5 L'alaskan

Il ne devrait pas figurer dans cet inventaire, car c'est un chien « sans pedigree ». Mais, depuis quelques générations, des lignées d'alaskans ont été constituées et ce chien apparaît de plus en plus clairement comme une race. Fruit de croisements complexes, l'alaskan est une « Formule 1 » utilisée par la plupart des mushers de compétition. Ces chiens vont de plus en plus vite, réalisent des performances stupéfiantes, pulvérisent des records de vitesse, mais ils ne ressemblent plus vraiment à des chiens nordiques. L'alaskan est une création des temps modernes.

5

4

L'arbre généalogique de mes chiens

Nous avons créé une race à part pour répondre aux besoins de mes expéditions très particulières, où les chiens ont à parcourir de très longues distances dans des conditions difficiles. Elle est issue d'un croisement entre un chien laïka de Sibérie et une chienne groenlandaise, suivi d'un autre croisement avec une chienne alaskan. Cette meute exceptionnelle se caractérise par son endurance (laïka et alaskan) et sa rapidité (alaskan), ainsi que par une grande résistance (groenlandais et laïka).

Otchum
(mon premier chien)

Ska
(une chienne groenlandaise)

Cheap
(une chienne alaskan)

Première meute
(Voulk et les autres)

Meute actuelle
(Gao et les autres)

Les trois types d'attelage

Il existe trois façons d'attacher les chiens.

– **Les Inuits** attelaient en éventail, chacun des chiens étant relié au traîneau par une ligne individuelle. Cela évitait que l'un d'eux n'entraîne les autres à sa suite en tombant dans une crevasse.

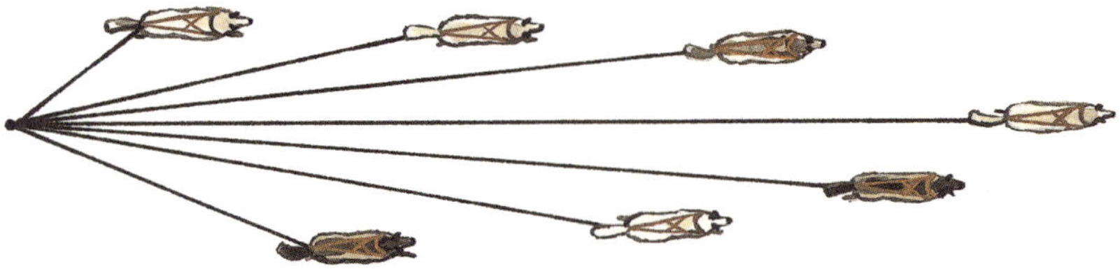

– **Les Indiens** attelaient en ligne. Les chiens placés l'un derrière l'autre pouvaient ainsi passer dans les sentiers étroits des forêts denses.

– Nicolas, comme la plupart des **mushers** aujourd'hui, attelle ses chiens deux par deux, avec un ou deux chiens devant.

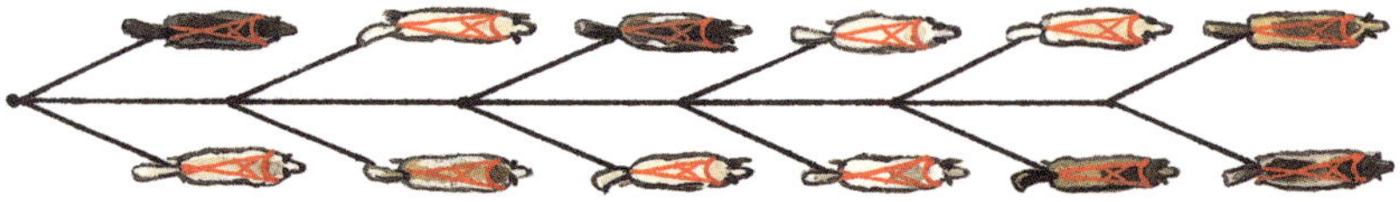

Parler à ses chiens

Je parle beaucoup à mes chiens. Ils sont sensibles à l'intonation de la voix et perçoivent bien plus de choses que je ne le croyais à mes débuts. Les chiens sont un peu comme de très jeunes enfants, dont on imagine à tort qu'ils ne comprennent presque rien. Mais ils saisissent ce que vous leur dites : un reproche les peine, un encouragement les comble.

L'hydratation et l'alimentation des chiens

Rien n'est plus important que de faire boire les chiens de traîneau et, a contrario, rien n'est plus grave que de les laisser se déshydrater. Les chiens peuvent manquer de nourriture pendant quelques jours sans conséquence, mais ils ne doivent jamais manquer d'eau. Je leur en donne au moins trois fois par 24 heures : une première fois avant de partir, puis à mi-course et à l'arrivée. Et si en chemin je croise des cours d'eau, je les laisse boire à leur guise. L'alimentation est un autre point essentiel. Avec le froid et le nombre de kilomètres qu'ils ont à couvrir chaque jour, la dépense calorique est considérable. D'où l'importance d'emporter avec soi une nourriture riche, peu volumineuse et équilibrée. Avec les ingénieurs de Pedigree, nous avons mis au point une nourriture d'un très haut niveau qualitatif. Il s'agit de granulés énergétiques dont l'assimilation se réalise au cours d'une digestion assez lente.

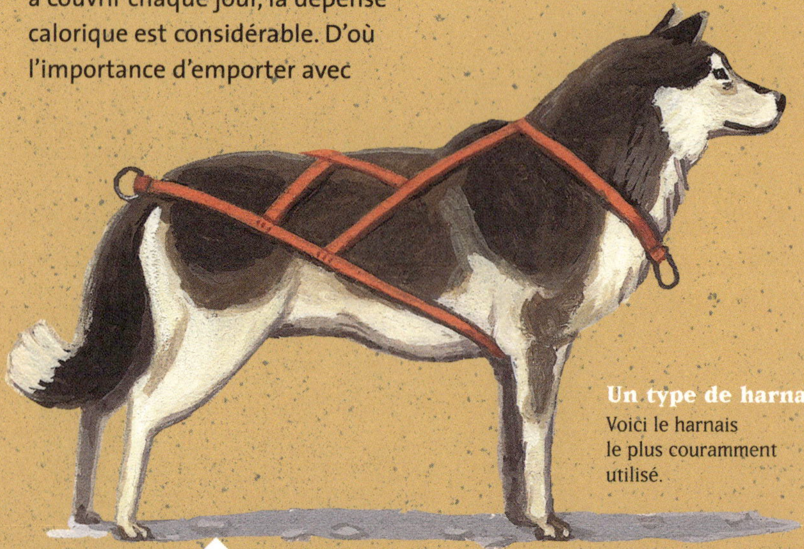

Un type de harnais
Voici le harnais le plus couramment utilisé.

Cette furieuse envie de courir, de s'élancer sur les pistes, que les chiens manifestent dès leur plus jeune âge a un nom qui vient d'Alaska : le « will to go ». Elle est comme un feu qu'il faut entretenir, car on ne force pas un chien de traîneau, on partage un plaisir avec lui. De ce partage naît une complicité rare entre l'homme et l'animal.
Que les chiens perdent leur « will to go » est ce qui peut arriver de pire au musher : c'est aussi triste qu'un feu qui s'éteint dans la nuit. Pour éviter d'en arriver à cette extrémité, il ne faut jamais vouloir qu'ils dépassent leurs capacité, et il faut surtout anticiper la fatigue.
En un mot, il faut comprendre ses chiens et les aimer. Alors ils vous le rendent bien et, dans certaines circonstances, ils donnent le maximum pour vous.

Je distribue cette nourriture à l'arrêt, à raison d'environ 1 kilo par jour et par chien. S'y ajoute la distribution en course, une fois toutes les deux heures, de barres énergétiques qu'ils adorent et qui leur fournissent un complément facilement assimilable.

Vocabulaire technique

Le **musher** est le conducteur d'un traîneau tiré par des chiens. Son nom est tiré du mot « mush » (phonétiquement proche de « marche »), que l'on utilise pour donner l'ordre du départ.
Le **lead dog** est le chien placé en tête.
Le **chef de meute** est le chien dominant, celui qui s'est imposé hiérarchiquement.
Les **swing dogs** sont les chiens qui se placent immédiatement derrière le chien de tête et l'épaulent dans les changements de direction. C'est à cette place qu'on apprend le rude métier de chien de tête.
Les **wheel dogs** sont les chiens placés immédiatement devant le traîneau. Ils doivent être costauds et endurants, car il leur arrive souvent de devoir décoller le traîneau ou de recevoir tout son poids sur les reins.
Les **team dogs** sont les autres chiens de l'attelage, les « sans-grade ». Mais ce ne sont pas pour autant des mal-aimés...

Les grandes courses

Des centaines de mushers, dont des professionnels, participent à des courses de chiens de traîneau de par le monde. Les trois grandes courses mythiques de longue distance sont l'Iditarod en Alaska, la Yukon Quest au Canada et la Grande Odyssée dans les Alpes françaises, dont j'ai donné l'idée.

La vitesse

Les chiens très rapides peuvent tenir une moyenne de plus de 16 km/h sur des distances allant jusqu'à 160 kilomètres d'une seule traite. Sur de très courtes distances, certains attelages dépassent les 35 km/h. Les malamutes et les groenlandais, très puissants et endurants mais lents, peuvent tracter l'équivalent de leur propre poids dans une mauvaise neige à une vitesse de 3 à 5 km/h.

L'été

En été, les chiens sont moins utiles. Autrefois, les Indiens et les Inuits leur donnaient des charges à porter. Aujourd'hui, les mushers qui ont de bons attelages les entraînent pour entretenir leur forme physique. On leur fait généralement tirer un quad (une moto à quatres roues) aux heures les plus froides de la journée, sur des distances qui rallongent à mesure qu'on approche de l'hiver.

Caractère
Les huskies sont particulièrement sociables.

Des nœuds solides

Ce sont ceux qui tiennent, mais aussi ceux que l'on peut défaire facilement.

La vie dans la nature

Le bon nœud au bon moment

En expédition, connaître le nœud qui convient est indispensable. Tout le monde peut faire des nœuds, mais, faire les bons nœuds, cela s'apprend...

Les nœuds ont trouvé leur principale application dans la marine à voile. Puis d'autres activités ont repris la technique. Il est vrai qu'ils permettent de résoudre bien des problèmes.

Les nœuds pour l'accrochage

Parmi les nœuds d'accroche, les plus utiles sont le nœud d'agui (voir page de droite) et le nœud de cabestan.

Le nœud de cabestan est l'un des plus répandus car il est facile à faire et à défaire. Il permet d'attacher un cordage à un point fixe tel qu'un arbre ou un poteau. Il existe plusieurs façons de réaliser ce nœud. En voici une : on fait deux oreilles de Mickey (1), l'oreille qui est dessous passe sur l'autre (2 et 3) et on glisse le rondin dans la boucle obtenue (4).

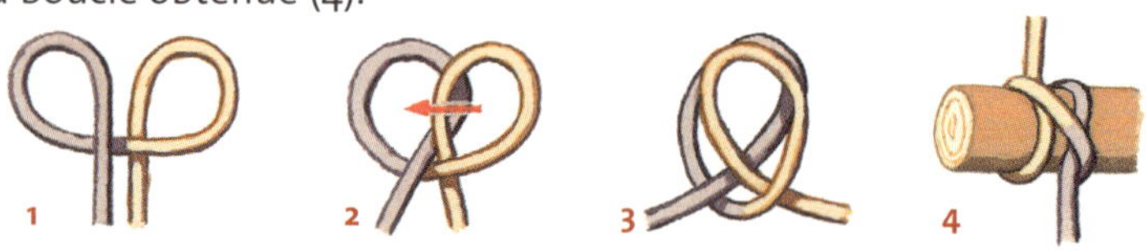

La demi-clé est pratique et très rapide à exécuter. Si elle est utilisée avec des animaux, elle est difficile à desserrer quand la traction est forte.

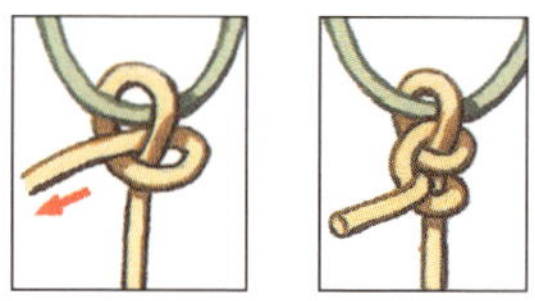

Le nœud plat sert à relier deux cordes de même diamètre.

Le nœud du pêcheur sert à relier deux cordes de diamètres différents. Il se compose de deux demi-nœuds. Plus on tire, plus ils se serrent.

Les nœuds pour réparer et consolider

Pour empêcher qu'une corde ne s'effiloche à son extrémité, il faut faire une surliure. Elle est aussi utilisée pour consolider, pour éviter qu'un bout de bois ou un piquet ne se fende.

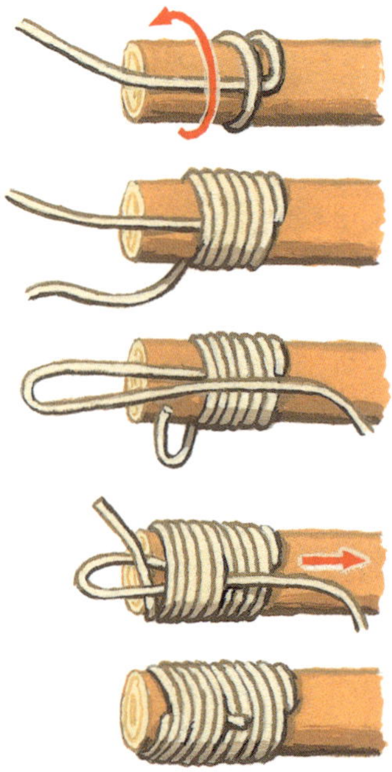

Il ne faut jamais faire un nœud qu'on ne pourra enlever, sous peine d'avoir à abandonner de la corde. Mais les chiens de traîneau peuvent développer une force incroyable et serrer le nœud le plus « malin » qui soit. La solution consiste à placer à l'intérieur du nœud un morceau de bois taillé en biseau qui, une fois enlevé, donnera le mou nécessaire pour le défaire. Avec des chevaux ou des chiens, on passe son temps à faire et à défaire des nœuds, et j'ai toujours dans la poche quelques petits morceaux de « bois malin » !

Apprends à faire un nœud de chaise, le roi des nœuds !

C'est LE nœud. Si tu dois n'en mémoriser qu'un, c'est celui-là ! Facile à faire et à défaire, il permet d'unir deux cordages de diamètres différents. Quelle que soit la traction qu'il subit, il ne peut se serrer. Il est utilisé avec des chiens, des chevaux, des rennes… C'est le nœud roi ! Il est aisé de le mémoriser, grâce à cette phrase : « Le serpent sort du puits, tourne autour de l'arbre, puis rentre dans le puits. »
Deux nœuds de chaise constituent un nœud d'agui.

1. Un puits…

2. Le serpent sort du puits…

3. Il tourne autour de l'arbre…

4. Puis il rentre dans le puits…

Les nœuds pour la construction

Pour la construction, les nœuds les plus classiques sont le brelage et la tête de bigue.

Le brelage carré sert à assembler deux bâtons à angle droit. On débute par un nœud de cabestan sur un des deux bâtons. Puis on tourne autour de la croix deux ou trois fois en passant alternativement sous un bâton puis sur l'autre, sous l'autre, etc. On serre très fort le dernier tour et on termine par un nœud plat.

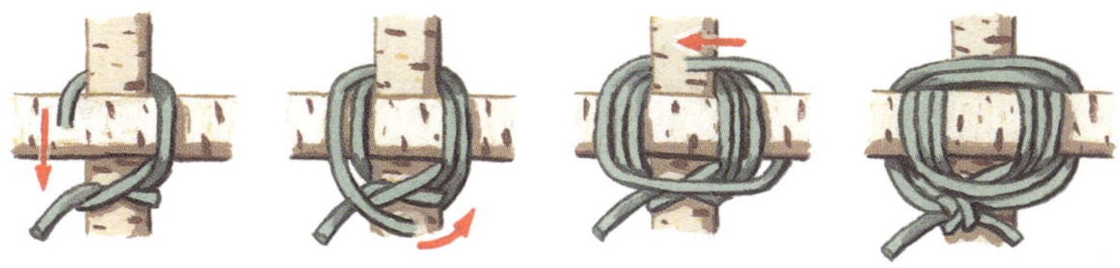

La tête de bigue permet d'assembler trois bâtons pour faire un trépied. On met les bâtons tête-bêche, comme sur le schéma.

1. On fait un nœud de cabestan sur celui du milieu.
2. On fait passer la corde quatre fois ainsi : sous le bâton 3, puis en revenant sur le 3, sous le 2, sur le 1, sous le 1, sur le 2, etc.
3. On fait trois ou quatre tours pour enserrer les liens entre les bâtons 3 et 2, et la même chose entre les bâtons 2 et 1.
4. On termine par un nœud plat, puis on écarte les bâtons pour obtenir le trépied.

Trop de sacs plastique

Passe du jetable au durable !

Fabriquer un sac plastique nécessite du pétrole et de l'eau, puis de l'énergie pour sa production et son transport. Or, on l'utilise et on le jette sans se préoccuper des conséquences...

De nombreux sacs plastique sont abandonnés dans la nature au lieu d'être jetés à la poubelle. Facilement dispersés par le vent, ils se retrouvent dans les rues, dans les arbres, dans les cours d'eau ou les égouts. Et ils ne sont biodégradables qu'à très long terme (plusieurs centaines d'années).

Les effets sur l'environnement

Les sacs plastique polluent et causent beaucoup de tort aux animaux, qui se prennent les pattes dedans ou les avalent. En outre, comme tous les déchets stockés dans les dépotoirs, les sacs non récupérés finissent par contaminer le sol et, à long terme, les nappes phréatiques. À tel point que de nombreux pays ont adopté des lois interdisant l'usage de sacs plastique.

Le recyclage

Les sacs plastique peuvent être récupérés et recyclés dans des centres de tri. Il faut pour cela les déposer dans les bacs de récupération des matières plastiques (à couvercle jaune en général).
En revanche, dans certaines régions de France, on n'est pas encore en mesure de les récupérer. Le recyclage des sacs plastique est hélas encore bien marginal par rapport à la quantité de sacs fournie. Or, l'incinération des sacs plastique, dont la matière première est le pétrole, émet du dioxyde de carbone, qui est un gaz à effet de serre. C'est pourquoi, d'ici à 2010, tous les sacs plastique non biodégradables seront interdits en France.

Les bons réflexes

En attendant, la solution la plus efficace consiste à en utiliser le moins possible ! Ainsi, quand tu achètes un ou deux articles,

% CHIFFRES CLÉS !

En France, **12 milliards** de sacs jetables sont distribués chaque année aux caisses des magasins.

Un sac plastique met **400 ans** à se dégrader dans la nature.

LÀ-BAS

À l'approche de la périphérie des grandes villes, Nicolas retrouve la civilisation et ses abus. Comme aux abords de toutes les grandes villes du monde, des centaines, des milliers de sacs plastique gisent çà et là. Ils polluent les rivières, les lacs et tout le paysage, alors qu'il serait si facile d'en réduire la consommation !

ICI !

En France, un sac plastique est utilisé seulement 15 minutes en moyenne.
Il est ensuite incinéré et pollue l'atmosphère !

Un paysage à l'abri de nos déchets

Chez nous, les berges des lacs, des fleuves sont souvent encombrées de débris, notamment de sacs plastique. La nature, comme ici, est bien plus belle quand elle est indemne des déchets de l'homme.

tu peux refuser qu'on les mette dans un sac. Penses-y ! C'est déjà un sac de moins à récupérer !
Tu peux aussi emporter un panier ou un cabas pour aller faire les courses. Une autre solution s'offre à toi : réutiliser ces sacs pour les courses suivantes, ou encore leur trouver d'autres usages, comme sacs-poubelle, sacs à pique-nique... Les sacs en papier ne sont pas une bonne alternative : même s'ils sont recyclables et proviennent de papier recyclé, leur fabrication est très consommatrice d'eau et d'énergie. Abandonnés dans la nature, ils mettent plusieurs mois à se dégrader.
Comme pour les sacs plastique, pense à réduire ta consommation de sacs en papier et à les réutiliser !

En expédition, *les sacs plastique ne servent pas à grand-chose. Par contre, les emballages en papier sont utiles car ils permettent d'allumer le feu. Comme j'utilise un sac de nourriture à chiens par jour, j'ai demandé à mes amis de Pedigree, qui ont conçu une nourriture spéciale pour mes chiens, de préparer un emballage lui aussi un peu spécial, composé de plusieurs couches fines de papier conférant à l'ensemble une solidité à toute épreuve. Les premières feuilles, imprégnées d'un peu du gras contenu dans la nourriture, brûlaient particulièrement bien et m'assuraient de ne jamais rater un feu...*

Chaque bonne réponse au Quiz sibérien te permet de gagner un point (solutions page 215).

Les chiens dorment :
- dans des tentes individuelles
- dehors
- dans les arbres

Sur la tête, l'élan porte :
- des bois
- des cornes
- des branches

Au Canada, l'élan s'appelle :
- un original
- un orignal
- un caribou

Les chiens les plus rapides sont :
- les malamutes
- les groenlandais
- les alaskans

En Alaska, l'envie de courir des chiens s'appelle :
- le « will be good »
- le « will to go »
- le « want to go »

Calcule tes points.
0-2 points :
Ouille, aïe, aïe ! Pas terrible !
3-4 points :
C'est bien, tu es presque un écocitoyen.
5 points :
Bravo, tu es 100 % écocitoyen !

AGIS POUR LA PLANÈTE : PASSE AU DURABLE

Quelques conseils à suivre :

- ✱ Ne laisse jamais un sac plastique s'envoler.
- ✱ Refuse les sacs plastique que l'on te propose pour envelopper des achats que tu peux porter autrement.
- ✱ N'oublie pas ton cabas avant d'aller faire les courses.

Et surtout, dis-le à tes parents !

Source : ADEME – WWF-OGILVY&MATHER

LE SAVAIS-TU ?

✱ Les dauphins et les tortues avalent les sacs plastique en pensant que ce sont des méduses et meurent étouffés.

« Il ne sert de rien à l'homme de gagner

6 – L'IMPRÉVISIBLE

LES CAPRICES DU CIEL

Au cours de ce périple, la météo n'a pas été tendre avec moi. J'ai souffert de conditions climatiques inhabituelles : une couche de neige insuffisante d'abord et excessive ensuite a ralenti mon allure. Cet hiver-là, le pays a enregistré des records de froid. La température est descendue au-dessous de – 55 °C, notamment dans la région de Tomsk. Ici, le thermomètre dépasse rarement la barre des – 40 °C et ces anomalies apparaissent comme des signes du désordre climatique.

la Lune s'il vient à perdre la Terre. » François Mauriac

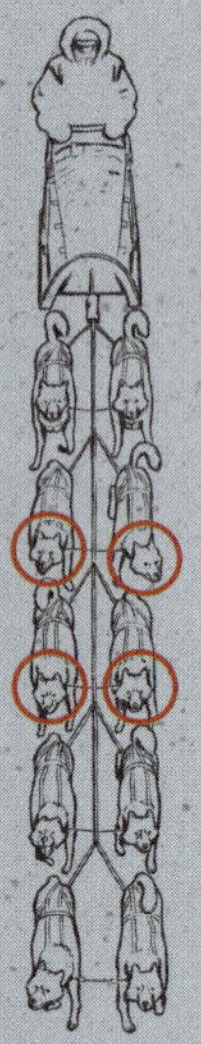

Sa place dans l'attelage
Les cercles rouges indiquent les quatre places différentes que j'assigne à Narsuak.

Uu beau chien
Narsuak avait une belle frimousse, mais, chez les chiens de traîneau, cela ne suffit pas.

Un regard étrange
Narsuak avait les yeux vairons, l'un bleu, l'autre marron, tout comme Harfang, son inséparable compagnon.

Narsuak

Le mal-aimé

Narsuak était un drôle de chien, qui ne pouvait vivre sans Harfang. De ces deux-là, Sacha disait joliment :
– Ils s'entendent si bien qu'ils ont échangé leurs yeux !
En effet, Narsuak et Harfang avaient les yeux vairons, l'un marron et l'autre bleu, droit et gauche inversés pour se compléter parfaitement.
Que ce soit dans l'attelage ou au repos, il fallait toujours les mettre ensemble sinon Narsuak hurlait à la mort.
Par sa morphologie, Narsuak ressemblait à Kurvik : même silhouette de loup blanc et même allure de trotteur. Mais ils étaient de vrais ennemis, qu'il ne fallait jamais laisser côte à côte !
Malgré ses airs de trotteur, Narsuak était un peu paresseux et tenait mal les distances. Du fait de ce manque de motivation, les autres chiens ne l'aimaient guère.
Un jour, à Tomsk, alors que j'étais occupé en ville, trois chiens l'ont attaqué et tué. Ce genre d'accident se produit parfois dans une meute organisée hiérarchiquement.
En vingt-cinq ans de vie avec les chiens de traîneau, cela m'est arrivé deux fois, comme pour me rappeler que la nature n'est pas un conte de fées.
Il faut l'accepter, même si c'est très dur à vivre dans l'instant.

Narsuak et Harfang
Ne pas mettre ces deux-là ensemble, et c'était la pagaille dans tout l'attelage !

Les aléas de la météo

Lorsque j'ai quitté Tomsk, un brusque redoux a succédé à une période de froid exceptionnel et provoqué des chutes de neige qui ont freiné notre progression. Les perturbations climatiques agissent aussi sur la présence du vent. Au cours de ce mois de janvier, le blizzard, qui ne souffle habituellement que fin février, s'est levé. Ces perturbations nous réserveront néanmoins une bonne surprise : nous profiterons d'une accalmie inattendue dans l'Oural, que nous franchirons sans rencontrer un souffle d'air alors que d'ordinaire le vent est permanent au mois de mars.

INTERROGER LE CIEL

La plupart des navigateurs utilisent aujourd'hui des systèmes de prévision météorologique extrêmement sophistiqués. À une époque où l'on peut tout prévoir, j'ai décidé d'ignorer ces moyens technologiques. J'aime interroger le ciel, me faire surprendre par l'arrivée inopinée d'une période de redoux ou de froid. Tous ces aléas font partie du jeu, sont source de plaisir. Le début du printemps est pour moi un moment rare, où le ressenti de la douceur du soleil sur la peau se mêle à la satisfaction plus profonde de la victoire sur l'hiver.

L'IVRESSE DU PRINTEMPS

L'arrivée du printemps me procure des sensations inoubliables à chacune de mes expéditions hivernales. Au Labrador, lors d'un précédent voyage, je me rappelle avoir atteint une zone de toundra où le soleil d'avril avait fait fondre la neige. En compagnie des chiots nés au cours du voyage, je me suis couché dans les lichens, torse nu, pour observer la marche indolente des cumulus de beau temps.

Lors d'une traversée des montagnes Rocheuses, c'est sur la rive du Yukon qu'un après-midi de mars j'ai ressenti cet émoi. Sur le flanc de la montagne qui me faisait face, un jeune ours noir, assis dans un alpage, se soûlait lui aussi de soleil. Encore tout engourdi par le long séjour hivernal au fond de sa tanière, il paressait sous la caresse des rayons telle une vacancière sur la plage.

Cette année, en Sibérie, l'hiver a été marqué par de longues périodes de températures inférieures à – 50 °C. En un temps record, grâce à une météo exceptionnelle, nous avons gagné l'autre versant de l'Oural. Le franchissement du col s'est accompagné d'un passage dans le temps et j'ai eu la sensation soudaine du changement de saison. Ce sont les oiseaux qui m'ont donné l'alerte. Après des mois et des mois de silence, le chant des fauvettes, des bruants et des sitelles célébrant le retour du printemps m'est apparu comme un enchantement.

Le lynx
Un chasseur nocturne

Le lynx est un animal discret et prudent. Il se cache dans la journée et chasse la nuit, si bien qu'on le croise rarement. En Sibérie, le lynx occupe les zones peuplées de lièvres dont il se nourrit. En France, il a été réintroduit dans les Vosges et le Jura. On en rencontre également dans les Alpes.

Un lieu de vie très simple

L'endroit qui sert de refuge au lynx et où les femelles font leurs petits n'est pas très élaboré. Un tronc creux, des broussailles épaisses, une grotte dans une falaise lui suffisent. Les petits lynx sont sevrés à l'âge de 3 mois. Ils passent les premiers hivers avec leur mère, mais les jeunes femelles s'accouplent dès l'âge de 1 an.

Une morphologie élancée

Le lynx a une silhouette un peu disproportionnée : de grands pieds, de longues pattes, un corps léger par rapport aux membres qui le supportent. Son physique est adapté à la progression dans la neige profonde. Ses pattes élancées lui assurent aussi une course rapide quand il chasse. Le lynx n'est pas un coureur d'endurance, c'est un sprinter. Il compte sur l'effet de surprise pour capturer sa proie.

Un chasseur discret

Le lynx est un carnivore qui chasse toujours au crépuscule. Il approche au plus près de sa proie, silencieusement, puis bondit pour la capturer. Grâce à ses pattes postérieures très puissantes, il peut faire des bonds de 15 mètres, soit plus d'une fois et demie le record du saut en longueur ! Ses yeux sont plantés très haut sur sa face, ce qui lui permet de s'aplatir dans la végétation tout en surveillant sa proie.

FICHE D'IDENTITÉ

Le lynx

Espèce : mammifère félidé

Territoire : zones boisées, dans tout le Nord

Poids : de 10 à 20 kg

Taille : de 80 à 90 cm au garrot

Régime alimentaire : chevreuils, chamois, oiseaux, rongeurs, canards (carnivore)

Reproduction : accouplement en été ; 69 jours plus tard, naissance d'une portée de 1 à 5 chatons

Prédateurs : le loup, le glouton, l'homme

Un excellent grimpeur
Le lynx grimpe dans les arbres : en hauteur, il détecte plus facilement ses proies.

Le savais-tu ?

En France, le lynx est une espèce protégée depuis le 19 septembre 1979.

L'interdépendance des lièvres et des lynx

Les populations de lièvres connaissent des cycles. Elles augmentent plusieurs années de suite, puis régressent tous les neuf ans environ.
Les populations de lynx, qui se nourrissent principalement de lièvres, suivent la même évolution. Quand les lièvres sont nombreux, les femelles font des petits dès la première année et les portées sont importantes. Quand les populations de lièvres diminuent, le lynx ne se reproduit presque plus. Il élargit alors son territoire et essaie de s'attaquer à d'autres proies, perdrix, lemmings ou écureuils.
C'est un animal très solitaire ; mâles et femelles ne se rencontrent qu'une fois dans l'année, à la période des amours. Ensuite la mère vit avec ses petits le temps de les élever et le mâle vit seul sur un territoire très vaste et bien défini.

Le lynx dans notre langage

Avoir des yeux de lynx signifie avoir une vue excellente.
Avoir des oreilles de lynx signifie avoir une bonne ouïe.
Avoir des ruses de lynx, c'est être particulièrement malin.

Nous avons surpris une mère lynx en haut d'un col en traversant l'Oural. Le vent soufflait contre nous et masquait notre odeur. Avec ses deux petits nés l'année précédente, elle traversait une vaste clairière inondée de soleil. Spectacle magnifique ! Les chiens ne se sont pas rués vers eux comme ils le font pour d'autres gibiers. Ils se sont arrêtés à mon ordre, et se sont contentés d'aboyer sans grande conviction. La mère a laissé ses petits s'enfuir vers la forêt, puis elle les a suivis sans précipitation excessive, en nous surveillant. Avant de disparaître dans la forêt, elle nous a regardés assez longuement, comme avec regret. Elle se demandait sûrement quelle sorte d'animaux nous étions, car je doute qu'elle ait rencontré des hommes auparavant.

LA FÊTE DU SOLEIL

Quelques jours plus tard, je filais sur le cours gelé de la Volga. J'étais parti de nuit et j'avais déjà parcouru plus de 80 kilomètres. Le soleil était haut dans le ciel, et je me suis arrêté. Nous avions bien mérité une longue pause. J'avais repéré pour faire halte une anse du fleuve abritée du vent et bien orientée. À peine détachés, les chiens se sont couchés au soleil et ils ont commencé à pousser des grognements de plaisir. Leur fourrure exhalait en fumée la chaleur jusque-là emprisonnée dans leurs poils mouillés de givre. C'était beau de les voir écarter les griffes, s'étendre de tout leur long, allonger la truffe comme pour offrir au soleil la plus large surface possible. J'ai passé deux heures sur le traîneau à regarder mes champions. Ils bâillaient d'aise, se retournaient, miaulaient comme des chats.

Nous aurions pu rester là une journée entière, et c'est sans doute ce que nous aurions fait si de gros nuages n'étaient arrivés de l'ouest pour interrompre cette « fête du soleil » et nous inviter à reprendre la piste.

La vie dans la nature

Apprends à lire le ciel

Savoir interpréter les nuages, c'est posséder l'une des clés de la prévision météo car ils renseignent sur l'état de l'atmosphère. Pour prévoir le temps, il faut analyser leur aspect et leur évolution.

Cirrus
Nuage duveteux, avec des filaments blancs. Annonce un changement de temps dans les 36 heures.

Cirrostratus
Voile transparent, pâlissant le bleu du ciel. Succède souvent au cirrus et annonce du mauvais temps.

Cirrocumulus
Donne au ciel un aspect pommelé ou moutonné. Annonce souvent le froid, mais pas de pluie.

Altocumulus
Nuage en forme de petits moutons épars. Annonce une instabilité à caractère orageux.

Altostratus
Voile gris au travers duquel passent les rayons du soleil. Annonce la pluie.

Cumulus
Nuage blanc aux contours nets, plat en dessous, boursouflé au-dessus. Change vite d'aspect et de forme. Annonce du beau temps.

Stratus
Voile gris, comme un brouillard. Annonce la pluie.

Crée ta propre station météo !

L'homme a inventé des appareils précis pour pouvoir faire des prévisions à plus ou moins long terme. Certains instruments sont très sophistiqués et servent uniquement aux météorologues professionnels. D'autres sont accessibles à tous et permettent de prévoir le temps. Pour créer ta propre station météo chez toi, il te suffit d'avoir ces six instruments.

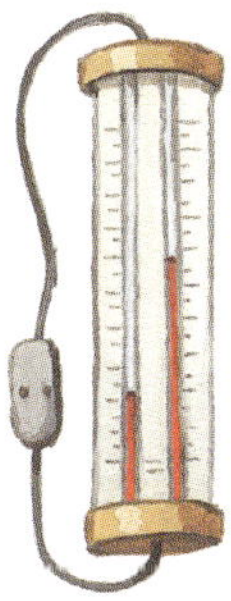

Le thermomètre mesure la température. Il doit être placé à l'ombre et à l'abri du vent.

L'hygromètre mesure l'humidité de l'air.

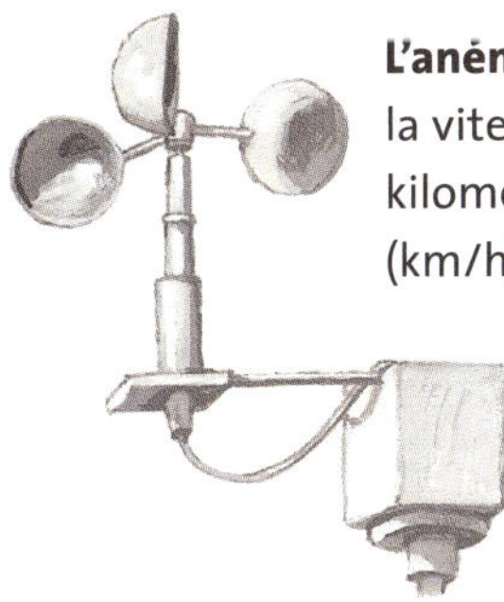

L'anémomètre détermine la vitesse du vent en kilomètres par heure (km/h), en mètres par seconde (m/s), en nœuds (knt) – 1 nœud égale 1 mille marin (1 852 m) par heure – ou encore en graduations de 1 à 12 sur l'échelle de Beaufort.

Le baromètre à aiguille

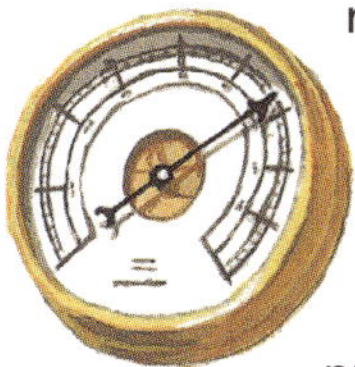

mesure la pression atmosphérique. Elle est exprimée en hectopascals (hPa) et sert à prévoir le temps. Quand la pression monte, c'est signe de beau temps ; quand elle baisse, il y a un risque de pluie.

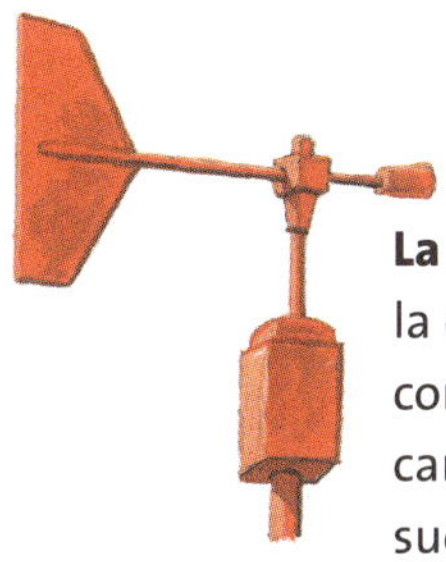

La girouette donne la direction du vent en considérant les points cardinaux : nord, sud, sud-ouest... Selon la rose des vents, le nord correspond à 0° ou à 360°, l'est à 90°, le sud à 180°, l'ouest à 270°.

Le pluviomètre est un récipient qui mesure la quantité de pluie tombée en une journée. Il doit être placé à 1,50 mètre du sol et dégagé de tout obstacle.

Fait beau, fait pas beau...

Qu'est-ce que la météorologie ?

La Terre est entourée par l'atmosphère, une couche de gaz dont la température évolue. La météorologie est l'étude des phénomènes qui se produisent dans l'atmosphère.

L'air est un gaz composé de molécules en mouvement qui entrent en collision et produisent de la chaleur.

Quelques bases pour comprendre la météo

1. L'air chaud monte en altitude. Il contient moins de molécules d'air que l'air froid. Elles ont donc plus de place, leur agitation est plus élevée et crée plus de chaleur. L'air chaud, moins dense, monte.

2. Plus l'air est chaud, plus il peut contenir d'eau. La distance entre les molécules d'air est plus grande dans l'air chaud, il y a donc plus de place pour les molécules d'eau.

3. L'air sec est plus dense que l'air humide, il s'élève donc moins bien.

4. L'air comprimé s'échauffe et dégage plus de chaleur.

5. La pression atmosphérique est la force exercée par l'air. Elle est plus haute au niveau de la mer et baisse avec l'altitude. Elle s'exprime en hectopascals (hPa).

Qu'est-ce qu'un anticyclone ?

C'est une zone de hautes pressions atmosphériques (supérieures à 1 015 hPa). Cette masse d'air tourne dans le sens des aiguilles d'une montre dans l'hémisphère Nord. On l'appelle force de Coriolis. Un anticyclone est caractérisé par un air descendant qui empêche la formation de nuages et annonce donc un temps sec et clair.
En France, le beau temps est souvent provoqué par l'anticyclone des Açores.

Qu'est-ce qu'une dépression ?

C'est une zone de basses pressions atmosphériques (jusqu'à 950 hPa). Elle se développe quand l'air chaud des zones subtropicales rencontre l'air froid des régions polaires. Ces deux masses d'air ne se mélangent pas bien.
Les vents y circulent dans le sens des aiguilles d'une montre dans l'hémisphère Sud. En hiver, les dépressions sont en grande partie responsables du mauvais temps qui arrive en Europe.

Le savais-tu ?

Pour connaître la distance entre un orage et ta position, il te suffit de diviser par trois le nombre de secondes qui s'écoulent entre l'éclair et le bruit du tonnerre. Cela te donne la distance en kilomètres.

Ci-dessus : anticyclone
Ci-dessous : dépression

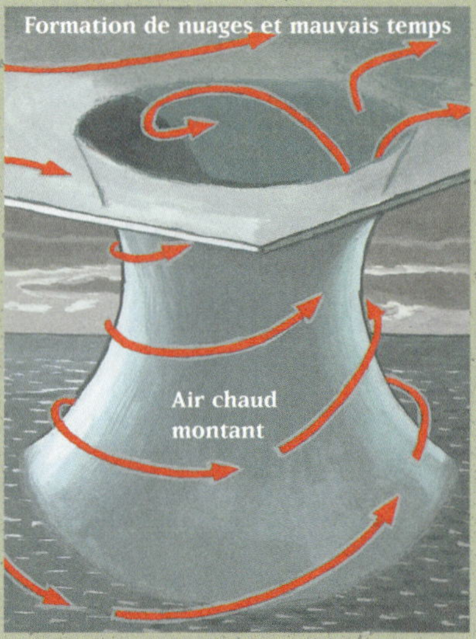

Une aurore boréale
Un spectacle hivernal
à couper le souffle !

Les aurores boréales

L'activité du Soleil produit des vents solaires. Heureusement, la Terre est entourée d'un champ magnétique qui lui sert de bouclier et tient à distance les particules énergétiques de ces vents, loin au-dessus de l'atmosphère. Mais ce champ magnétique en forme de pomme se « creuse » à chaque extrémité de la Terre, c'est-à-dire au pôle Nord et au pôle Sud. Ainsi les vents solaires peuvent-ils pénétrer jusqu'aux couches les plus hautes de l'atmosphère, au-dessus des pôles. Ils excitent alors les particules de l'atmosphère, qui émettent en retour des ondes lumineuses : les aurores boréales.

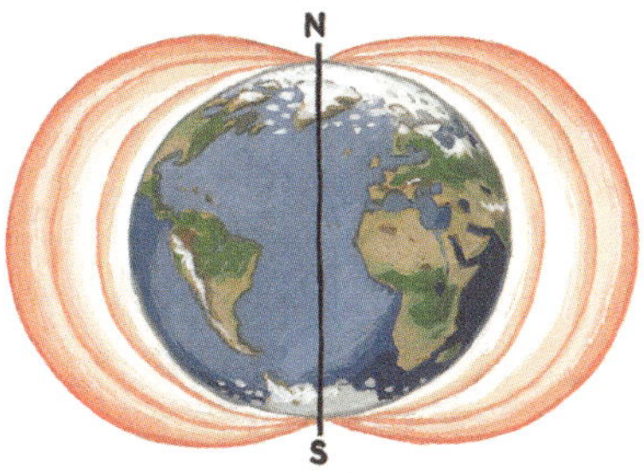

Les aurores boréales sont donc un phénomène lumineux, perceptible uniquement la nuit. Elles se présentent comme un voile de lumière ondulant dans le ciel, se déroulant et s'enroulant selon un mouvement en S. La couleur la plus commune des aurores boréales est le vert pâle, où s'inscrivent parfois des variations de rose, de rouge et de violet.

Je n'aime pas trop utiliser des prévisions météo *lorsque je voyage dans le Grand Nord. Je préfère me fier aux indications fournies par les nuages, le vent, la lumière, les animaux.*

La couleur plus ou moins jaune de la lune dit que le vent va se lever. S'il y a un halo autour ou qu'elle présente une couleur un peu laiteuse, la neige n'est pas loin. Un coucher de soleil vermeil signifie l'arrivée du froid.

Quant aux vents, ils indiquent de façon certaine les changements de temps, vers le beau ou vers la pluie.

En été, les cumulus de beau temps me disent que je peux traverser un grand lac sans craindre le mauvais temps, alors que le champignon lointain d'un cumulonimbus me fait vite rejoindre l'abri des rives !

La façon dont volent les insectes, bas (mauvais temps) ou haut (beau temps), le chant des oiseaux, le vol des canards fournissent eux aussi des renseignements fiables.

À tout cela s'ajoute une sorte d'intuition qui ne doit rien au hasard puisque, inconsciemment, ces signes analysés ou non forment un tout que le cerveau synthétise.

Un truc pour épater tes copains en forêt : en été, quand tous les oiseaux s'arrêtent subitement de chanter, dis à ceux qui sont avec toi : « Il va pleuvoir dans moins de cinq minutes. » Tu peux être sûr de ton coup !

Éclairer intelligemment

Halte à l'éclairage intensif !

L'éclairage fait partie des nombreuses facilités offertes par la vie moderne. Nous n'avons pas conscience de l'origine de cette énergie : c'est pour cette raison que nous gaspillons tant !

La production de l'énergie nécessaire à notre vie quotidienne a un impact majeur sur l'environnement. La part moyenne que représente l'éclairage dans les consommations électriques domestiques est de 14 %. Or, l'énergie la moins polluante sera toujours celle que l'on n'utilise pas... Alors, adoptons les bons réflexes !

Un éclairage gratuit

La lumière naturelle est à consommer sans modération. La proximité d'une fenêtre est idéale pour installer le coin à vivre, un fauteuil ou un bureau. Le mieux est l'éclairage naturel par le plafond (vasistas), uniforme et encore plus efficace. De même, plus les murs de la pièce sont clairs, plus ils réfléchissent la lumière : voilà un moyen simple d'y voir clair.

Éteins les lumières

Pourquoi laisser éclairée une pièce vide ? Encore un gaspillage d'énergie qui peut être évité facilement. N'oublions pas que trois ampoules de 75 W qui restent allumées pendant toute une soirée consomment autant qu'une machine à laver qui fonctionne à 60 °C.

Choisis ton éclairage

Il existe des ampoules basse consommation (appelées « fluocompactes »), qui consomment cinq fois moins qu'une ampoule normale et durent dix fois plus longtemps. Une seule de ces ampoules fait économiser, au cours de son existence, environ 50 euros sur la facture d'électricité. Enfin, il faut éviter les lampes halogènes, qui consomment l'équivalent de 23 ampoules basse consommation quelle que soit l'intensité de leur réglage. Il faut également faire attention à la puissance des ampoules.

CHIFFRES CLÉS !

Si tu dépoussières les ampoules avec un chiffon, cela te permet de récupérer **40 %** de lumière en plus.

Sur la Terre, **1 personne sur 2** n'a pas l'électricité.

LÀ-BAS

En Sibérie, fin janvier : c'est la nuit vingt heures par jour. Pour nous, comme pour tous ceux qui vivent ici, la lumière prend une importance particulière et tout est fait pour l'économiser, la rationaliser...

ICI !

Chez nous, on peut parler de pollution lumineuse ! En ville, les éclairages artificiels nuisent à l'obscurité normale de la nuit. On ne voit plus le ciel, la faune et la flore sont perturbées... et la consommation d'énergie est énorme !

LE SAVAIS-TU ?

✱ En moyenne, la consommation d'électricité d'un Américain est égale à :
– 3 fois celle d'un Japonais ;
– 4 fois celle d'un Chinois ;
– 6 fois celle d'un Mexicain ;
– 38 fois celle d'un Indien ;
– 168 fois celle d'un Bengali ;
– 531 fois celle d'un Éthiopien !

Deux éclairages
Celui que diffuse une bougie allumée à l'intérieur de la tente et celui d'une magnifique aurore boréale dans le ciel pur du Labrador.

Celle-ci doit être adaptée aux besoins : il vaut mieux réserver les fortes puissances aux éclairages fonctionnels (bureau, cuisine, salle de bains) et installer les basses puissances aux lampes d'ambiance.

Au Canada, un immense barrage a été construit sur une rivière dont les Indiens avaient la jouissance. Cette construction a été négociée en échange de beaucoup d'argent et de la fourniture gratuite de l'électricité pour le village voisin. Les premières années, les Indiens se sont mis à installer des lumières partout, notamment dehors afin que le village, les rues, les bâtiments, le bord de la rivière soient éclairés toute la nuit. Puis ils s'en sont lassés car cette lumière les empêchait de voir le ciel, les étoiles, les aurores boréales qui déroulent leurs écharpes de lumière fluorescente. Ils ont éteint tout cela pour mieux profiter du spectacle de la nuit, prévoir le temps et peut-être regretter celui où la rivière était plus haute...

Chaque bonne réponse au Quiz sibérien te permet de gagner un point (solutions page 215).

Le lynx peut faire des bonds de :
- 5 mètres
- 10 mètres
- 15 mètres

Le cumulonimbus est signe de :
- beau temps
- mauvais temps
- temps très stable

Les aurores boréales sont :
- un halo autour de la Lune
- un phénomène lumineux
- le cri des loups

Le contraire de l'anticyclone, c'est :
- une déclinaison
- une déforestation
- une dépression

Comment s'appelle la couche de gaz qui entoure la Terre ?
- l'ambiance
- l'atmosphère
- la Voie lactée

Calcule tes points.
0-2 points :
Ouille, aïe, aïe ! Pas terrible !
3-4 points :
C'est bien, tu es presque un écocitoyen.
5 points :
Bravo, tu es 100 % écocitoyen !

AGIS POUR LA PLANÈTE : VEILLE AUX LUMIÈRES !

Quelques conseils à suivre :

- Éteins la lumière quand tu quittes une pièce !
- Profite de la lumière du jour, c'est gratuit !
- Supprime les lampes halogènes, très grosses consommatrices d'énergie.
- Achète des ampoules basse consommation pour les endroits où la lumière est le plus souvent allumée.

- Évite les abat-jour sombres, dévoreurs de lumière et d'énergie.

Et surtout, dis-le à tes parents !

CHIFFRES CLÉS !

Pour bien te repérer dans les équivalences de puissance entre ampoules « normales » et ampoules basse consommation, sers-toi de ce petit tableau. Montre-le à tes parents !

Ampoule classique		Ampoule basse consommation
40 W	→	9 W
60 W	→	11 W
75 W	→	15 W
100 W	→	20 W

Source : ADEME – WWF-OGILVY&MATHER

« Quand l'homme n'aura plus de place pour la nature, peut-être

7 – LES PEUPLES DU NORD

HOMMES DU FROID

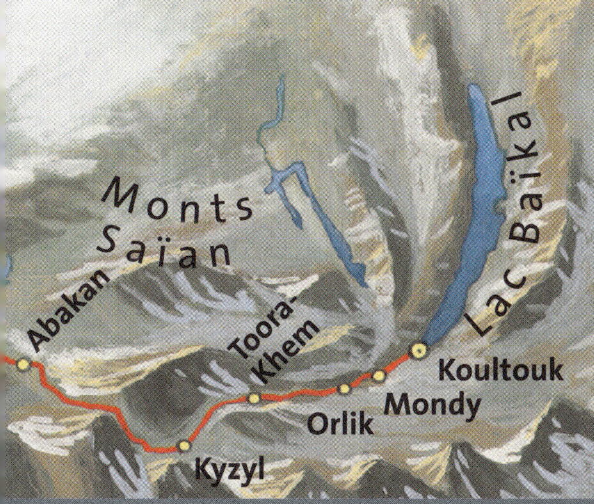

« Qui vous a appris la vie dans le Grand Nord ? » À cette question mille fois posée, je réponds : « Le Nord lui-même et ceux qui l'habitent. » Les Indiens, les Inuits, les éleveurs de rennes, les trappeurs… m'ont enseigné leurs pratiques. Aujourd'hui, je peux même transmettre à d'autres certaines techniques qu'ils n'utilisent pas. Mais l'essentiel reste l'art de vivre avec la nature. C'est le plus bel enseignement que nous pouvons recevoir de ces hommes.

la nature n'aura-t-elle plus de place pour l'homme. » Stefan Edberg

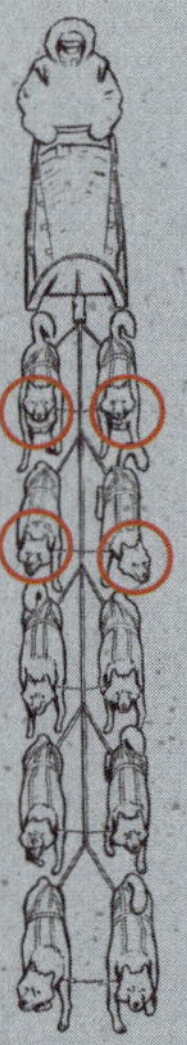

Sa place dans l'attelage
Les cercles rouges indiquent les quatre places différentes que j'assigne à Yukon.

Un chien sournois
Yukon est un peu fourbe. Il est mal aimé de la meute, qui se méfie de lui. Pourtant, à ses heures, il est capable du meilleur.

Yukon

Un chien capable du pire comme du meilleur

Sous haute surveillance
Il faut surveiller Yukon, surtout quand on traverse un village, car il peut soudain faire dévier tout l'attelage.

Yukon est caractériel, un peu grognon à ses heures, très joueur à d'autres moments. Il est capable de semer la zizanie et ne déteste ni les fourberies ni les fantaisies. Je le surveille particulièrement à l'approche des villages ou de tout autre lieu susceptible de lui fournir l'occasion de faire une bêtise ! Car Yukon ne va pas freiner l'ardeur de ceux qui voudraient dévier un peu de la piste pour aller mordiller une vache ou corriger un chien trop bruyant. Au trait comme dans la vie, il est capable du pire et du meilleur. Il sait tirer le traîneau toute une journée sur des distances incroyables, mais aussi paresser de la première à la dernière heure sans qu'on sache pourquoi. En fait, Yukon est un chien difficile à cerner. Je ne suis pas certain qu'il se comprenne bien lui-même ! D'humeur changeante, il peut subitement se mettre à bouder ou devenir le plus merveilleux des chiens de traîneau. Au cours de l'Odyssée Sibérienne, Yukon a fait des progrès. Il a réalisé de très belles étapes, et de plus en plus fréquemment. À croire qu'il aime les voyages au long cours.
Son nom évoque d'ailleurs cette province du Canada qu'on peut traverser des semaines durant sans en voir le bout. J'ai fait de nombreuses fois la traversée du Yukon avec Otchum, son grand-père, puis avec Voulk, son père, le héros du film « Le Dernier Trappeur », tourné intégralement dans cette région.

Yukon
Un de mes chiens méritait bien ce nom d'une région du Canada que j'aime tant.

L'âme russe

PLUS LES HOMMES SONT ISOLÉS, plus ils se montrent conviviaux et hospitaliers. Ce constat que font tous les voyageurs s'applique aussi au Grand Nord. Et, en Sibérie, l'hospitalité est encore plus manifeste qu'ailleurs. Pas une cabane, pas un village, pas une yourte qui ne m'aient été spontanément ouverts pour que j'y fasse halte et puisse me restaurer… Il en a été ainsi tout au long du fleuve Ob, que j'ai emprunté et sur les rives duquel s'échelonnent un grand nombre de villages.

DES RÉGIONS LONGTEMPS COUPÉES DU MONDE

Ce comportement tient sans doute au fait que la plupart des Sibériens ont été totalement coupés du monde pendant des décennies par un système politique rigide. Le gouvernement interdisait la plupart des déplacements et condamnait des régions entières à vivre fermées sur elles-mêmes.

Quand j'ai traversé la Sibérie en 1990, j'étais le premier étranger européen à mettre les pieds dans des territoires dont l'accès était auparavant défendu à cause du goulag. Stupéfaits, la plupart des Sibériens demandaient à voir mon passeport. Certains faisaient preuve d'une grande prudence, induite par des années de communisme marquées par la délation. Ils s'écartaient en se disant qu'une telle autorisation ne pouvait avoir été accordée qu'à un homme politiquement suspect. Il me fallait faire preuve de diplomatie.

Je devais fournir un grand nombre d'explications pour vaincre la méfiance de ces hommes traumatisés par un régime qui enfermait dans des camps de travail tous ceux qui s'écartaient du chemin tracé par les autorités. D'autres faisaient fi de cette menace, et je devenais le centre de toutes les attentions. On voulait me photographier, voir et revoir mon passeport, obtenir un autographe, me faire raconter la France, et on me fêtait comme le premier visiteur du village.

La Sibérie, berceau des hommes du Nord

Les premiers fabricants d'outils étaient confinés dans la partie méridionale du monde. C'est il y a seulement 40 000 ans, lors de la dernière période glaciaire, que des groupes de chasseurs pourvus d'habits efficaces, d'un outillage perfectionné et d'habitations chauffées ont pu avancer vers le nord et atteindre la Sibérie. Lors de cette glaciation, le niveau de la mer a tellement baissé que les continents se sont trouvés reliés par de véritables ponts de terre. Entre l'Asie et l'Alaska, le détroit de Béring est devenu un terrain sec permettant la migration des peuples et des animaux vers l'ouest. Puis les glaces ont à nouveau fermé la route du sud. Il y a environ 12 000 ans, un couloir s'est formé dans les glaces et les chasseurs de Sibérie ont pu gagner les plaines d'Amérique.

UNE CHAÎNE DE SOLIDARITÉ

Aujourd'hui, la méfiance n'existe plus. Il ne reste que cette formidable hospitalité qui, au cours du voyage, a été l'une de mes plus grandes sources de bonheur. Les Sibériens se sont relayés tout au long du parcours pour faciliter ma progression. Ici, un guide m'aidait à retrouver mon chemin. Là, il partait avec mon équipe de pisteurs pour baliser une route dans un passage délicat. Plus loin, on m'attendait avec de la viande, du poisson, de la paille pour les chiens...

Le lièvre variable
Blanc comme neige !

Il est si blanc qu'on a du mal à l'apercevoir dans la neige, mais ses traces le trahissent et font le bonheur de ceux qui se nourrissent de sa chair.

Une vision de côté
Le lièvre variable ne voit pas devant lui. Pour observer quelqu'un qui lui fait face, il tourne un peu la tête de côté.

Un coureur infatigable

Avec ses pattes postérieures larges qui font office de raquettes, le lièvre variable présente une morphologie idéale pour se déplacer dans la neige poudreuse.

Il a un corps assez ramassé pour limiter les pertes de chaleur en zone montagneuse, ce qui lui permet de parcourir de vastes territoires à la recherche de sa pitance. Il a des yeux qui offrent une vision à 360° ou presque, car il ne voit pas juste devant lui. Ses courtes oreilles bougent indépendamment l'une de l'autre et lui servent d'antennes.

Un bolide des neiges

La fuite est le moyen de défense privilégié du lièvre variable lorsqu'il se trouve face à ses prédateurs. Il ne court pas en ligne droite ; il effectue des cercles, des demi-tours rapides, vire à gauche et à droite pour éviter d'offrir une trajectoire trop facile à son poursuivant.

FICHE D'IDENTITÉ

Le lièvre variable, ou lièvre arctique ou lièvre à raquettes

Espèce : mammifère rongeur
Territoire : régions boisées, buissonneuses, dans tout le Nord
Poids : de 2 à 4 kg
Taille : de 50 à 70 cm
Régime alimentaire : herbivore
Reproduction : 2 ou 3 portées de 2 à 6 levrauts par an
Prédateurs : le lynx, le renard, le loup, le glouton, la martre, l'aigle et d'autres rapaces

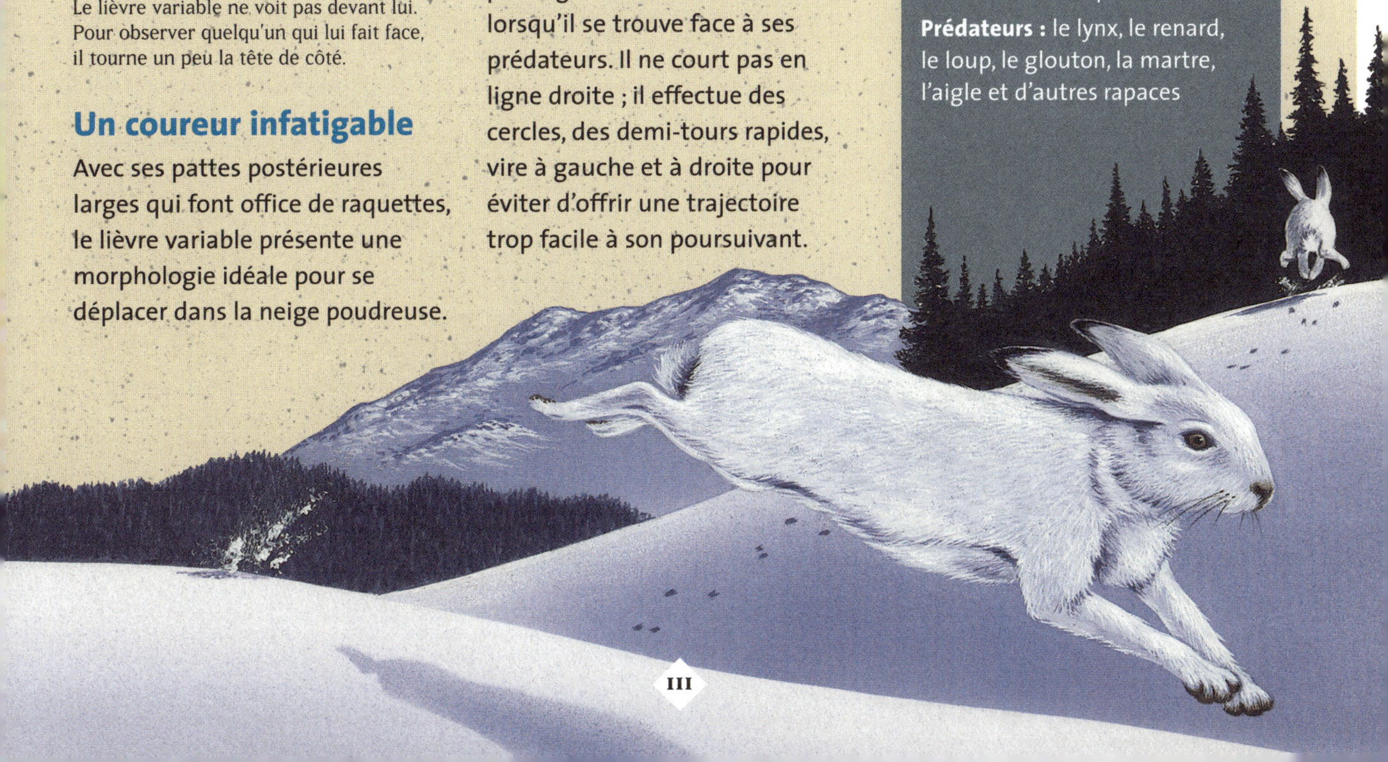

La trappe
Les trappeurs posent des collets pour attraper des lièvres, dont ils se nourrissent et qu'ils utilisent comme appâts dans leurs pièges.

Le savais-tu ?

Le lièvre variable peut atteindre une vitesse de 50 km/h et faire des bonds de 3.50 mètres.

L'art du camouflage

Son pelage, appelé livrée, change au fil des saisons. Il est brun en été, puis s'épaissit et blanchit en automne au niveau des pattes pour devenir tout blanc en hiver. Cette métamorphose lui permet de se camoufler.

Une grande fécondité

Le lièvre est un animal prolifique. À la saison des amours, ou bouquetage, les hases (femelles) ont jusqu'à quatre portées. Dans la journée, la mère reste éloignée du gîte pour ne pas y attirer les prédateurs. Malgré cette précaution, les deux tiers des petits meurent dans les deux premières semaines.

Les lièvres blancs vivent en bande et colonisent des territoires bien délimités, au point que leurs traces y forment un écheveau inextricable de pistes. Cet hiver, j'ai traversé au cœur des monts Saïan une vallée dont la richesse en lièvres était incroyable. Cette densité s'expliquait par l'abondance de végétation, mais aussi par l'absence de prédateurs.

Pas un seul lynx, alors qu'il y avait là de quoi en nourrir une bonne dizaine. J'espérais que cette absence se justifiait par la présence d'un léopard des neiges, le prédateur du lynx, mais je n'ai observé aucune trace de cet animal. Les chiens ont adoré cette course. Nous avons vu détaler un grand nombre de lièvres. Aucun n'a fini dans les mâchoires de mes chasseurs, mais il s'en est fallu de peu ! Quoi qu'il en soit, les chiens filaient, souvent trop vite pour cette piste sinueuse, et je manquais de temps pour négocier les virages. Je suis tombé plusieurs fois, mais cela laissait l'attelage indifférent. La tentation était trop grande et, malgré mes injonctions, je n'ai pas réussi à les ralentir. Je n'y mettais d'ailleurs pas une très grande conviction, sachant que c'était peine perdue. Ce sont des chasseurs, il faut bien l'assumer !

Cet élan de générosité, cette empathie avec le projet m'ont poussé à continuer dans les moments de doute. Je savais que j'étais attendu, que des hommes s'étaient donné du mal pour tracer des pistes, préparer des dépôts de nourriture et m'accueillir. Je ne pouvais les décevoir.

Les Évènes

Les Évènes, avec lesquels j'ai vécu pendant près d'un an en 1990, font partie de ces peuples nomades, éleveurs de rennes, chasseurs ou pêcheurs, comme il en existe encore en Sibérie. Ils sont bilingues : outre leur langue propre, ils parlent le russe et peuvent ainsi participer à la vie et à la culture du pays. Cette petite peuplade de 2 000 habitants vit dans les monts Verkhoïansk, situés dans la république autonome de Yakoutie (Sakha). Dans ces montagnes inaccessibles autrement que par des moyens de transport naturels, les Évènes continuent de pratiquer l'élevage de rennes de manière traditionnelle. C'est l'un des derniers peuples à vivre en totale harmonie avec la nature.

DES TRADITIONS EN VOIE DE DISPARITION

Pendant ce périple, j'ai eu la chance de rencontrer différents peuples. Aujourd'hui, leur silhouette n'a plus cet exotisme si plaisant pour l'œil occidental. À l'exception de quelques personnes âgées encore habillécs à l'ancicnnc, la plupart d'entre eux portent des vêtements bon marché venus de Chine. Les costumes ne servent que dans les grandes occasions, et j'ai pu les admirer lors de fêtes données pour saluer mon passage.

La particularité des peuples du Nord s'observe surtout dans leur mode d'alimentation. Ils mangent du poisson gelé et de la viande de renne crue, ainsi que du foie frais, de l'encéphale et de la moelle. Ils cuisinent la soupe de sang assaisonnée d'herbes et de racines. Ils préparent le saucisson en remplissant les intestins de graisse et de viscères. La viande cuite et séchée se consomme en été.

La situation de ces peuples est précaire. Ils risquent de perdre à jamais leurs coutumes ancestrales, comme cela a été le cas au Canada, en Alaska et en Laponie. Les peuplades du Grand Nord sibérien sauront-elles trouver comment entrer dans le monde contemporain sans rien perdre de leur identité et de leur dignité ?

La vie dans le Grand Nord canadien

Marcher avec des raquettes

La plupart des peuples du Grand Nord voyagent à pied. Mais, en hiver, les Sibériens se déplacent à skis alors que les Canadiens chaussent des raquettes.

Dans la forêt, là où le vent ne tasse pas la neige, il est difficile de se déplacer. En l'absence de piste, les chiens ne peuvent avancer que si l'homme marche devant eux. On ne peut progresser à plus de 2 km/h, soit une vingtaine de kilomètres par jour ! Dans ce type de neige, les Canadiens chaussent des raquettes.

Des raquettes traditionnelles
En bois et en cuir, elles sont faciles à réparer.

Des raquettes adaptées

La raquette comporte une armature en frêne ou en bouleau et un tamis en cuir de caribou. Construire des raquettes selon la méthode traditionnelle est assez simple, mais il faut du temps. Il en existe plusieurs formes, plus ou moins rondes ou ovales, longues ou étroites. À l'ouest du Canada, les raquettes sont plutôt longues et fines alors que, à l'est, elles sont arrondies. Mais la forme varie aussi en fonction de l'utilisation :
– en forêt, il faut des raquettes plutôt longues et étroites ;
– dans la toundra, une paire à surface réduite est préférable ;
– dans la taïga et en plaine, une paire large est plus utile.
Le trappeur doit entretenir régulièrement ses raquettes.

Les animaux ont aussi des « raquettes »

La nature fait bien les choses et la morphologie des animaux est adaptée au déplacement sur la neige : plumes sur la voûte plantaire, excroissances cornées des doigts, longs poils sur les pattes ou entre les coussinets.

On a calculé que la pression en grammes exercée par les pieds ou les pattes ne doit pas dépasser 40 g/cm². Avec une charge supérieure, on s'enfonce. Chez le lièvre variable, la pression est de 19 g/cm². Le lagopède, avec ses pattes poilues, ne dépasse pas 13 g/cm². Le renard et le lynx, grâce aux poils qu'ils ont entre les coussinets, se limitent à 20 g/cm². En revanche, d'autres animaux sont moins bien pourvus et se déplacent avec difficulté dans la neige profonde : c'est le cas du grand tétras (50 g/cm²) et de l'élan (900 g/cm²).

Skis ou raquettes ?
En Sibérie, la plupart des chasseurs et des trappeurs se déplacent avec des skis en bois recouverts de peau de chevreuil ou de renne. Au Canada (ci-dessous), on utilise des raquettes. Plus elles sont larges, moins on s'enfonce dans la neige profonde. Nicolas, quant à lui, utilise ses raquettes partout où il va dans le Grand Nord.

Le savais-tu ?

La forme d'une raquette est une signature dans la neige. Autrefois, les coureurs des bois pouvaient savoir qui était passé en regardant l'empreinte laissée par ses raquettes.

Toi aussi, fabrique tes raquettes !

Les éléments nécessaires
Pour l'armature :
– 4 branches suffisamment souples pour pouvoir les arquer
Pour le tamis :
– 12 petits morceaux de bois solides à ajuster à la bonne taille
– de la ficelle pour fixer les morceaux de bois à l'armature
– des lanières de cuir pour la fixation des chaussures

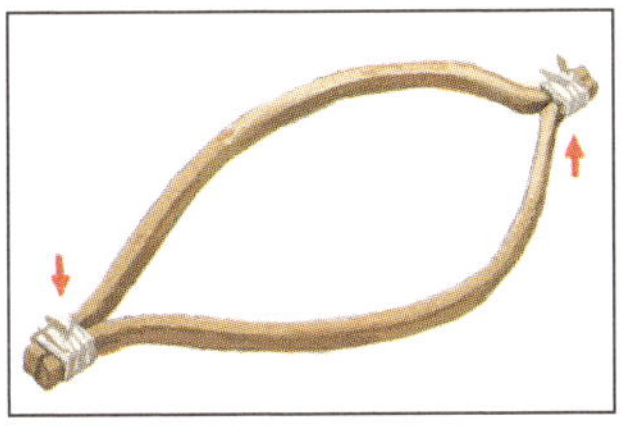

1. Construis l'armature en arquant deux branches souples (de frêne par exemple) jusqu'à obtenir la forme souhaitée, et attache-les ensemble à chaque extrémité.

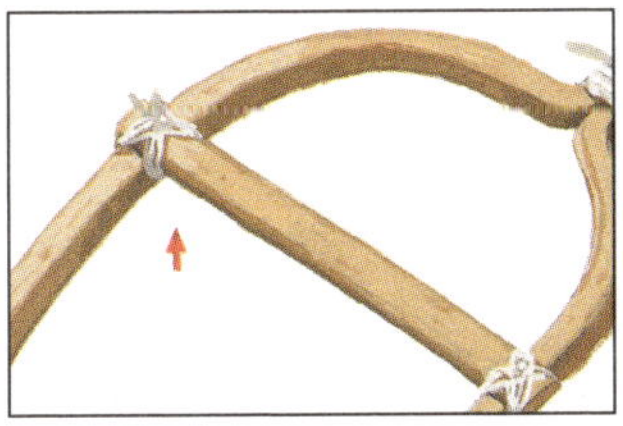

2. Place un morceau de bois bien fort au milieu et fixe-le avec de la ficelle.

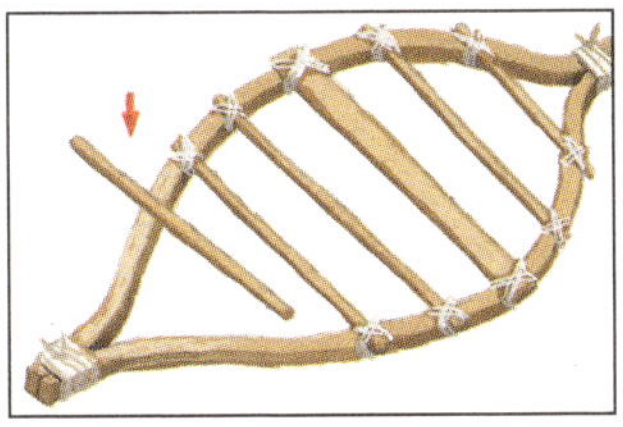

3. Reproduis cette étape avec des morceaux de bois plus étroits, de taille décroissante, que tu placeras à intervalles réguliers.

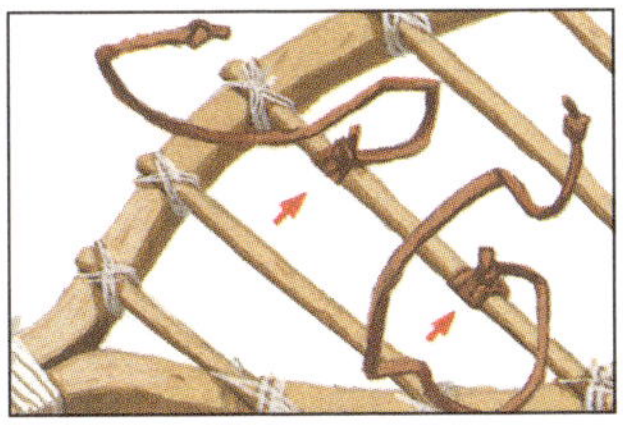

4. Vers l'arrière, attache deux lanières de cuir assez longues pour les lacer sur ta chaussure.

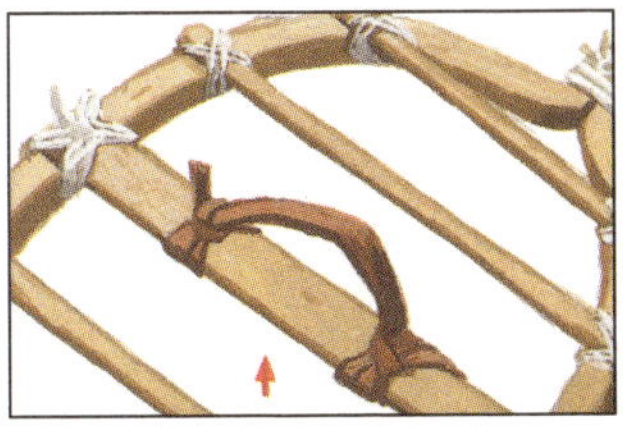

5. Vers l'avant, fixe une lanière en arc de cercle dans laquelle tu pourras glisser ta chaussure.

Les sources d'énergie

De l'épuisable au renouvelable

Si nous prenons conscience de l'épuisement de nos principales sources d'énergie, nous continuons d'en consommer toujours plus. La solution passe par le développement des énergies renouvelables

Le savais-tu ?

Il faut dix ans pour qu'un écosystème marin se remette d'une marée noire.

Les ressources énergétiques commencent à diminuer très fortement, au point que nous risquons d'en manquer. Il existe deux types de sources d'énergie : renouvelables et non renouvelables.

Qu'est-ce qu'une énergie non renouvelable ?

C'est une énergie qui utilise une « matière première » qui ne se régénère pas. Dans cette catégorie figurent les énergies fossiles (pétrole, charbon ou gaz naturel) et l'énergie nucléaire (uranium). Les énergies fossiles ont mis des millions d'années à se former et ne se renouvellent pas assez vite pour satisfaire la consommation mondiale, qui augmente de 2 % par an. Les combustibles nucléaires (uranium) sont également en quantité limitée, même si l'échéance de leur consommation totale est lointaine. Et l'énergie nucléaire pose le problème du stockage des déchets radioactifs.

Qu'est-ce qu'une énergie renouvelable ?

C'est une source d'énergie qui se régénère assez rapidement pour être considérée comme inépuisable à l'échelle de l'homme. Aujourd'hui, les énergies renouvelables ne représentent que 20 % de la consommation mondiale d'électricité.
Les principales sources d'énergie renouvelables sont la lumière du Soleil, le vent, l'eau, la chaleur de la Terre.
Leurs avantages sont nombreux :
- elles existent en stock illimité ;
- elles produisent peu de déchets ;
- ce sont des énergies moins polluantes que les énergies fossiles, en particulier au niveau des émissions de gaz à effet de serre.

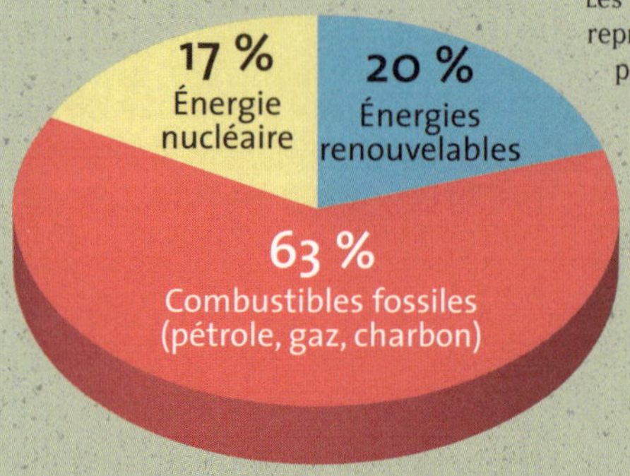

Production mondiale d'électricité en fonction de son origine

Les énergies renouvelables ne représentent que 20 % de la production mondiale d'électricité, dont une grande part revient à l'hydroélectricité :

– hydroélectricité	92,50 %
– biomasse	5,50 %
– géothermie	1,50 %
– éolien	0,45 %
– solaire	0,05 %

L'énergie des végétaux, ou biomasse

Il s'agit d'énergie solaire stockée sous forme organique (dans les végétaux) grâce à la photosynthèse. Cette énergie est exploitée par combustion. Ainsi, le bois qui brûle est une énergie peu coûteuse et très répandue pour les besoins domestiques.

L'énergie solaire

L'énergie solaire est une source inépuisable qui ne pollue pas, mais on s'en sert très peu. Seulement 3 % de la production d'énergie mondiale utilise la lumière du Soleil.

Deux techniques pour utiliser le soleil

Il existe deux procédés : les panneaux photovoltaïques et les chauffe-eau solaires.

- Dans les panneaux photovoltaïques, la lumière est transformée directement en électricité.
- Dans les chauffe-eau solaires, la lumière du Soleil est transformée en chaleur.

L'énergie hydraulique

Avant la découverte de l'électricité, beaucoup de civilisations se servaient de l'énergie hydraulique. Ainsi, les moulins placés sur les rivières utilisaient la force de l'eau. Aujourd'hui, l'hydroélectricité, également appelée « houille blanche », représente 18 % de la production mondiale d'énergie.

Comment fonctionnent les centrales hydrauliques ?

L'eau entraîne la roue d'une turbine, qui fait tourner un alternateur destiné à transformer cette énergie mécanique en énergie électrique. La puissance dépend de la hauteur de la chute d'eau et de son débit.

- Sur les cours d'eau à forte pente des régions de montagne, on construit des centrales de « haute chute » comportant un barrage qui retient l'eau. L'eau passe alors par une galerie au bout de laquelle se trouvent les turbines et l'alternateur qui produit le courant.
- Sur les grands fleuves à fort débit, on construit des centrales de « basse chute » : le barrage ne retient pas l'eau, qui s'écoule librement.
- Sur les petites rivières, on installe de petites centrales ou microcentrales.

L'énergie éolienne

L'énergie éolienne est sans conteste la plus ancienne que l'homme ait su exploiter. L'exemple le plus connu est le moulin, dont les ailes en forme de voile sont entraînées par la force du vent. Cette forme d'énergie a longtemps été utilisée pour moudre le grain, pomper de l'eau... Elle est, par définition, inépuisable.

Comment fonctionnent les éoliennes ?

Aujourd'hui, on construit des éoliennes constituées d'un grand mât surplombé d'une hélice à trois branches. L'hélice est entraînée en rotation par la force du vent. Ses pâles, couplées à un moteur et à une génératrice, permettent la production d'électricité lorsque la vitesse du vent est supérieure à 15 km/h.

Le savais-tu ?

Le terme éolien vient d'Éole, le nom du dieu du Vent chez les Grecs.

Une maison propre et saine

Sans produits toxiques

Nous sommes conditionnés par la publicité dans nos achats de produits d'entretien tels que les détergents. Mais une maison propre et saine, sans produit toxique, c'est possible.

Hautement toxiques, les produits d'entretien sont dangereux pour la santé, provoquent beaucoup d'accidents domestiques, polluent les sols, l'eau et l'air.

Ne jette rien dans les toilettes !

Mal éliminés, ces produits se retrouvent avec les eaux usées en milieu naturel et dégradent l'environnement. Certains de leurs composants altèrent le bon fonctionnement des stations d'épuration, quand toutefois ils y parviennent : il faut savoir que, pour le moment, seules la moitié des eaux usées sont réellement dépolluées en France. Surtout, ne jette rien dans les toilettes : la cuvette des W.-C. n'est pas une poubelle. Les produits tels que solvants, essence, détergents, peintures, décapants, piles, médicaments... sont dangereux et doivent impérativement être déposés dans une déchetterie.

Trucs de grand-mère

Les détergents peuvent parfois être remplacés astucieusement. Contre le calcaire (salle de bains et W.-C.), on peut utiliser le vinaigre d'alcool. De même, pour laver les vitres, on peut utiliser un mélange : 2 cuillerées à café de vinaigre et 1 litre d'eau. On peut faire reluire les cuivres avec du citron, etc.

Déboucher sans produits toxiques

En cas d'obstruction d'un évier ou un lavabo, la ventouse ou l'eau bouillante, la pompe à vide sont de loin préférables aux produits chimiques. Si l'usage d'un produit est nécessaire, il faut éviter le surdosage et choisir un produit totalement biodégradable et non toxique : un produit écologique.

% CHIFFRES CLÉS !

50 % des agents toxiques passant par nos canalisations échappent aux usines de retraitement et sont rejetés dans les cours d'eau et la mer.

LÀ-BAS ICI !

Même dans la taïga, dans ces zones que l'on croit préservées de la pollution, les pêcheurs constatent que les espèces de poissons les plus sensibles, tels que l'omble, disparaissent peu à peu.

Les produits d'entretien sont des détergents. Une fois dans les cours d'eau, leurs composants favorisent l'eutrophisation des lacs et des rivières (asphyxie par prolifération d'algues).
Faisons le choix de détergents respectueux de l'environnement, ceux qui portent l'Écolabel européen ou le label NF environnement.

Les maisons en bois sibériennes
Parfaitement isolées, bien conçues et surtout très saines, elles ont valeur d'exemple.

Qu'est-ce qu'un produit écologique ?

Tes parents peuvent se procurer des produits plus doux pour l'environnement et pour ta santé. Sur l'emballage ou l'étiquette de certains produits, il suffit de repérer l'un des deux symboles attestant leurs qualités écologiques : NF Environnement ou Écolabel européen.

Ces produits labellisés apportent une garantie d'efficacité et l'assurance de faire un geste important pour l'environnement.

Un Sibérien, il y a plus de quinze ans de cela, m'a donné une leçon riche d'enseignements. À cette période de l'année, il y avait beaucoup de mouches et d'insectes de toute sorte. Qu'aurions-nous fait ? Nous nous serions emparés d'une bombe aérosol, dont on sait combien elles sont nocives pour l'environnement, afin de tuer ces insectes ou de les chasser de la maison. Lui agissait avec beaucoup plus d'efficacité. Il laissait ouverts les battants d'une des fenêtres de sa maison, dont les volets fermés laissaient filtrer un rai de lumière. Tous les insectes s'enfuyaient par cet interstice, qui agissait comme un aimant… Voilà comment résoudre simplement et économiquement un problème en face duquel nous dépensons et polluons en pure perte !

Chaque bonne réponse au Quiz sibérien te permet de gagner un point (solutions page 215).

Avec quoi Nicolas se déplace-t-il dans la neige profonde ?
- des claquettes
- des raquettes
- des échasses

Dans la maison, qu'est-ce qui consomme le plus d'énergie ?
- la cuisson des repas
- le chauffage
- l'éclairage

Nicolas a vécu avec des éleveurs de rennes qui s'appellent :
- les Éventaiks
- les Èves
- les Évènes

La femelle du lièvre s'appelle :
- la papoose
- la hase
- la bouquetage

Le pétrole est une énergie :
- fossile
- faucille
- gracile

Calcule tes points.
0-2 points :
Ouille, aïe, aïe ! Pas terrible !
3-4 points :
C'est bien, tu es presque un écocitoyen.
5 points :
Bravo, tu es 100 % écocitoyen !

LE SAVAIS-TU ?

* En France, seuls 49 % des eaux usées sont dépollués. Un objectif de 65 % a été fixé pour les années à venir.

* Nettoyer son sol et ses meubles avec des lingettes revient 15 fois plus cher qu'avec une serpillière et un chiffon !

Source : ADEME – WWF-OGILVY&MATHER

AGIS POUR LA PLANÈTE : NETTOIE SANS POLLUER !

Quelques conseils pour nettoyer sans polluer :

* Pour éviter d'utiliser un désinfectant, nettoie régulièrement avec des produits naturels.

* Il n'est pas utile de mettre beaucoup de savon dans l'eau pour que le lavage soit efficace.

Et surtout, dis-le à tes parents !

Attention ! Ne jette jamais dans les éviers, les toilettes ou le jardin les restes de désherbants, engrais, médicaments périmés, essences, insecticides domestiques, produits contre les animaux nuisibles. Regroupe ces produits toxiques et apporte-les dans une Déchetterie.

« La nature n'est qu'un

8 – LE CAMPEMENT

UN TOIT ÉPHÉMÈRE

Le campement, c'est la maison du voyageur, un îlot de vie dans l'immensité inhabitée. Un jour au bord d'une rivière enchanteresse, un autre au pied d'un glacier, le lendemain sur le flanc d'une montagne enneigée et féerique, plus tard dans la profondeur d'une forêt aux arbres séculaires... Installer son campement est l'un des plus grands bonheurs du voyage, et le plaisir est à la hauteur du soin avec lequel on choisit son emplacement.

spectacle de bonté. » Arthur Rimbaud

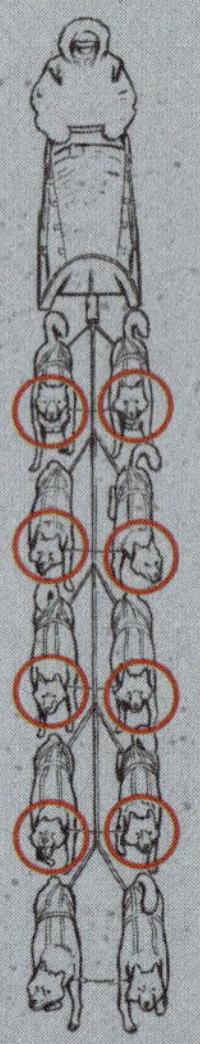

Sa place dans l'attelage
Les cercles rouges indiquent les huit places différentes que j'assigne à Churchill. Il est efficace à tous les postes sauf en tête.

Le sosie de Gao
Churchill ressemble à Gao (voir page 196), mais il n'a pas son ambition.

Un chien travailleur
Churchill est capable d'occuper toutes les positions à l'exception de celle de chien de tête qu'il ne trouve pas à « son goût ».

Churchill

Sans ambition mais travailleur

Churchill est le chien le plus âgé de la meute. Il ressemble en tout point à Gao, à l'exception d'une bande blanche entre les deux yeux un peu plus étroite chez lui. La comparaison s'arrête là, car Churchill n'a rien d'un chien de tête. D'une personnalité sensible et complexe, il est difficile à saisir. Comme le dit si bien Sacha, qui l'a entraîné durant quatre mois, c'est un chien qui se mérite.

Assez austère, il est néanmoins attendrissant car il cherche toujours à faire de son mieux… si on ne lui en demande pas trop. Être en tête ? Soit, mais on est bien d'accord, c'est Gao qui dirige ! Voilà comment marche Churchill, qui aime la meute plus que les hommes. Il craint les hommes, surtout quand il s'agit d'étrangers. Ainsi, il ne recherche pas les marques d'affection que d'autres, comme Taran ou Apache, réclament au risque de devenir ridicules à force d'aboyer et de sauter en l'air pour obtenir une caresse de plus. Dans ces cas-là, Churchill hausserait les épaules s'il le pouvait ! Dans l'attelage, jamais de coup fourré avec lui : il n'est pas comme Abache ou Yukon, toujours à la recherche d'une petite récréation ! Churchill est un sage, mais trop lent si on le place en tête.

Sociable
Churchill (à gauche sur la photo) est l'un des rares chiens de l'attelage à bien s'entendre avec Yukon, le bougon de la bande.

Le choix du campement

DURANT L'ODYSSÉE SIBÉRIENNE, trois possibilités de campement se sont offertes à moi. La plus rudimentaire consistait à dormir dehors. La plus confortable, à être accueilli chez l'habitant. Mais celle qui comportait le moins d'inconvénients était de camper avec l'équipe.

DORMIR À LA BELLE ÉTOILE

Je dormais parfois tout habillé dans mon sac de couchage, sur une peau de renne posée sur un lit de branches de sapin à même la neige. Avant de m'allonger, je prenais soin de préparer les brindilles sèches et le bois nécessaires pour fabriquer un feu au réveil. Les nuits dehors à – 50 °C ne sont pas aussi terribles qu'on l'imagine. La plus grande difficulté réside dans la nécessité de laisser une sorte de tunnel d'aération pour les échanges d'air. Par très grand froid, la condensation née de la respiration forme une sorte de bouchon de glace qu'il faut enlever toutes les heures.

UN SOMMEIL HACHÉ

On s'habitue très vite à ce rythme de sommeil entrecoupé de phases de réveil durant lesquelles on jette un coup d'œil aux chiens et au ciel. Le pire, c'est le lever, quand il faut s'extraire de la relative tiédeur du sac de couchage pour plonger dans le froid.

Je hais cet instant qui précède le moment où le feu apportera enfin un peu de chaleur. Préparer son matériel à l'avance est une question à la fois de confort (si ce mot a un sens dans un tel contexte) et de survie, car échouer dans la fabrication de son feu le matin peut avoir des conséquences dramatiques. Comme il faut enlever ses moufles, les doigts gèlent, un handicap de courte durée si le feu a pris car le sang revient vite au contact de la chaleur. Dans le cas contraire, les doigts s'engourdissent très rapidement. Le sang quitte les extrémités, puis les mains se transforment en deux masses inertes et inutiles au bout des bras, qui commencent à geler eux aussi. C'est l'histoire connue de « Construire un feu » de Jack London, dont on connaît l'issue fatale.

Tous ceux qui ont voyagé avec moi l'hiver le savent : je n'oublie jamais de préparer mon feu le soir, et je n'ai jamais raté un feu le matin.

CAMPER CHEZ L'HABITANT

La deuxième possibilité est de camper chez l'habitant. Un simple refuge de trappeur de quelques mètres carrés, un groupe de cabanes de pêcheurs ou un village, peu importe ! Quels que soient l'endroit et le nombre de ceux qui l'habitent, l'hospitalité est naturelle. Jamais, en quatre mois de périple, elle ne m'a été refusée.

La loutre
Un animal joueur

La loutre est un animal sympathique car c'est l'un des rares, avec le grand corbeau, qui consacre autant de temps au jeu. Jouer à glisser sur la neige, à nager sur le dos, à plonger et replonger. S'amuser sans cesse, tout un art de vivre.

Une espèce protégée

Bien qu'ils soient protégés depuis 1972, il reste moins de 1 000 animaux sur le territoire français. La loutre a toujours été chassée, d'une part à cause de la valeur de sa fourrure et d'autre part à cause de son goût pour le poisson. Les pêcheurs la considéraient comme une concurrente.

Comme un poisson dans l'eau

Sa physionomie se caractérise par un corps allongé et des pattes palmées comme celles des canards, qui lui servent de rames pour remonter le courant. Elle possède une queue longue et puissante qui fait office de gouvernail et de propulseur lorsqu'elle nage. La loutre est une très bonne nageuse. Les pattes plaquées contre le corps dans une attitude aérodynamique, elle peut atteindre 15 km/h et rester dix minutes en apnée.

Elle lustre son pelage pour qu'il glisse mieux dans l'eau et le sèche avec soin après le bain.

Un habitat discret

La loutre vit en solitaire sur un territoire très vaste, qui s'étend sur 5 à 15 kilomètres le long d'une rivière.

FICHE D'IDENTITÉ

La loutre

Espèce : mammifère aquatique

Territoire : près des zones aquatiques, délimité par son urine et ses excréments

Poids moyen : 7 kg

Taille : jusqu'à 1,30 m, dont 40 cm de queue

Régime alimentaire : essentiellement du poisson (carnivore)

Reproduction : toute l'année ; accouplement dans l'eau en général ; après une gestation de 60 jours, naissance de 1, 2 ou 3 petits

Prédateurs : l'homme, qui la chasse pour sa fourrure, le loup, le lynx

Une morphologie aérodynamique
Avec sa silhouette longiligne et ses pattes palmées, la loutre est une excellente nageuse.

Elle s'installe dans un terrier, appelé catiche. Le gîte, situé sur la berge d'une rivière, d'un ruisseau ou d'un étang, possède deux ouvertures : l'une donne sous l'eau, à environ 1 mètre de profondeur, l'autre sert de cheminée d'aération pour la chambre d'habitation.
La loutre est active toute l'année, même l'hiver, à l'exception des périodes de grand froid où elle reste à l'abri dans son terrier.

Un animal carnivore

On rencontre peu la loutre, mais on perçoit sa présence aux restes de nourriture qu'elle abandonne sur les rives, souvent des carcasses de poisson. Elle se nourrit également d'insectes aquatiques, de crustacés, d'amphibiens comme les grenouilles. Occasionnellement, elle peut manger des reptiles, des oiseaux et des petits mammifères.

Le savais-tu ?

La loutre est une véritable sirène d'alarme pour la qualité de l'eau. Sa présence est un indicateur de pureté.

Un vrai pitre

La loutre adore jouer, même lorsqu'elle a atteint l'âge adulte. Son jeu favori est le toboggan : elle aime se laisser glisser sur les pentes enneigées et peut se livrer à cette activité pendant des heures sans autre but que le plaisir.

La communication

Elle accompagne souvent ses moments ludiques d'un cri sourd, un signe de communication qu'elle utilise dans d'autres situations. Mais son registre vocal est plus large, elle sait aussi siffler, glapir et aboyer. La loutre a également recours à des signaux olfactifs pour marquer son territoire.

La loutre est l'animal le plus joueur et le plus sympathique que je connaisse. Un jour, dans les Rocheuses, je me reposais d'une longue marche quand j'ai aperçu en haut d'un monticule de neige, sur les berges abruptes d'une rivière, une petite loutre brune. Elle avait des reflets noirs et un air malicieux accentué par une petite moustache blanche.
La loutre examinait la descente. Visiblement, elle voulait gagner la rivière. Elle s'est décidée et a plongé dans la pente, utilisant son corps comme une luge. Elle a slalomé un peu et est arrivée en bas sans encombre. Je l'ai alors vue se lever et admirer sa trace dans la neige vierge, puis elle est remontée. Je pensais qu'elle allait rebrousser chemin mais, arrivée en haut, elle s'est décalée par rapport à la trace précédente et s'est élancée en jouant dans la neige fraîche. Elle a refait plusieurs fois la glissade. Pourtant, la remontée était éprouvante car la neige était profonde, mais il s'agissait de son plaisir. J'étais fasciné… et frustré. J'aurais tant aimé faire quelques descentes avec elle !

Se pose alors le problème de la vodka et du sommeil. En Sibérie, le visiteur est fêté, et la vodka est obligatoire. Il faut boire à l'amitié, au moins trois verres d'un seul trait. Pas moyen d'y échapper ! Une fois les trois verres pris, la discussion s'engage. D'autres toasts suivent. La soirée se prolonge et, lorsqu'on regarde sa montre, on s'aperçoit que le départ est prévu quelques heures plus tard. On tente alors de s'éclipser, avec pour excuse les chiens qu'il faut nourrir, mais ce n'est pas toujours facile et on se laisse parfois convaincre de rester un peu plus.

Au petit matin, dans l'aube blafarde, les hôtes dorment profondément. Ils n'entendent pas les aboiements des chiens impatients de reprendre la route, tandis que leur maître a bien du mal avec la vodka qu'il n'a pu refuser...

L'ARBRE DÉTERMINE LE LIEU

En dehors des villages, le choix du lieu est fonction du bois. Rien n'est plus important que le feu et la qualité du bois qui l'alimentera. À l'heure de la pause, les yeux ne cherchent qu'une chose : un bel arbre, mort sur pied depuis quelques années. Scié et coupé en bûches, il dégagera plus de chaleur. C'est auprès d'un de ces arbres que l'équipe, pourvue d'une tente et d'un poêle à bois en tôle légère, s'arrêtait et m'attendait parfois. Quel bonheur de la rencontrer et de bénéficier de ce campement providentiel !

La vie dans le Grand Nord

Le campement

Le campement est l'un des grands bonheurs du voyage. L'organiser est un art et un plaisir. On s'y sent parfois si bien que l'on a du mal à quitter ce lieu que l'on ne reverra jamais.

Pour bien choisir l'endroit où monter sa tente, il faut trouver un sol régulier et plat, sans pierres ni racines en été. L'hiver, on tasse la neige avec les pieds chaussés de raquettes sur une surface au moins deux fois plus large que celle de la tente. L'endroit doit offrir du bois sec, de l'eau, de l'herbe pour les chevaux ou des lichens pour les rennes, et se situer à l'abri du vent.

Préparer le feu

Faire un feu réclame quelques précautions. Avant de l'allumer, il faut :

– que tu t'assures que c'est autorisé à cet endroit ;

– que tu déblaies les contours du foyer en dégageant les feuilles et les branches mortes ;

– que tu vérifies la force et la direction du vent.

Et pense à l'éteindre en partant !

Le feu en été : en plein air

1. On forme un cercle avec des pierres pour empêcher le feu de s'étendre. On installe sur deux fourches une perche en bois vert taillée en triangle pour qu'elle ne tourne pas. Un câble fin en acier et une branche en crochet peuvent servir de crémaillère pour moduler la hauteur du récipient.

2. Si l'on souhaite faire une installation rapide pour un repas ou pour une boisson, on utilise une simple perche en appui sur une grosse pierre.

Le campement

Une tente en toile, un poêle à bois, des raquettes... tout à fait le genre d'image dont je rêvais enfant !

Le feu en hiver : sous la tente

L'hiver, l'intérieur de la tente est chauffé par un poêle à bois en tôle légère, qui devient un compagnon indispensable. Il permet de faire fondre la neige pour obtenir de l'eau, de faire sécher ses affaires et de cuisiner à l'intérieur.

Monte ta propre tente

La tente est un abri pratique, léger et facile à monter.

Les éléments nécessaires :

– pour la tente, un vieux drap fera l'affaire

– pour l'armature, trouve 4 perches de bois mort ou coupe 4 branches de sapin ou de pin ; prépare-les avec soin en enlevant toutes les petites branches qui risqueraient de trouer le drap

– de la ficelle

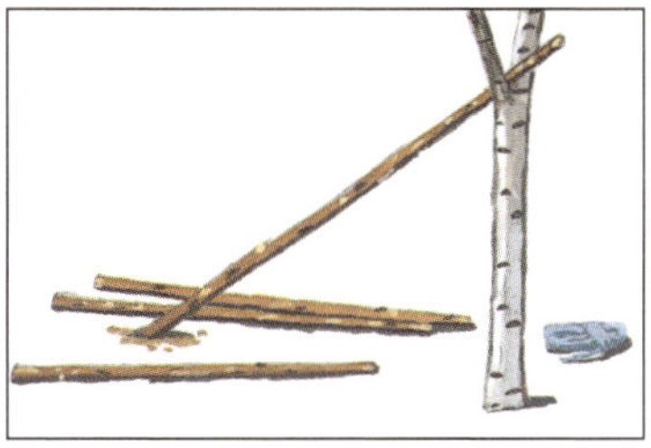

1 La structure

Pose l'extrémité de la plus grande perche sur la fourche d'un arbre. Bloque l'autre extrémité dans un trou fait dans le sol.

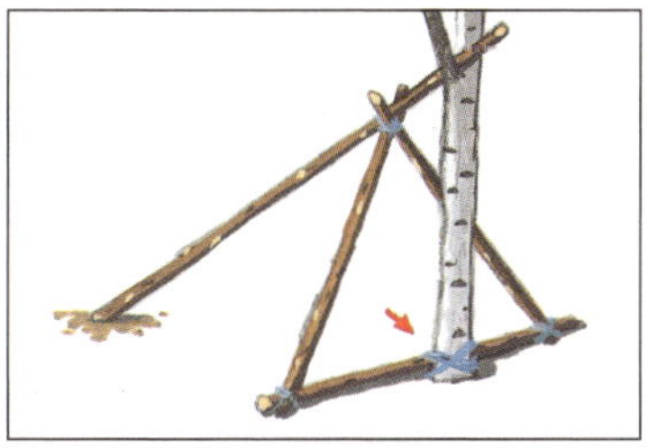

2 Le croisillon

Fais un triangle avec les trois autres perches, et lie les extrémités avec de la ficelle. Fixe la base de ce triangle à l'arbre.

3 La toile

Fixe la toile sur l'armature ainsi constituée.

4 Les haubans

Sur les côtés de la tente, tous les 50 cm, accroche des ficelles et relie-les à des branches d'arbre ou à des pierres. Tends-les bien.

Pour fabriquer un tapis de sol, ébranche un petit sapin et dispose une épaisse couche de ces branchages avec leurs aiguilles. Attention ! On ne peut couper des arbres que dans certaines forêts.

Le campement (suite)

Pour démarrer ton feu, ramasse du petit bois, des écorces, des pommes de pin. Avec une hache, coupe le bois et prépare des rondins près du foyer.

Allumer le feu

Si tu n'as pas d'allumettes, fabrique un tison. Pour cela, il faut créer une friction entre un bâton très sec et une planchette entaillée (tu peux faire tourner le bâton à l'aide d'un arc en l'enchâssant dans une cale en bois trouée). En même temps, il faut souffler et ajouter de l'herbe sèche pour obtenir une flamme. C'est si difficile que tu n'oublieras plus jamais tes allumettes !

Indispensable
Le feu est essentiel à la fabrication de l'eau, et disposer d'eau est encore plus important que de se réchauffer.

La boisson

Plus il fait froid, plus on a soif. En plein hiver, on trouve parfois de l'eau ouverte, c'est-à-dire des trous dans une rivière gelée où l'on peut puiser. Sinon, il faut faire fondre de la glace ou de la neige. La glace produit une quantité d'eau équivalant à son volume, alors qu'il faut dix seaux de neige pour obtenir un seau d'eau.

De l'eau libre
Elle est rare en hiver : quand on en trouve, on en profite toujours pour donner à boire aux chiens.

Le départ

Ne laisse pas de traces de ton passage, emporte ce qui n'est pas biodégradable et laisse aux animaux les restes comestibles. Tu auras ainsi une empreinte écologique proche de zéro !

Je n'aime pas qu'un autre que moi choisisse l'emplacement d'un campement. Car de ce choix, qui peut paraître anodin, vont dépendre le confort d'une nuit et surtout la quantité d'efforts à produire pour trouver tout ce dont on a besoin : eau, bois mort, nourriture. Certains emplacements fournissent tout cela, mais il ne faut pas pour autant oublier l'ensoleillement et le vent. En été, on cherche l'air car il chasse les moustiques. En hiver, on se place à l'abri car le vent augmente l'effet de froid. À chaque saison et à chaque situation correspond un type de campement. Il ne faut pas hésiter à voyager une heure de plus ou à s'arrêter plus tôt pour camper à l'endroit idéal.

Conserver et préparer les aliments dans le Grand Nord

La conservation

Il faut traiter la viande et le poisson avant de les conserver. On les laisse d'abord dans de la saumure (un mélange de sel et d'eau) pendant 80 heures, puis on les fume. La fumée contient des agents conservateurs et donne une odeur qui repousse les insectes. Un fumoir est un espace protégé du vent qui canalise la fumée vers les aliments. Le feu est préparé à même le sol et on l'entretient avec un mélange de bois vert et de bois pourri, qui ne produit pas de flammes. Le plus approprié est le bouleau. La viande ou le poisson sont pendus sur une perche au-dessus du fumoir. Deux à trois jours de fumage suffisent pour une conservation d'un mois.

Un morceau de truite
Un mets de choix pour le voyageur, qui n'a guère le temps de pêcher.

La cuisson

Deux foyers, un feu vif et un lit de braises à côté, sont beaucoup plus efficaces. Les flammes brûlent les aliments alors que la braise permet de les cuire. Avec deux foyers, on règle mieux la température du lit de braises, en en prélevant de nouvelles ou au contraire en les recouvrant de cendres pour modérer la chaleur. La tôle d'un poêle à bois, elle, produit une chaleur constante et une cuisson homogène.

Le repas
Les bûches disposées les unes à côté des autres servent à poser les récipients.

L'empreinte écologique

La pression de notre mode de vie sur la planète

Si tous les habitants de la Terre vivaient comme les Français, il faudrait les ressources naturelles de plus de deux planètes pour satisfaire les besoins de la population mondiale !

Le savais-tu ?

Pour connaître ton empreinte écologique, connecte-toi sur Internet : de nombreux sites proposent ce calcul ! Cela te permet de mesurer l'influence directe que tu as sur la nature. Tu seras très étonné du résultat !

L'empreinte écologique désigne la pression que nous exerçons sur la nature en utilisant ses ressources. Ce calcul donne une estimation de la quantité d'hectares nécessaire pour subvenir durablement à nos besoins : nourriture, vêtements, habitat, transport, énergie et élimination des déchets.

En terrains de foot

Pour mieux comprendre, calculons l'empreinte écologique moyenne en terrains de foot et non plus en hectares. Un Européen, par exemple, a besoin de 10 terrains de foot ; un Américain de 20 terrains. Si l'on ne compte ni les endroits où la Terre n'est pas biologiquement productive (déserts, océans, glaciers) ni les endoits réservés aux espèces animales, il reste environ 3 terrains de foot par personne. Or, la moyenne mondiale est de 5 terrains de foot par personne. Cela veut dire que nous consommons plus que la Terre n'est capable de produire.

L'empreinte écologique d'un Robinson Crusoé

Imagine-toi naufragé sur une île déserte ! Calcule la taille que devrait avoir ton île pour te permettre de subvenir à tous tes besoins : nourriture, bois pour te chauffer et construire ta cabane, eau, air... et cela de manière durable, c'est-à-dire pendant toute ta vie. Cette surface correspond à ton empreinte écologique. Si tu veux vivre longtemps et en bonne santé sur cet îlot, tu comprends qu'il faut que tu préserves ses ressources. En polluant la source d'eau, en brûlant du bois inutilement, en tuant plus d'animaux qu'il n'en faut pour te nourrir, tu exerces une pression trop importante, qui risque de ne pas te permettre de vivre longtemps sur l'île.

Changer pour vivre mieux !

Voilà qui te montre l'étendue des dégâts... La seule solution est d'agir, et vite. Chacun de nous peut et doit changer ses mauvaises habitudes, car nous sommes tous responsables.

Empreintes écologiques comparées

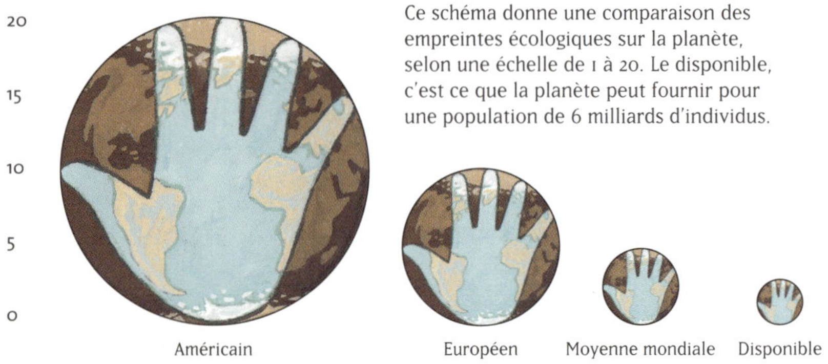

Ce schéma donne une comparaison des empreintes écologiques sur la planète, selon une échelle de 1 à 20. Le disponible, c'est ce que la planète peut fournir pour une population de 6 milliards d'individus.

Pourquoi les trappeurs ont-ils une empreinte écologique égale à zéro ?

Poser des pièges
Il faut travailler à mains nues, ce qui n'est pas toujours facile par – 40 °C.

Le trappeur vit sur un territoire qu'il partage avec des animaux. Il sait quelle part revient à chacun d'entre eux : les loups mangent des élans et des rennes ; les lynx mangent des lièvres ; les castors coupent des arbres ; les perdrix se nourrissent de bourgeons de saule, une consommation utile pour empêcher leur prolifération ; les renards mangent ces perdrix ; et les corbeaux se contentent des restes. La relation entre les animaux et le milieu est une vaste toile d'araignée, complexe mais organisée. Chacun y a son rôle. Aucune espèce n'est nuisible.

Un prédateur intelligent

Le trappeur est un prédateur intelligent, il peut agir en fonction des événements. Ainsi, en 1987, un terrible blizzard a suivi un brusque redoux et formé une croûte de neige dure que les perdrix enfouies dessous n'ont pu percer. Elles sont mortes par milliers. Les renards se sont régalés, et les femelles en bonne santé ont mis bas d'importantes portées de renardeaux, qui ont tous survécu grâce à l'abondance de nourriture conservée dans le froid. Les perdrix survivantes, harcelées par une densité inhabituelle de renards, ont eu du mal à couver leurs œufs. L'hiver suivant, il y avait trois fois plus de renards et dix fois moins de perdrix, d'où un déséquilibre. Avec du temps et de l'énergie, la nature se rééquilibre, mais l'homme peut l'aider. Ainsi, cet hiver-là, le trappeur va piéger cinq à dix fois plus de renards et ne pas chasser les perdrix.

Prélever pour enrichir

Prélever sans appauvrir, prélever pour enrichir. Telle est la devise du vrai trappeur, qui tend à disparaître. La nature livrée à elle-même, orpheline de ces hommes qui l'aimaient et la protégeaient, devra se débrouiller seule. Il est temps de regarder le monde d'hier pour en tirer des leçons qui nous permettront de mieux vivre demain, de vivre plus près de la nature, avec elle plutôt que contre elle.

Un trappeur « à l'ancienne »
Alex vit dans le Yukon (Canada) sur un territoire de plus de 200 000 hectares. Une terre qu'il aime et qui le lui rend bien !

L'écologie au jardin

Jardiner autrement

Plus de la moitié des propriétaires d'un jardin utilisent des désherbants, des engrais et des pesticides responsables de la pollution des rivières, de l'air et de certains produits alimentaires. Pourtant, avoir un beau jardin, c'est possible sans pesticides !

Voici plusieurs façons naturelles d'enrichir le sol, de lutter contre les insectes nuisibles et de se débarrasser des mauvaises herbes.

1 Le paillage

Le paillage est un procédé qui consiste à recouvrir le sol avec des matériaux d'origine végétale ou minérale (paille, feuilles mortes...). Il permet de limiter l'évaporation de l'eau ainsi que la pousse des mauvaises herbes.

2 La récupération de l'eau de pluie pour arroser

En France, plus de 90 000 litres d'eau de pluie tombent chaque année sur le toit d'une maison de 150 mètres carrés. En installant un système de récupération de l'eau de pluie, on peut arroser les jours secs et en plus c'est gratuit ! Plusieurs procédés sont possibles. On peut collecter l'eau avec une gouttière et un tuyau qui aboutit dans un gros bidon, ou encore installer une citerne.

3 Le compost

Le compost est un engrais naturel facile à réaliser. Il suffit d'entasser dans un enclos ajouré l'herbe coupée, les feuilles mortes et les déchets organiques de la cuisine, (épluchures de fruits et légumes, coquilles d'œuf...). Au bout de six mois à un an, le compost est prêt à être déposé sur les cultures.

4 Un coin de prairie sauvage

Les herbes hautes et les fleurs sauvages attirent les papillons, les abeilles et autres petites bêtes indispensables à la reproduction des plantes. Les hérissons, mangeurs de limaces et chenilles, y trouveront également refuge.

5 Les bêtes jardinières

Certaines d'entre elles œuvrent efficacement. Ainsi, la coccinelle constitue un véritable aspirateur

% CHIFFRES CLÉS !

Près de **1/3** des déchets qui finissent dans la poubelle peuvent être compostés !

1 gramme de pesticide suffit à contaminer 10 millions de litres d'eau.

LÀ-BAS ICI !

Les Sibériens qui vivent sur les bords des fleuves possèdent tous un potager. Ils y font pousser des fruits et des légumes dont ils se nourrissent en été et qu'ils conservent pour l'hiver. Ce potager est soigneusement entretenu, avec des méthodes traditionnelles que nous devrions réapprendre.

Nous sommes plus de 13 millions en France à posséder un jardin ! C'est un endroit privilégié, un lieu de vie pour les animaux et les plantes.
Hélas ! Ils sont pour la plupart traités avec des engrais et des pesticides chimiques qui génèrent de graves pollutions.

? LE SAVAIS-TU ?

* Une bête à bon Dieu (une coccinelle) peut engloutir jusqu'à 100 pucerons par jour.

à pucerons. Quant au ver de terre, il travaille à l'aération du sol et le rend fertile.

6 L'ortie, alliée du jardinier
Le purin d'orties peut servir comme insecticide ou comme fertilisant. La recette consiste à mélanger dans un récipient 1 kilo d'orties fraîchement hachées avec 10 litres d'eau de pluie, puis à laisser macérer en remuant chaque jour jusqu'à disparition complète de toutes les bulles qui remontent lentement à la surface (entre six et quinze jours). Le purin est alors prêt à être filtré. Il faut ensuite le diluer dans de l'eau de pluie selon l'utilisation souhaitée :
– en insecticide, dilue 1 litre de purin filtré dans 10 litres d'eau de pluie ;
– en engrais, dilue 2 litres de purin filtré dans 10 litres d'eau de pluie.

Le Quiz sibérien !

Chaque bonne réponse au Quiz sibérien te permet de gagner un point (solutions page 215).

Le sosie de Gao s'appelle :
• Chipo
• Tchito
• Churchill

La loutre mange :
• des castors
• du poisson
• des bourgeons de saule

Quel insecte mange des pucerons ?
• la guepe
• la coccinelle
• le frelon

Combien faut-il de seaux de neige pour obtenir un seau d'eau ?
• deux
• cinq
• dix

L'engrais naturel fait à partir de déchets organiques, c'est :
• de la compote
• du compost
• du cambium

Calcule tes points.
0-2 points :
Ouille, aïe, aïe ! Pas terrible !
3-4 points :
C'est bien, tu es presque un écocitoyen.
5 points :
Bravo, tu es 100 % écocitoyen !

AGIS POUR LA PLANÈTE : JARDINE AUTREMENT

* N'utilise pas de pesticides, remplace-les par des moyens naturels et biologiques.
* Plante des variétés de végétaux adaptées aux climats et aux saisons.
* Fabrique du compost (avec les déchets de la cuisine et du jardin, etc.) pour remplacer les engrais artificiels.
* Récupère l'eau de pluie pour arroser.
* Arrose uniquement à la tombée du jour, sinon 60 % de l'eau s'évapore à la chaleur du soleil.

Et surtout, dis-le à tes parents !

Source : ADEME – WWF-OGILVY&MATHER

CHANTE-LE AUX PETITS !

Dans mon jardin

(Sur l'air de Mon beau sapin)

Dans mon jardin, je vois pousser
De la jolie verdure.
Et pour chasser, l'herbe moins belle
Utilisez du naturel.
Des produits sains, pour mon jardin,
Car j'aime la nature !

« La sagesse de la terre est une complicité totale

9 – LE GRAND FROID

L'ALLIÉ DU VOYAGEUR

« En Sibérie, l'hiver dure douze mois, le reste, c'est l'été. » Ce proverbe sibérien suggère que le froid est le pire ennemi du voyageur dans le Grand Nord. Il n'en est rien. Au contraire, c'est lui qui durcit l'eau et les sols marécageux, ce qui rend possibles les grands déplacements. Mais il est vrai que, au-dessous de – 40 °C, un certain nombre de précautions s'imposent pour ne pas se faire « mordre » par ce froid qui se transforme alors en chien méchant.

entre l'homme et son environnement. » Pierre Jakez Hélias

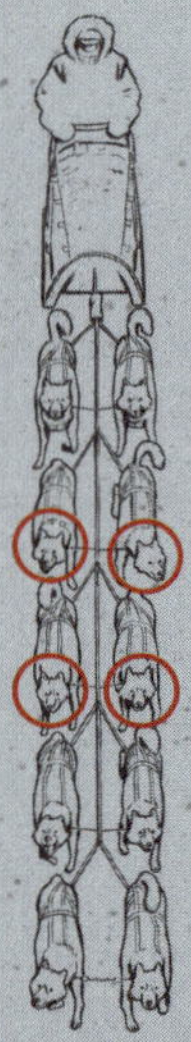

Sa place dans l'attelage
Les cercles rouges indiquent les quatre places différentes que j'assigne à Harfang.

Harfang est stimulé par Narsuak
J'ai essayé quelque fois, comme ici où il est avec Churchill, de ne pas mettre Harfang avec Narsuak, mais il tirait encore moins que d'habitude.

Un regard étrange
Les yeux vairons comme ceux d'Harfang sont monnaie courante chez les chiens de traîneau.

Harfang

Un peu tire-au-flanc mais très câlin !

Harfang est le grand compagnon de Narsuak. Ils ont le même regard étrange, dû à leurs yeux vairons. Lorsque Narsuak est mort, le pauvre Harfang a eu beaucoup de mal à se remettre et à retrouver un peu d'énergie... d'autant qu'il n'en a jamais beaucoup ! En fait, Harfang joue au dernier de la classe. Il est toujours le premier à quémander une caresse, à rechercher la présence de l'homme et ses faveurs, mais il est le dernier à vouloir prendre la route. Il rechigne à tirer et laisse volontiers ses coéquipiers donner le maximum pendant qu'il se la coule douce en simulant l'effort. Au bout d'un moment, cette attitude agace autant le musher que les chiens, qui le regardent d'un œil mauvais.
En réaction, Harfang manifeste une sorte de désengagement par rapport à cette meute qui le rejette. Il réclame un excès d'affection que je lui procure volontiers car, quoi qu'il en soit, j'aime bien ce chien, auprès duquel je trouve moi-même un peu de réconfort dans mes moments de solitude.

Inséparables
On voit ici Harfang avec son grand copain Narsuak.

Le Grand Hiver

Dans le Grand Nord, le froid est attendu et espéré par la plupart des habitants. On le supporte beaucoup mieux qu'on ne l'imagine, car c'est un froid sec qui n'est en rien comparable à celui de nos climats tempérés. Le pire ennemi du voyageur, c'est le vent.

DES MANTEAUX POUR LES CHIENS

En cette fin du mois de février, alors que je traverse une immense zone de marécages près de Khanty-Mansisk, le vent souffle avec force. Le subir ici amplifie le malaise, car il ne rencontre aucun obstacle. Il n'y a aucun relief et la forêt, chétive et clairsemée, ne freine rien. Quand il n'est pas trop intense, il faut le braver et ce n'est pas une partie de plaisir.

Le corps humain subit un refroidissement de 1 °C par mètre/seconde de vent. On appelle cela le « wind chill factor » (facteur de refroidissement du vent). C'est ce phénomène qu'il faut surveiller, beaucoup plus que le froid lui-même. Les chiens, tout comme les hommes, peuvent supporter n'importe quel froid et dormir à l'aise dehors dans la neige par – 60 °C. En revanche, ils ne peuvent supporter de dormir sans protection lorsque le vent souffle par – 30 °C.

Pour cette expédition, j'ai fait préparer des manteaux spéciaux utiles par grand froid mais surtout aptes à protéger du vent. Les chiens les ont tellement appréciés qu'ils tendaient la tête pour m'aider à les leur enfiler.

Qu'est-ce que le slutch ?

On appelle slutch ou « overflow » l'eau qui monte au-dessus de la glace et se mélange ou non à la neige. Cela freine ou arrête tout simplement la progression en traîneau. Le voyageur passe parfois à travers la glace et traverse une couche d'eau sur une profondeur pouvant atteindre 1 mètre avant de retomber sur une couche de glace solide !

À chaque arrêt, durant toute cette période de froid intense et de grand vent qui a duré une bonne dizaine de jours, j'ai systématiquement habillé les chiens.

LES RISQUES DU FROID

Les très grands froids sont des températures qui descendent au-dessous de – 45 °C. À ce niveau, souvent dépassé au cours de l'Odyssée Sibérienne, la prudence est de mise car la moindre erreur peut coûter très cher. Je dis souvent que vivre à – 50 °C équivaut à conduire une voiture à plus de 200 km/h. N'importe quel débutant peut atteindre cette vitesse. En revanche, peu d'entre eux parviennent à maintenir le véhicule dans un virage glissant ou même en ligne droite, et le moindre écart est dramatique. Il en est de même avec le froid.

L'EAU, UNE ENNEMIE PAR GRAND FROID

Par grand froid, tomber dans l'eau, c'est la mort assurée si les réflexes de survie ne sont pas immédiats et adaptés. Les vêtements gorgés d'eau vont geler rapidement et former une gangue de glace. En moins de temps qu'il n'en faut pour l'écrire, il faut se changer, ou au moins enlever les vêtements les plus volumineux. Le seul espoir de survivre est d'allumer un feu. Il faut donc toujours avoir sur soi des allumettes et une bougie dans un petit sac étanche, puis rejoindre au plus vite un arbre dont on casse les branches mortes. Il faut réussir son feu avant que le sang ne quitte les doigts. Alors seulement, la mort s'éloigne.

Je suis tombé plusieurs fois dans l'eau par des températures extrêmes. À chaque fois, j'ai eu la chance de me trouver près de conifères. Tous les voyageurs du Grand Nord ne l'ont pas. Je connais deux mushers qui ont péri gelés par le froid. Le premier n'avait qu'un briquet gorgé d'eau, inutilisable. Le second était un vieux briscard qui avait bien conservé ses allumettes dans un sac étanche, mais il est tombé dans une couche de slutch au milieu d'un lac.

La martre ou zibeline
Un animal convoité

La martre ressemble à la fouine, mais s'en distingue par un pelage jaune sur la gorge et un museau plus foncé. La martre de Sibérie, appelée zibeline, possède une fourrure très recherchée.

Un animal peu sociable

Le mâle et la femelle vivent sur des territoires séparés mais voisins, délimités par l'odeur de leurs glandes abdominales et anales.
La martre est un animal solitaire, qui protège son domaine en empêchant les animaux de même sexe d'y pénétrer.
Néanmoins, le mâle accepte la présence d'une femelle pendant la période d'accouplement.
La martre installe son gîte dans différents lieux : un nid d'écureuil, une aire de rapace, un arbre creux, un rocher...

Aussi vive qu'agile

Très curieuse et très nerveuse, la martre chasse en furetant de manière très rapide. Elle possède des réflexes instantanés qui en font un prédateur particulièrement redoutable ! Elle est puissante et surtout très agile dans les arbres. Ses griffes lui permettent de grimper sur les troncs et de sauter d'arbre en arbre.

Un rôle sanitaire

La martre a longtemps été considérée comme un animal nuisible. Mais, depuis, les scientifiques ont prouvé qu'elle jouait un rôle très important dans de nombreux écosystèmes. En effet, bien que l'écureuil soit sa proie favorite, elle ne porte pas atteinte à la densité de sa population. Bien au contraire, la martre assure la bonne santé de l'espèce en se nourrissant principalement d'écureuils malades.

FICHE D'IDENTITÉ

La martre ou zibeline

Espèce : mammifère mustélidé

Territoire : forêts de résineux, de feuillus ou mixtes

Poids : de 500 g à 2,2 kg

Taille : environ 75 cm

Régime alimentaire : petits rongeurs, insectes, fruits...

Reproduction : accouplement en été (juillet, août) ; naissance de 3 à 6 jeunes au mois d'avril

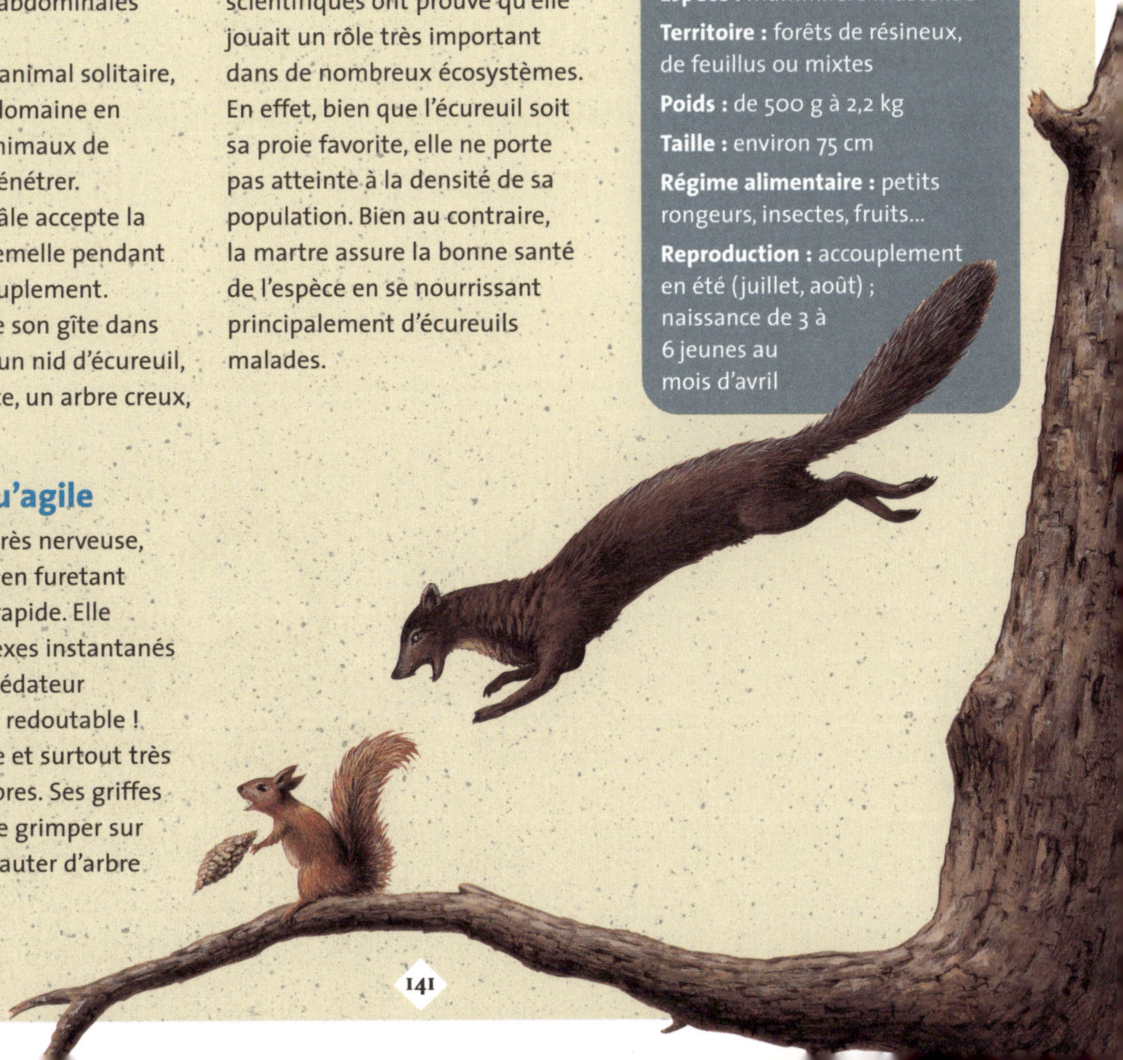

Un animal arboricole
La martre passe l'essentiel de son temps dans les arbres.

Elle joue donc un rôle sanitaire en évitant la propagation des maladies.

Le savais-tu ?

La martre est un animal très curieux. À cause de ce trait de caractère, elle se fait souvent prendre dans les pièges tendus par les chasseurs.

La martre et le froid

Dans les régions froides, en hiver, la martre se déplace et chasse le jour, puis passe la nuit dans un abri pour se protéger des températures inférieures à −30 °C. Lorsque le temps est clément, elle vit davantage la nuit que le jour.

Une opportuniste !

La martre est omnivore – c'est-à-dire qu'elle se nourrit d'aliments divers – et elle adapte son régime alimentaire en fonction des saisons et de l'abondance de ses proies. En hiver et au printemps, environ 80 % de sa nourriture se compose de petits rongeurs. Au printemps, elle se nourrit d'oiseaux et mange leurs œufs lorsque les rongeurs se font rares. En été et en automne, sa nourriture comporte 70 % de fruits.

Une belle fourrure de martre, sombre et sans défaut, se négocie près de 100 dollars les bonnes années. Cet animal est donc recherché par tous les trappeurs du monde, qui disposent des pièges avec des appâts sur les sentiers de passage. J'ai souvent voyagé en traîneau sur ces lignes de trappe. Les chiens aiment ces pistes pleine d'odeurs, mais il faut veiller à ce qu'ils ne se prennent pas les pattes dans les pièges.
Cet hiver, Abache, qui ne peut s'empêcher de mettre son nez partout, s'est retrouvé la patte coincée alors que je m'étais arrêté par hasard à côté d'un piège dissimulé par la neige fraîche de la nuit. J'ai mis quelques secondes à comprendre la situation. Après m'être demandé ce qui pouvait bien le faire hurler de douleur, je me suis approché pour le libérer. Mais j'ai eu toutes les peines du monde à ôter le piège, car Abache se débattait et menaçait de me mordre. J'y suis enfin parvenu après avoir bloqué le chien entre mes jambes, et parce qu'il a fini par comprendre que la seule façon d'en terminer avec cette histoire était de me laisser faire. C'est alors que, dans un des arbres voisins, j'ai vu une belle martre qui nous regardait. Je l'ai trouvée si mignonne que je n'ai pas retendu le piège. Le trappeur doit encore m'en vouloir...

Ses doigts ont gelé le temps qu'il rejoigne la forêt. Il a tenté d'allumer un feu, mais sans succès. On l'a trouvé recroquevillé près d'un sapin, les allumettes gisant sur le sol. Prévoir, c'est aussi emmener avec soi des vêtements de rechange, des bottes et un sac de couchage.

LES CHIENS COMME DES BUISSONS BLANCS

Pour autant, la rudesse du climat s'apprivoise. Voyager à – 50 °C, c'est traverser un écran de cinéma. L'aube et le crépuscule sont deux moments magiques, sublimés par le froid qui transcende les paysages et les lumières. Le soleil prend une couleur presque irréelle, d'un rouge magnifique tirant sur le violet dont il colore la neige. Les chiens s'habillent de givre et ressemblent à de gros buissons blancs. La respiration qu'ils exhalent gèle aussitôt et monte en givre au-dessus d'eux. À contre-jour, on a l'impression que l'attelage prend feu… Cet hiver, plusieurs périodes de très grand froid se sont succédé, pour mon plus grand plaisir car j'aime voyager dans cette atmosphère.

Les chiens dans le grand hiver

Par très grand froid, l'air est très sec, et il est impératif de se protéger contre la déshydratation. Il ne faut pas se contenter de laisser les chiens manger de la neige, il faut leur donner à boire à chaque pause et au moins toutes les quatre heures durant la course. L'idéal est de leur offrir de l'eau libre en faisant fondre de la glace ou de la neige. On veille aussi à augmenter les doses de nourriture, en sachant qu'un chien brûle presque deux fois plus de calories par – 50 °C que par – 10 °C.

La vie dans le Grand Nord

Une maison de glace

Bien qu'il ne soit plus très répandu, l'igloo reste l'emblème de la culture Inuit et les petits Occidentaux se demandent souvent comment on peut vivre dans une maison de glace.

Un igloo (du mot inuktitut « iglu », qui signifie maison) est un abri construit en blocs de neige, qui a généralement la forme d'un dôme. Autrefois, les Inuits le construisaient sur la banquise en une heure, après une journée de chasse.
En revanche, l'igloo plus vaste où ils passaient une grande partie de l'hiver était conçu avec plus de soin. Il était bien isolé, éclairé et aéré.

Bien choisir la neige

Toute personne qui voyage loin dans le Nord doit savoir construire son igloo. Pour réaliser une belle construction, il faut commencer par bien choisir la neige. Celle-ci doit être compacte, dense, très tassée. Les blocs qui serviront de « briques » sont découpés à même le sol, puis taillés en biseau à l'aide d'une machette afin de s'encastrer les uns dans les autres. On utilise souvent le trou dont on a extrait les blocs de neige pour faire la partie inférieure de l'abri.

L'art de la spirale

Placé à l'intérieur du cercle, l'Inuit commence la construction. Tout l'art consiste à monter les blocs en spirale en les inclinant peu à peu vers l'intérieur.
Si l'inclinaison est trop marquée, la voûte peut s'effondrer. Si elle ne l'est pas assez, le colimaçon se ferme trop haut et l'igloo offrira une grande prise au vent. Tout est question de dosage !

Le tunnel de sortie

Quand la structure de l'igloo est achevée, l'Inuit se retrouve enfermé à l'intérieur. Il lui faut alors creuser un tunnel pour sortir. Pour finir, il fixe une plaque de glace entre deux blocs face au soleil : cette « fenêtre » laisse entrer un peu de lumière. Le tout est consolidé avec de l'eau, qui assure une coque solide en gelant.

Un igloo est une œuvre d'art. Sa technique est simple, mais sa réalisation complexe. La première fois que je m'y suis essayé, au bord de la banquise du Labrador, j'ai dû changer cinq fois d'endroit avant de trouver la neige adéquate, puis j'ai dû recommencer au moins dix fois avant d'obtenir quelque chose d'à peu près convenable. Ma plus grande erreur était de ne pas démarrer la construction avec assez de pente, et j'obtenais à chaque fois une sorte d'obus difforme ! Plus tard, en arrivant dans un village Inuit en fête, j'ai été stupéfait de voir le gagnant d'un concours en monter un parfait en douze minutes !

Igloo express
Les Inuits fabriquent ce type d'igloo en une demi-heure à peine !

Une maison bioclimatique

L'igloo est une bonne protection contre les intempéries. Sa structure ronde permet de réduire la prise au vent. Le tunnel d'accès est par ailleurs en descente par rapport au sol de l'igloo. Comme l'air chaud est léger, il monte dans l'enceinte de l'igloo et ne peut s'échapper par le tunnel. La chaleur de la lampe à huile et des hommes maintient la température de l'igloo à environ 0 °C quelle que soit la température extérieure. Un mince filet d'air frais assure une aération, nécessaire pour éviter l'asphyxie.

Construis ton igloo

Il est possible de construire un igloo en France, mais le plus dur consiste à trouver la neige adéquate : tassée par le vent dans une zone exposée d'un versant de montagne, et suffisamment en altitude pour être assez froide et donc avoir la consistance souhaitée.

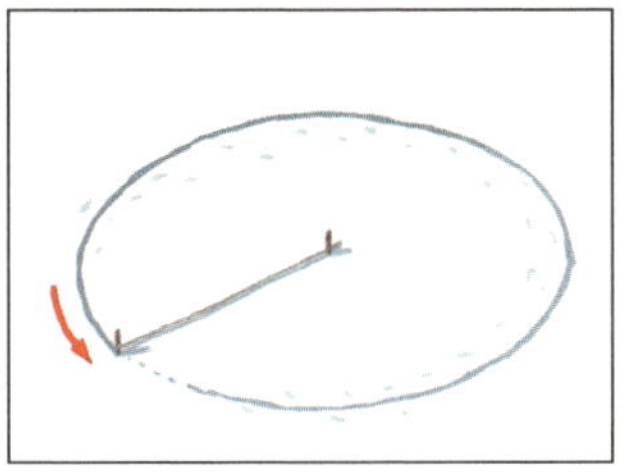

1 Délimite la surface

Trace le cercle de l'igloo avec un compas constitué d'un bâton et d'une corde. Avec la corde, trace un cercle d'environ 1,50 m à 2 m de diamètre.

2 Les briques

Pour construire les « briques », aide-toi d'une scie à main ou d'un très grand couteau. Taille des blocs d'environ 15 x 20 x 40 cm.

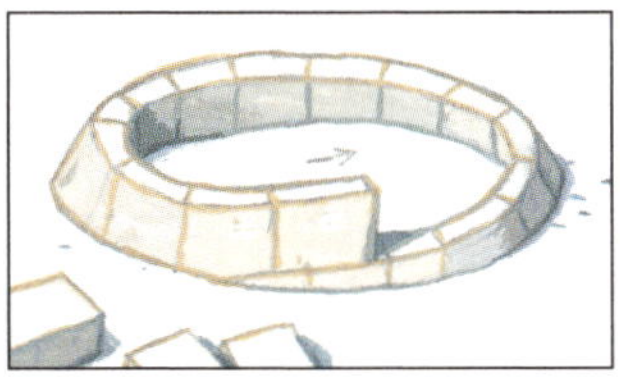

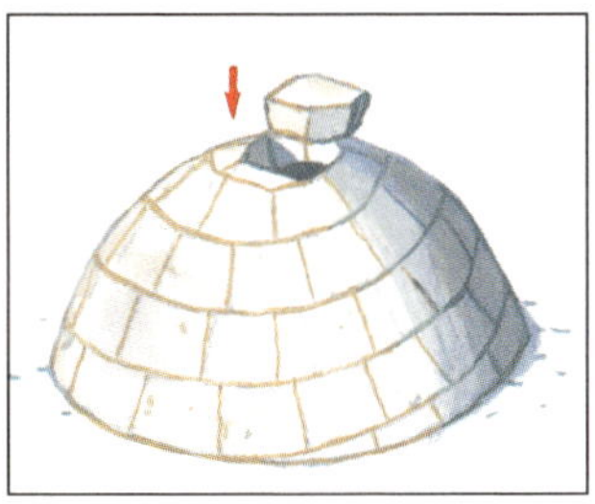

3 La construction

Entame la construction : place un premier rang de ces gros blocs autour du cercle tracé au sol. Puis pose les blocs en spirale en les inclinant franchement vers l'intérieur de l'igloo. Il faut les retailler pour que chaque bloc s'ajuste parfaitement avec le précédent. Et ainsi de suite jusqu'au dernier bloc, au centre, qu'il faut prévoir plus grand que le trou.

4 Les ouvertures

« Perce » des trous pour l'aération, puis creuse l'ouverture à la base de l'igloo. Il ne te reste plus qu'à fabriquer un petit tunnel évitant à l'air chaud de s'échapper.

L'homme dans le froid

Les limites du corps humain

Le corps humain doit être maintenu à une température proche de 37 °C. À partir de 35 °C, il est en hypothermie. Si la température du corps ne remonte pas très vite, ou peut tomber dans le coma et mourir.

Au-dessous de – 40 °C
Gare au moindre morceau de peau non protégé !

Quand la température du corps baisse, le sang commence par se retirer des extrémités (mains et pieds) pour se concentrer sur les régions vitales, le cœur et le cerveau. Il faut alors être très réactif et faire de grands mouvements avec les bras et les jambes pour que le sang circule de nouveau. Au-delà de quatre à dix heures selon les individus, les cellules qui ne sont plus irriguées meurent.

Les bons réflexes

Dans ce genre de cas, la première chose à faire est d'allumer un feu et de se réchauffer. Bien que ce soit très douloureux, il faut persévérer pour empêcher que les doigts ne s'engourdissent totalement. Malheur à celui qui n'a pas de quoi allumer un feu ! Un autre danger est le sommeil : au fur et à mesure que le corps gèle, on ressent une irrésistible envie de dormir. Il faut alors une énorme volonté pour ne pas sombrer dans la douce torpeur provoquée par le froid. S'endormir signifierait immanquablement mourir.

Le « wind chill factor »

Le corps humain se refroidit avec le froid, bien sûr, mais aussi et surtout avec le vent. Il subit un refroidissement de 1 °C par mètre/seconde de vent : c'est le « wind chill factor » (voir page 139). Le corps humain supporte mieux – 40 °C sans vent que – 20 °C avec un vent de 40 km/h. Avec ce vent-là, – 20 °C correspond à – 49 °C. Dans un blizzard, les températures équivalent parfois à – 80 °C !

Par – 50 °C, le sang quitte rapidement les parties du corps que l'on expose plus de quelques minutes à la morsure du froid. Je l'aime néanmoins, ce froid, parce qu'il transcende les paysages. Une lumière particulière enveloppe tout de façon presque irréelle, d'un halo métallique tellement subtil que, pour en saisir toutes les nuances, il faut se laisser imprégner, séduire, il faut faire partie du froid. Ce monde que la plupart des hommes délaissent offre pourtant à celui qui l'a amadoué quelques spectacles qui valent les plus grands opéras du monde. Ce grand froid, nous l'abordons les chiens et moi comme s'il s'agissait d'une cathédrale, silencieusement, respectueusement, presque solennellement. Il est comme un vieux compagnon. Il a tant de fois voyagé avec moi que nous n'avons plus grand-chose à nous dire. Nous sommes bien ensemble, comme deux vieillards au bord de la cheminée qui se sourient et se contentent de leur présence mutuelle. Les mots sont devenus inutiles.

Qu'est-ce que le blizzard ?

C'est le nom de la tempête du Grand Nord. Plus il fait froid, plus la neige est sèche. Soulevés par un vent de 50 km/h, les flocons de neige durcis deviennent aussi abrasifs que des grains de sable et piquent la peau comme des aiguilles.
Conseil de trappeur : par temps de blizzard, il ne faut jamais sortir d'un abri sans y être relié par une corde. Certains imprudents sont morts de froid à quelques mètres de leur tente en n'arrivant pas à retrouver l'entrée.

Comment s'habiller ?

Le meilleur moyen de lutter contre le froid est de se couvrir. Oui, mais pas n'importe comment ! L'isolant idéal est l'air que l'on retient entre ses vêtements. Il faut donc superposer des couches de vêtements amples qui retiennent cet air chaud. Mieux vaut porter quatre pulls légers qu'un seul très épais. Si l'on est en mouvement, il faut compléter sa tenue par un léger coupe-vent plutôt que par une parka en fourrure. Et on doit éviter à tout prix de transpirer, car l'humidité refroidit terriblement. Les grandes fermetures à glissière qui permettent d'ouvrir ses vêtements dès que l'on a un peu chaud sont idéales. Enfin, il ne faut surtout pas oublier de se couvrir la tête, sinon cela reviendrait à chauffer l'intérieur d'une maison sans toit ! En hiver, dans le Grand Nord, j'utilise un judicieux mélange de nouveau et d'ancien. De la fourrure naturelle pour les moufles, la chapka, le col de ma veste, et des vêtements modernes, multicouches, pour le reste.

Habitude
Chaque habitant du Grand Nord a son type de vêtement, et il n'en changerait pour rien au monde.

L'équipement de Nicolas
mis au point par Géologic

Pour combattre le froid sibérien, il faut multiplier les couches de vêtements.

Parka en duvet avec capuche en fourrure

Parka légère aluminisée

Gilet en duvet

Blouson polaire

Salopette doublée de fourrure

Sous-vêtements polaires

Sous-vêtements qui ne retiennent pas la transpiration et permettent une régulation de la température

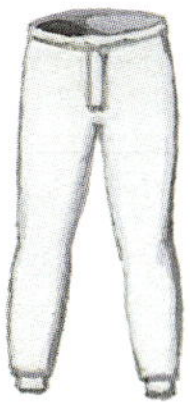

Les animaux dans le froid

À chaque espèce sa solution

Pour affronter l'hiver, faire face au froid et trouver de quoi se nourrir, chaque animal a sa propre technique.

Le savais-tu ?

Contrairement à une croyance répandue, l'ours n'hiberne pas. Il hiverne ! La différence vient du fait que sa température baisse peu et qu'il reste attentif aux agressions extérieures. Parfois, il sort de sa tanière pour profiter du soleil, se nourrir…

La migration, un rite immuable

Depuis toujours, à l'automne, de nombreux oiseaux ou mammifères (comme le morse) migrent vers des pays plus chauds et plus riches en nourriture. Ils parcourent des milliers de kilomètres et reviennent à la belle saison. Les animaux qui n'ont pas d'ailes ou qui ne peuvent parcourir de longues distances doivent affronter le froid. Deux solutions : hiberner ou s'adapter.

L'hibernation

Des mammifères comme la marmotte, le loir, le hamster, le hérisson… ont choisi la solution idéale : hiberner. À la fin de l'automne, après avoir absorbé et stocké un maximum de réserves de graisse, aménagé son terrier, l'animal est prêt à dormir.

La température du corps chute alors de façon spectaculaire. Celle de la marmotte passe de 38 °C à 8 °C. Le métabolisme fonctionne au ralenti pour réduire les dépenses énergétiques : il n'y a plus d'activité nerveuse, musculaire ni alimentaire. Le plus souvent, l'animal se tapit en boule dans son abri pour garder la chaleur. À la fin de l'hibernation, le corps se réchauffe, le rythme cardiaque s'accélère… En quelques heures, tout est rétabli.

L'adaptation

Les animaux qui n'hibernent pas n'ont d'autre choix que de s'adapter. Ils doivent disposer d'une réserve de graisse et en outre faire face au froid, au vent, aux prédateurs… Les techniques sont diverses. En voici quelques exemples : Les manchots résistent en restant serrés les uns contre les autres, ce qui maintient la température de leur corps à 37 °C.

Le savais-tu ?

Record : c'est la sterne arctique qui détient le record de distance de migration, soit 40 000 kilomètres en huit mois !

***J'ai déterré une grenouille gelée**, dure comme de la pierre, en soulevant une couche de lichens, au-delà du 58e degré de latitude nord. Elle ne respirait plus. Son cœur avait cessé de battre, sa circulation sanguine était arrêtée. J'ai pensé avoir trouvé une grenouille morte congelée comme le sont certains mammouths sibériens depuis des milliers d'années. J'ai déposé cette grenouille sur le sol à mon retour et allumé un feu pour préparer un repas, car cette balade dans la toundra m'avait donné faim. Une heure plus tard, alors que je dégustais une truite grillée, quelle ne fut pas ma surprise de voir la grenouille, décongelée par la chaleur du feu, en train de battre des paupières ! Le temps que je me pince pour m'assurer que je ne rêvais pas, la grenouille a sauté par-dessus mon assiette et s'est enfuie ! Elle était bel et bien vivante !*

Même pas froid !
Si curieux que cela paraisse, les chiens ne souffrent pas du froid. Leur fourrure les protège parfaitement.

Coccinelles et abeilles utilisent également cette technique. Le lièvre variable se pare d'une fourrure blanche, camouflage parfait pour se protéger des prédateurs sur le sol enneigé. En gonflant leur plumage, les oiseaux réduisent la déperdition de chaleur de leur corps. Les pattes du lagopède s'emplument pour qu'il continue à gambader dans la neige. La fourrure de l'ours polaire s'épaissit et s'allonge. Les poils laissent passer les rayons du soleil jusqu'à sa peau noire : un véritable chauffage interne. Les rongeurs, comme l'écureuil, font des réserves : ils entassent dans leur gîte noix, glands et céréales dont ils se nourriront jusqu'au printemps.

La congélation !

Certains animaux survivent à la congélation. Ainsi, certaines espèces de tortues nordiques, de nombreuses araignées et tous les asticots utilisent cette méthode pour lutter contre les basses températures. Congelé, un asticot devient aussi dur qu'un caillou, mais, exposé à une douce chaleur, il revient très rapidement à la vie et, dans un délai très bref, s'agite comme si rien ne s'était produit !

Des protéines antigel ?

À 0 °C l'eau se transforme en glace. Or, le corps des êtres vivants contient beaucoup d'eau. Sans protection, un organisme exposé à une température négative devrait geler et donc mourir, puisque la formation de glace à l'intérieur d'une cellule provoque des déchirures. C'est le cas pour les engelures aux doigts : les cellules meurent et l'homme perd ses doigts.

Chez certains animaux, la glace se forme de manière très contrôlée, uniquement dans les liquides des espaces extracellulaires mais jamais à l'intérieur des cellules. Ce système est possible grâce à la présence de protéines destinées à éviter le gel. La plus commune est le glycérol : sa structure est analogue à celle du glycol qui sert d'antigel pour nos automobiles ! Ainsi, pour de nombreux insectes des régions arctiques et alpines, l'arrivée de l'hiver s'accompagne d'un remaniement biochimique interne comportant la formation de glycérol, dont la proportion en poids peut atteindre 30 % de celui de l'animal ! Des recherches sont menées sur ces mécanismes complexes, avec l'arrière-pensée évidente d'une application humaine. Le temps n'est peut-être pas loin où l'on découvrira les techniques permettant la congélation d'un corps humain susceptible d'être décongelé vivant par la suite !

La neige comme alliée
La perdrix blanche sait utiliser la neige, qui est un isolant parfait, pour se protéger du froid et du vent.

Le papier

Un produit souvent gaspillé

Produire du papier nécessite du bois, de l'eau et... beaucoup d'énergie, souvent fournie par des combustibles fossiles. En brûlant, ces derniers augmentent le réchauffement climatique. Et l'eau utilisée doit subir un traitement spécifique avant de pouvoir être rejetée dans la nature.

Des milliers de tonnes de bois
Le bois est dirigé vers des usines qui fabriquent le papier que nous gaspillons inutilement...

Les forêts sont un bon exemple de ce que la nature peut offrir, et qu'il faut savoir prélever raisonnablement. Les forêts du Grand Nord ont une croissance assez lente, mais cette faible production pourrait être compensée par leur immensité.

Des forêts abîmées

Malheureusement, dans beaucoup d'endroits, notamment en Russie, mais aussi dans certaines régions du Canada, la forêt est très mal gérée. Une fois de plus, on recherche le profit immédiat plutôt que d'assurer une gestion durable.

J'ai traversé de nombreuses zones dans lesquelles des coupes illégales étaient pratiquées de façon totalement irraisonnée.

Les Sibériens ont le respect de la parole donnée. Ils m'ont montré quelque chose que je n'oublierai jamais. Il s'agit d'un contrat passé entre deux personnes. Une fois d'accord, on va dehors, on signe dans la neige et on efface... Ce contrat-là est indélébile moralement. Il a plus de valeur aux yeux des Sibériens qu'une liasse de feuilles de papier préparées par les avocats et signées devant témoin. Outre le fait qu'ils économisent ainsi le papier et les frais juridiques, quelle leçon d'humanité !

Utilise moins de papier

Le papier est utilisé tous les jours à l'école, et il est parfois gaspillé. Sa production coûtant cher à notre planète, il faut chercher à l'économiser. Une première solution consiste à écrire des deux côtés d'une feuille. Il faut aussi utiliser en priorité du papier recyclé et le donner à recycler après usage.

CHIFFRES CLÉS !

Pour faire 1 tonne de papier, il faut plus de **2 tonnes** de bois et 150 000 litres d'eau.

On peut recycler un papier jusqu'à **7 fois** consécutivement.

LÀ-BAS ICI !

Dans le Grand Nord, les forêts sont peu à peu abîmées pour répondre à la demande croissante des pays riches. Quel dommage de voir ces forêts immenses et magnifiques anéanties pour alimenter des usines de pâte à papier.

Dans nos pays riches, nous gaspillons et ne recyclons pas assez ! On estime que la consommation de papier en France a été multipliée par dix depuis 1950 : elle atteint aujourd'hui 70 kilos par employé de bureau et par mois ! (source Greenpeace)

LE SAVAIS-TU ?

- Un Francais consomme 100 kilos de papier par an.
- Sur 30 kilos de courrier déposé chaque année dans ta boîte aux lettres, 15 kilos sont de la publicité !

Fabrique du papier recyclé

Les éléments nécessaires :
2 ou 3 boîtes à œufs en carton – un mixeur – un bac de la taille d'une feuille – un grand drap épais à découper – des gros livres – un grillage en fer qui servira de tamis – de l'eau

1 Le trempage

Découpe les boîtes à œufs en petits morceaux et trempe-les dans de l'eau jusqu'à ce qu'elles soient imbibées. Mixe le mélange pour obtenir une pâte.

2 Le travail de la pâte

Dans le bac rempli d'eau, étale la pâte sur le tamis et laisse égoutter. Puis retourne-le sur un des morceaux de tissu. Recommence pour une nouvelle feuille.

3 Le séchage

Empile les feuilles en les séparant avec du tissu. Pose un ou plusieurs livres très lourds sur la pile. Laisse sécher deux jours.

Avec les feuilles en papier recyclé, tu peux fabriquer un carnet, un herbier, des cartons d'invitation...

Chaque bonne réponse au Quiz sibérien te permet de gagner un point (solutions page 215).

Harfang est un chien qui a les yeux :
- marron
- vairons
- pairons

Le grand copain d'Harfang, c'est :
- Narsuak
- Québec
- Tchito

Dans quelle situation le froid est-il le plus insupportable ?
- à – 60 °C sans vent
- à – 40 ° C avec un vent de 10 km/h
- à – 30 ° C avec un vent de 70 km/h

L'oiseau qui détient le record de distance en matière de migration est :
- l'albatros
- la sterne arctique
- le lagopède

Parmi ces animaux, un seul n'hiberne pas complètement. Lequel ?
- le loir
- le hérisson
- l'ours

Calcule tes points.
0-2 points :
Ouille, aïe, aïe ! Pas terrible !
3-4 points :
C'est bien, tu es presque un écocitoyen.
5 points :
Bravo, tu es 100 % écocitoyen !

AGIS POUR LA PLANÈTE : UTILISE BIEN LE PAPIER

Quelques conseils à suivre :

- Imprime recto verso.
- Utilise le dos des feuilles usagées pour en faire du brouillon.
- Tous tes e-mails ne méritent pas d'être imprimés.
- Mets un avertissement sur ta boîte aux lettres : « Pas de publicité, merci ! »

Et surtout, dis-le à tes parents !

Source : ADEME – WWF-OGILVY&MATHER

CHANTE-LE AUX PETITS !

Papier recyclé !

(Sur l'air de La Pêche aux moules)

Moi pour dessiner, 'ssiner, 'ssiner... J'aime le beau papier, maman !

Celui recyclé, 'cyclé, 'cyclé... Qui prend soin des arbres, maman !

Pour pas gaspiller, 'piller, 'piller... J'dessine des deux côtés, maman.

© Krystell de Mouette

D'IGRIM
À SARANPAUL
-44°C
Moscou
Vologda
Oukhta
Vouktyl
Saranpaul
Igrim
Khanty-
Mansisk
Nijnevartovsk
Kolpachevo
Tomsk
Bogotol
Monts Oural
Plaine de Sibérie

« Sans nature,

10 – LES GRANDS FLEUVES

DES VOIES ROYALES

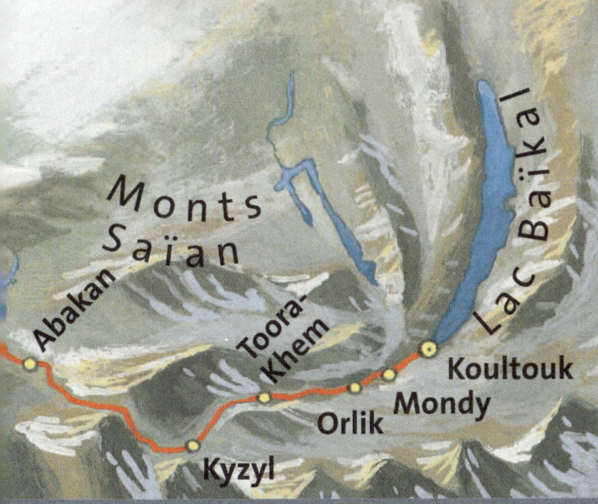

En Sibérie, les fleuves sont des routes naturelles que le voyageur recherche car ils lui permettent de traverser les paysages sans être freiné dans sa progression par les forêts ou le relief. Pour autant, se déplacer sur la glace des fleuves n'est pas sans risque et demande une certaine expérience. Voyager sur les fleuves, c'est aussi l'assurance de trouver de la vie, car la plupart des villages sont installés sur leurs rives.

pas de futur. » Nicolas Hulot

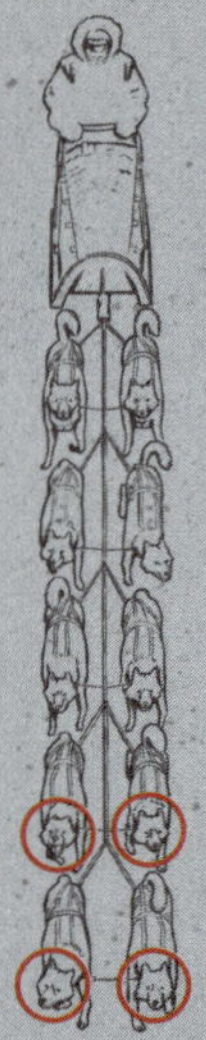

Sa place dans l'attelage
Les cercles rouges indiquent les quatre places différentes que j'assigne à Taran.

Promotion
Taran a gagné ses galons de chien de tête durant l'Odyssée Sibérienne.

Un chien qui va bon train
En tête de l'attelage, Taran imprime un rythme infernal.

Complicité
Gao et Taran se sont complétés parfaitement durant l'Odyssée Sibérienne.

Taran

La nuit où il s'est révélé

Ce jour-là, Gao semblait mal à l'aise. Avant la tombée de la nuit, j'ai donc mis Taran devant avec lui. Nous arrivons devant un pont en mauvais état. À la lueur de ma lampe frontale, je vois que quelques troncs ont été jetés en travers des madriers trop espacés, le tout étant recouvert d'une neige qui laisse apparaître des espaces et en cache d'autres. Un beau piège à pattes de chien ! Mais nous n'avons pas le choix. Gao s'avance, renifle et se retourne, l'air interrogateur : « Allez, Gao ! » Il pose une patte, recule. « Allez ! » Rien n'y fait et, derrière lui, le reste de l'attelage a pris peur. J'élève un peu la voix, car il doit m'obéir. À côté de lui, Taran s'est jusqu'ici contenté de le regarder faire. Mais, devant ce refus, il s'avance et emporte avec lui Gao, qu'il traîne par le collier puisqu'ils sont attachés ensemble. Gao freine autant qu'il peut mais Taran, que j'encourage, semble décidé : « Oui, Taran, oui ! » Le chien progresse à pas comptés, parfait dans son nouveau rôle. Dans un passage comme celui-ci, les chiens sont tentés de se précipiter au-delà de l'obstacle. Toute la difficulté consiste à les retenir, afin qu'ils choisissent l'endroit où poser leurs pattes. C'est ce que fait merveilleusement Taran. « Doucement, doucement ! » Nous sommes de l'autre côté. Je stoppe l'attelage et vais le féliciter. Pour une surprise, c'en est une ! J'ai toujours considéré Taran comme l'un de mes meilleurs chiens, mais jamais comme un chien de tête. Et voici qu'il se révèle dans la difficulté. J'ai hâte de voir comment les chiens vont réagir après cet épisode. Et c'est aux deux ensemble que je donne l'ordre de repartir : « Allez, Gao ! Allez, Taran ! »

Les routes de glace

Dans le Grand Nord, les fleuves constituent les voies naturelles de déplacement. En Sibérie, et même sur certains fleuves d'Alaska, on construit des routes de glace pour les voitures. Les rivières et les fleuves gelés permettent de traverser les forêts et les reliefs sur une belle surface, linéaire et plate. La progression est régulière et le voyageur n'hésite pas à suivre les détours et les méandres de leur tracé, quitte à rallonger les distances, car le gain de temps est de toute façon considérable.

UN RÉSEAU MOUVANT

Mais les fleuves ne sont pas toujours parfaitement gelés, et les conditions changent beaucoup d'une année à l'autre. La plupart des renseignements obtenus au cours de notre reconnaissance sur l'état de la glace des différents cours d'eau que je voulais suivre se sont révélés inexacts. L'automne et le début de l'hiver très doux, puis l'arrivée du froid très brutal, ont contrarié la formation de la glace. De nombreux fleuves étaient inégalement gelés, envahis de pack (des obstacles de glace) ou recouverts de slutch, si bien qu'il m'a fallu sans cesse improviser. C'était le cas pour l'Ob, que j'espérais pouvoir suivre depuis Tomsk mais que je n'ai pu emprunter que 1 000 kilomètres plus au nord.

LA LIGNE DU GAZODUC

J'ai donc suivi pendant ce millier de kilomètres la ligne tracée droit dans la taïga par le gazoduc sibérien. Cette option était la seule qui s'offrait à moi. Aucune piste, aucune route, ne traversait cette zone de forêt. C'est Gazprom, la société propriétaire du gazoduc, qui m'en a donné l'autorisation.

C'est une voie interdite, ce qui explique qu'on n'y rencontre personne en dehors du personnel chargé de l'entretien, réparti dans quelques bases où je pouvais m'arrêter, reprendre des forces et dormir au chaud. Le personnel de ces bases, aux petits soins pour nous, préparait de la paille et de la nouriture pour les chiens. Mais, en dehors de ces îlots de vie, il y avait une ligne tracée dans la taïga que je suivais en me contentant de regarder les chiens courir et humer les odeurs des rares animaux dont nous croisions la route : des loups, des élans et des oiseaux – lagopèdes, grands tétras et gélinottes.

AU GRAND TROT SUR LE GRAND FLEUVE

Mais nous savions qu'au terme de ce long parcours nous allions retrouver un peu de vie sur le grand fleuve Ob. Hélas, c'est surtout le vent qui nous attendait et qui a gâché notre plaisir. Il comblait les pistes de neige et, alors que nous aurions pu courir sur cette belle route de glace, nous avancions tristement en brassant de la neige fraîche.

Heureusement, alors que je m'apprêtais à quitter définitivement l'Ob pour monter vers l'Oural, la météo m'a offert quelques jours de bonheur. Le froid s'est installé et le vent s'est calmé. Dans cette zone, de nombreux pêcheurs circulaient sur le fleuve et je bénéficiais de pistes bien tracées et dures sur lesquelles mes chiens filaient enfin, ravis de pouvoir allonger leur grand trot, celui qu'ils aiment conserver des heures durant et qui permet d'effectuer de grandes étapes.

Le glouton ou carcajou
Rusé et agressif

Il ressemble à un petit ours ou à une sorte de gros blaireau. Les trappeurs disent que c'est un des animaux du Grand Nord les plus difficiles à attraper.

Un animal agressif

Le glouton est un animal fourbe, rusé et agressif qui a parfois été décrit comme une des créatures les plus féroces de la Terre. Pilleur, il visite souvent les cabanes de trappeur et dévaste tout sur son passage. Il asperge d'un musc à l'odeur pestilentielle tout ce qu'il ne peut pas manger ou emporter, afin qu'aucun autre animal ne s'en approche. Sympathique ! Il parvient à chasser un loup ou un grizzli d'une carcasse qu'il convoite : armé de griffes acérées et doté d'une force étonnante, c'est un combattant redoutable.

Une force de titan

Le glouton est capable de traîner un mouflon pesant plus de 60 kilos sur plusieurs kilomètres en montagne, puis de traverser une rivière à fort courant. Poursuivi par une motoneige, il peut courir plus de 50 kilomètres dans la neige sans s'arrêter pour reprendre son souffle.

Une fourrure recherchée

Le glouton a une fourrure très appréciée, dont les poils possèdent la propriété assez extraordinaire de ne pas retenir le givre formé par la respiration. La plupart des habitants du Nord utilisent de la fourrure de glouton pour se protéger le visage, car elle permet une bien meilleure visibilité.

FICHE D'IDENTITÉ

Le glouton ou carcajou

Espèce : mammifère mustélidé

Territoire : vallées, forêts, montagnes, dans tout le Nord

Poids : de 20 à 25 kg

Taille : 1,55 m avec la queue

Régime alimentaire : omnivore

Prédateurs : le loup, l'homme

Un animal mystérieux
Le glouton est un animal très discret, qu'on ne rencontre que rarement. J'en ai moi-même vu à peine une douzaine au cours de mes expéditions.

Le savais-tu ?

Carcajou est la prononciation en vieux français de « kwi'kwa'ju », nom donné à l'animal par la tribu des Micmacs, des indigènes du Canada. Il signifie « esprit maléfique » en langue micmac.

Un appétit d'ogre

Pour trouver de quoi manger, le glouton peut parcourir chaque jour jusqu'à 50 kilomètres. Plus charognard que chasseur, il dépend habituellement d'autres carnivores, dont les loups, qui tuent les animaux dont il se nourrit. Les restes laissés par un loup peuvent être considérables. Grâce à ses puissantes mâchoires, le glouton dévore des carcasses entières : la peau, les os et même les sabots. Capable d'engloutir des quantités prodigieuses de nourriture, il porte bien son nom. Mais il sait aussi se passer complètement de manger pendant plusieurs jours.

Le glouton présente un avantage.

Lorsqu'on fait halte chez un trappeur peu volubile, il suffit de prononcer son nom pour voir l'homme s'animer et prendre la parole. Pas un trappeur qui n'ait une histoire insolite de glouton en mémoire, tant cet animal à la fois admiré et redouté est prompt à déjouer les pièges les plus inventifs.

André, un trappeur, m'a raconté un jour qu'un glouton avait réussi à déclencher tous ses pièges à martre pour dévorer les appâts, sans se faire prendre. Il avait alors retendu les pièges et le glouton avait recommencé. La guerre était déclarée. André avait ensuite disposé des pièges destinés à attirer le glouton, en dissimulant tout autour d'autres pièges censés l'attraper. De nouveau, l'animal avait mangé tous les appâts sans se faire prendre. André a refait une tentative avec un fusil caché dans un arbre. Il a attaché à la gâchette de l'arme un fil de pêche invisible jusqu'à un piège posé en équilibre sur une souche de bois. En tombant, le piège tendait la ficelle, qui déclenchait le coup de feu.

Le lendemain, André a retrouvé le glouton étendu raide mort au pied de la souche. Une fourrure qu'il a négociée à peine 100 dollars car elle était trouée par la volée de plombs que le fusil avait envoyée... Mais André, en coinçant enfin le voleur, avait surtout acquis le droit de retendre ses pièges en toute tranquillité.

Ces pistes nous ont permis de voyager de nuit, ce que les chiens apprécient particulièrement. La nuit, ils accélèrent. On sent qu'ils sont ravis de percer cette obscurité relative dans laquelle ils se sentent bien. Je pense que cela provient du fait que leur origine se confond avec celle des loups, dont on sait qu'ils effectuent tous leurs grands déplacements de nuit.

Nous avons alors battu des records, en couvrant plus de 300 kilomètres en moins de 48 heures ! Au terme de cette « chevauchée » fantastique, une autre bonne nouvelle m'attendait. Il existait une petite route de neige, parallèle à l'Ob, qui conduisait sans détour jusqu'au village de Saranpaul. Une nouvelle occasion de foncer ! Après une journée de repos, nous sommes repartis comme pour une course, concentrés sur la piste. Les chiens, frustrés d'avoir été freinés pendant cette expédition difficile, réalisaient des merveilles. Ils avaient enfin de quoi s'exprimer et ils semblaient dopés par la sensation de rattraper leur retard. Pour la première fois, je me suis dit que nous pouvions réussir. Grâce à ces chiens exceptionnels, Moscou était à notre portée.

LES COLS NOUS ATTENDENT

Pour cela, il faudrait traverser rapidement la redoutable chaîne de l'Oural. Redoutable à cause des vents qui rendent souvent impossible le franchissement des cols. Puis, de l'autre côté de ces montagnes, il faudrait que la Vologda nous déroule son plus beau tapis. Or, sur ce fleuve peu fréquenté sauf aux environs de Moscou, nous ne possédions que des renseignements contradictoires. Nous ne saurions pas de quoi il retournait exactement avant d'y être.
Eh bien, allons-y ! Allez, les chiens !

La vie dans le Grand Nord

Pêcher sous la glace

L'été, la pêche est facile. L'hiver, elle est compliquée. C'est une école de la patience, qui demande de connaître les techniques de pêche sous la glace.

En hiver, la pêche se pratique le plus souvent avec des filets placés en travers des rivières ou des fleuves, et dans les zones propices des lacs.

La pêche au filet

Le filet doit être posé au début de la saison. Lorsque l'eau gèle, deux trous sont entretenus dans la glace à chaque extrémité du filet, ce qui permet de le relever et de le remettre en place grâce à une corde qui relie les extrémités : celle-ci reste au-dessus de la glace lorsque le filet est en place. On la tire et elle passe au-dessous lorsqu'on relève le filet. Les Sibériens évitent de le sortir par grand froid, car il se fige dès qu'il est hors de l'eau et colle à la glace. Il faut alors l'arracher et les mailles se cassent.
Si le filet n'a pas été posé au début de l'hiver, l'exercice est difficile car il faut creuser plusieurs trous dans 1 mètre d'épaisseur de glace.

Des pièges à poissons
Les pêcheurs sibériens n'ont le droit d'utiliser que deux ou trois nasses par personne, mais peu d'entre eux respectent cette réglementation censée protéger le poisson.

La pose du filet sous la glace
En plein hiver, il faut creuser la glace puis, à l'aide d'une perche en bois, faire glisser une corde qui permettra ensuite de placer le filet.

Filet sous la glace
L'hiver, la plupart des poissons se déplacent peu sous la glace. Il faut poser les filets dans les zones où ils vivent, souvent au ralenti, jusqu'au printemps.

Ce travail peut prendre plusieurs heures. On fait alors glisser une longue perche de bois sous la glace, d'un trou à l'autre. Elle permet de tirer le filet accroché à son extrémité (voir schéma).

La pêche à la nasse

Beaucoup de pêcheurs utilisent aussi des nasses pour piéger les poissons qui profitent de cette saison pour remonter ou descendre les fleuves et les rivières. Ces pièges sont faits en bois de saule ou d'aulne, souple et résistant.

La pêche au leurre

La pêche simple, consistant à plonger dans l'eau un appât crocheté sur un hameçon que l'on dandine à la profondeur souhaitée, est plus rare. Il s'agit en général d'un loisir auquel s'adonnent les citadins pendant les beaux week-ends de mars. Mais, en Sibérie, la plupart des grands fleuves sont pollués par les rejets des usines et victimes d'une surpêche de la part de populations qui manquent de nourriture. Le gouvernement a bien imposé des quotas et interdit la prise de certaines espèces... rien n'y fait. Les gardes-pêche censés verbaliser se font payer en poissons pour fermer les yeux. Le nombre et la taille des prises diminuent notablement, comme dans toutes les mers du globe, signe avant-coureur d'une pénurie à court terme.

Creuser un trou sous la glace

Le trou qu'il ne faut pas faire
Il ne faut pas creuser le trou de cette manière-là. L'eau remonte avant que l'on puisse élargir le trou, trop étroit.

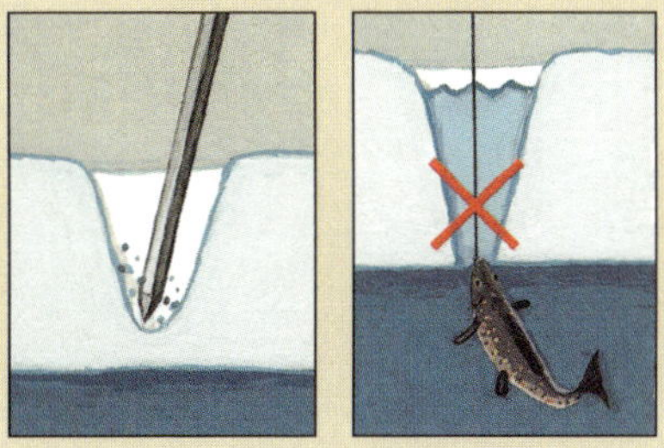

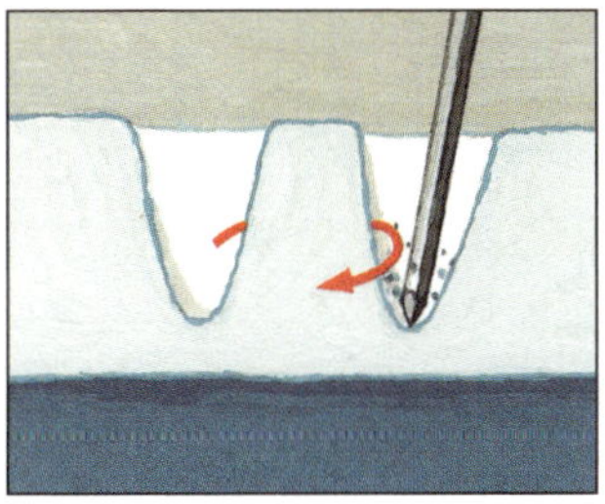

1

Creuser en cercle pour obtenir un gros bouchon de glace.

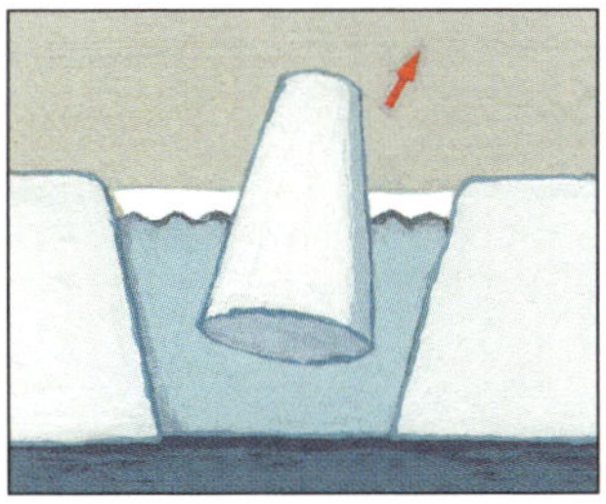

2

Veiller à creuser de manière uniforme et retirer le bouchon en le cassant. Pour cela, on tape sur le sommet avec le dos d'une hache.

3

S'armer de patience et dandiner sa canne à pêche dans l'eau (faire un mouvement de va-et-vient) avec un morceau de viande ou de poisson crocheté sur un hameçon.

Astuce de trappeur !
En situation de survie, sans canne à pêche ni filet, on peut tenter d'attraper un poisson au collet avec du fil de laiton. Lorsque le poisson approche, il faut passer très lentement le collet tenu au bout d'une perche à l'arrière des premières nageoires, puis relever la perche d'un coup sec pour sortir le poisson de l'eau.

Se déplacer sur les fleuves

Des voies naturelles

Dans le Grand Nord, les fleuves sont les voies les plus pratiques pour se déplacer en hiver, mais ils ne gèlent pas de façon homogène. Il faut donc rester vigilant et étudier attentivement la surface, qui révèle souvent les pièges cachés sous la neige.

En hiver, les grands fleuves gelés sont des axes de circulation parfaits. On ne s'en écarte que contraint et forcé, c'est-à-dire lorsqu'ils sont incomplètement gelés ou inutilisables en raison de la présence de slutch ou de pack.

Qu'est-ce que l'embâcle ?

Au début de l'hiver, les premiers grands froids figent les lacs et les rivières, offrant ainsi de belles voies de déplacement à travers forêts et montagnes.
Cette prise des glaces est appelée l'embâcle.
C'est un phénomène qui se déroule en plusieurs étapes. Les cours d'eau gèlent très rarement de manière uniforme, car le premier embâcle fond souvent sous l'effet d'un redoux.

Qu'est-ce que le pack ?

Le pack est un obstacle pour le voyageur. Il se forme à l'embâcle, lorsque le fleuve gèle, notamment aux endroits où il est peu profond. Les fleuves et les rivières à fort courant ne gelant pas d'un coup, des blocs de glace dérivent et se bloquent en certains endroits, à cause de la présence d'une île, d'un haut-fond ou d'un obstacle : arbre renversé, rocher... Cette glace s'accumule et des blocs s'amoncellent. Ils s'enchevêtrent, se bousculent, se tordent, formant un vaste ensemble chaotique qui peut s'étendre sur des kilomètres et qui est un véritable enfer pour le voyageur.
Le pack ne se voit pas sur une carte, comme beaucoup d'autres détails essentiels. Il faut donc effectuer une reconnaissance sur le terrain en avion ou en hélicoptère.

Ralentisseur
Le pack est l'ennemi du voyageur qui emprunte la surface gelée des grands fleuves.

Autoroutes des neiges
Les fleuves gelés sont de véritables routes naturelles, que le voyageur emprunte pour traverser les montagnes et les vallées. Si les conditions de glace sont bonnes, la progression est rapide et facile.

Qu'est-ce que la débâcle ?

Dès le redoux, à la mi-mai, la glace fond en surface et l'eau du dégel finit par peser sur la couche principale, qui se brise puis fond à son tour. Ce phénomène s'appelle la débâcle. Il est très impressionnant sur les grands fleuves comme le Yukon au Canada ou la Lena en Sibérie : les énormes blocs de glace, en se rompant et en se cognant les uns contre les autres, produisent des grincements et des bruits spectaculaires.

Les changements liés au climat

Le réchauffement climatique a pour conséquence de retarder l'embâcle de la banquise et des grands fleuves. On constate aujourd'hui plus de deux semaines de retard dans la prise des glaces. Lorsque l'embâcle est tardif, apparaissent dans les hauts-fonds des zones de pack plus ou moins larges et longues.
L'Odyssée Sibérienne a été confrontée à cette difficulté et l'équipe a dû composer avec ces obstacles pour progresser. D'une façon générale, ce phénomène récent pose de sérieux problèmes. En effet, les hommes autant que les animaux sont désormais privés de ces voies naturelles qu'ils utilisaient normalement pour se déplacer en hiver.

Le mécanisme de la débâcle

Plusieurs phénomènes favorisent la débâcle :

1 la glace se brise d'autant plus que les températures augmentent ;

2 la neige fond sur les versants exposés au soleil, et forme des petites rivières dont l'eau ronge la glace ;

3 l'eau vient gonfler le niveau, qui monte au-dessus de la glace et exerce une pression sur elle.

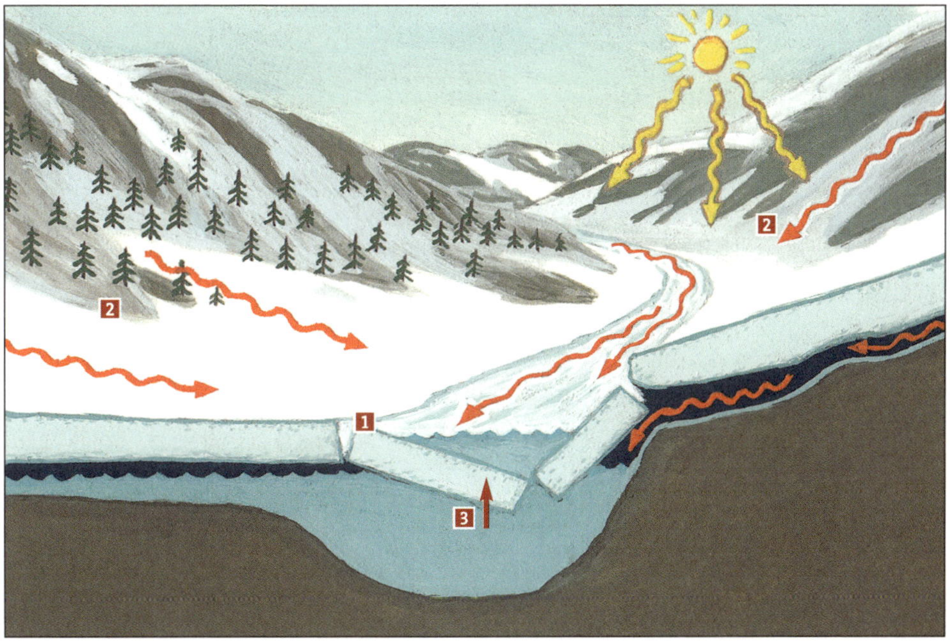

Trier, récupérer

Que faire de nos déchets ?

Le tri sélectif est aujourd'hui un acte indispensable pour l'environnement, et c'est à la maison qu'il commence. Chacun d'entre nous doit suivre les consignes de tri de sa commune et réfléchir à sa propre production de déchets.

Le recyclage consiste à récupérer le matériau des emballages ou des objets usagés pour le réutiliser. On recycle le plastique, le verre, le papier, le carton, le fer et l'aluminium.

1 Le plastique
Avec des bouteilles d'eau, on peut fabriquer des tuyaux, des pots et même des vêtements. Avec 30 bouteilles en plastique, on fait un pull en polaire, par exemple. Pour optimiser le recyclage, laisse les bouchons plastique sur les bouteilles.

2 Les emballages
On peut limiter le volume de nos poubelles. Sachant que 50 % des déchets sont des emballages, il est préférable d'acheter des produits en vrac ou en format familial.

3 Le papier
Le papier peut être recyclé 10 fois sans perdre ses fibres.

4 Le verre
Le verre est recyclable indéfiniment sans perdre ses qualités d'origine.

5 Le papier d'aluminium
Sa fabrication est très polluante. De plus, il ne se recycle pas bien.

Dans un village des monts Saïan, *j'ai eu besoin d'aller effectuer une soudure pour le chariot que j'avais installé sous mon traîneau. Je me suis donc rendu dans un garage où deux Sibériens effectuaient toutes sortes de réparations sur les véhicules, tracteurs et autres machines. Rien, absolument rien n'était jeté. Le plus petit morceau d'acier était un jour ou l'autre utilisé, transformé en boulon ou autre vis puisqu'ils disposaient de tout l'outillage pour travailler le précieux métal. Je pensais alors à nos garagistes qui, lorsqu'une petite pièce est cassée ou défectueuse vous impose de changer l'ensemble de la structure dont elle dépend ! Une sacrée différence de culture et de vision des choses...*

CHIFFRES CLÉS !

Recycler, c'est donner une deuxième vie à nos déchets.

670 canettes recyclées = 1 bicyclette

19 000 boîtes de conserve = 1 voiture

LÀ-BAS ICI !

Dans la toundra, souvent isolés et loin des villes, les villageois ont une approche très différente de la nôtre, car ils n'ont que peu de choses pour vivre. Là-bas, rien ne se perd, rien ne se jette, tout se transforme et est utile à quelque chose !

Ici, nous consommons chaque jour une quantité de matériau que la Terre met plus de 400 ans à fabriquer ! Il est possible et urgent de réduire ce gaspillage. En effet, 40 % des déchets peuvent être compostés et 40 % peuvent être recyclés ou réutilisés.

LE SAVAIS-TU ?

* Chaque Français produit en moyenne 440 kilos d'ordures ménagères par an, soit 1,2 kilo par jour.

Cela représente 2 500 fois le poids de la tour Eiffel chaque année !

6 Les briques alimentaires
Également recyclables, ces emballages sont utilisés par exemple dans la fabrication de cartons et de meubles.

7 Les jouets
Quand tu ne veux plus de tes jouets, ne les jette pas. Demande à tes parents de t'inscrire à un vide-grenier ou bien de les donner à des associations. Elles les offriront à des enfants qui n'en ont pas.

8 Les médicaments
Il ne faut pas jeter les médicaments périmés dans la poubelle, car ils contiennent des substances très nocives pour la nature. Il faut les rapporter au pharmacien afin qu'il les donne à recycler.

9 Les piles
Chez toi, il y a en moyenne plus de 40 piles utilisées pour différents appareils. Après usage, mets-les dans les bacs qui leur sont réservés.

10 Les déchets organiques
Si tu as un jardin ou un potager, utilise-les pour fabriquer du compost, un engrais naturel.

11 Le tri sélectif
Aujourd'hui, en France, près de 8 personnes sur 10 trient leurs déchets. Et toi ?

Chaque bonne réponse au Quiz sibérien te permet de gagner un point (solutions page 215).

Le glouton s'appelle aussi :
- le carquijous
- le carquitu
- le carcajou

La fourrure de cet animal est recherchée car elle ne retient pas :
- la transpiration
- le givre
- le froid

La neige mélangée à de l'eau s'appelle :
- du slutch
- du pack
- du blizzard

Quand le fleuve est pris par les glaces, c'est :
- l'embarras
- l'embassade
- l'embâcle

Combien de déchets un Français produit-il ?
- 17 kilos par jour
- 1,2 kilo par jour
- 500 grammes par jour

Calcule tes points.
0-2 points :
Ouille, aïe, aïe ! Pas terrible !
3-4 points :
C'est bien, tu es presque un écocitoyen.
5 points :
Bravo, tu es 100 % écocitoyen !

AGIS POUR LA PLANÈTE : FAIS LE TRI SÉLECTIF

Quelques conseils à suivre :

- Bois de l'eau du robinet plutôt que de l'eau en bouteille.
- Évite d'acheter des produits avec des emballages individuels.
- Rapporte tes piles usagées dans les bacs spéciaux (dans les supermarchés ou les magasins de photo par exemple).
- Ne jette pas les jouets dont tu ne veux plus. Fais-en profiter d'autres enfants.

Et surtout, dis-le à tes parents !

Source : ADEME – WWF-OGILVY&MATHER

CHANTE-LE AUX PETITS !

Triez-la !

(Sur l'air de Passe, passe, passera)

Tri, tri, triez-la, la poubelle, la poubelle !
Tri, tri, triez-la, la poubelle, recyclez-la !
Faut pas mélanger tout dans la poubelle,
Il faut la trier et bien séparer,
Les ordures qui restent dans les gamelles,
Les plastique, verre, carton et papier !

© Krystell de Mouette

« La nature n'est qu'un spectacle

11 – LA TOUNDRA

CAILLOUX ET LICHENS

Seule une végétation basse, constituée pour l'essentiel de buissons rampants, d'arbres nains, de mousses et de lichens, est à même de résister au climat de la toundra, où la température peut atteindre – 60 °C. Mais plusieurs espèces de fleurs et de graminées robustes parviennent quand même à se développer durant le court été arctique, lorsque de nombreux animaux, notamment beaucoup d'oiseaux, viennent faire leurs petits.

de bonté. » Arthur Rimbaud, extrait d'*Une saison en enfer*

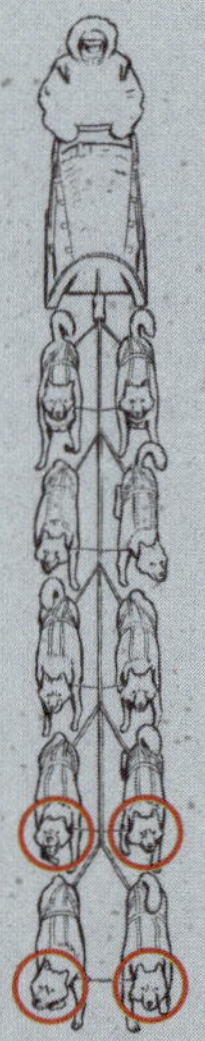

Sa place dans l'attelage
Les cercles rouges indiquent les quatre places différentes que j'assigne à Tagish.

Révélation
Tagish s'est révélé au cours de l'Odyssée Sibérienne, qu'il a rejointe après Tomsk pour remplacer Narsuak.

Tagish

Un remplaçant de choix

Susceptible à l'excès
S'il est à prendre avec des pincettes, Tagish n'en reste pas moins un sacré chien de traîneau.

Énergique
Il est la plupart du temps en tête ou, comme ici, placé immédiatement derrière les deux leaders du jour.

Au départ de l'Odyssée Sibérienne, je n'avais pas sélectionné Tagish à cause de son mental. Ce chien doté de qualités physiques exceptionnelles et d'une endurance à toute épreuve a un vrai défaut. On ne peut rien lui dire, rien lui reprocher, sans qu'il en fasse tout un plat.
Il met des heures, voire des jours, à s'en remettre. Cette propension à tout dramatiser peut être contagieuse et donc dangereuse lorsqu'on est lancé dans une aventure comme la nôtre.
Mais, lorsque Narsuak est mort à Tomsk, dans une bagarre où trois chiens se sont jetés sur lui, c'est à Tagish que j'ai immédiatement pensé. Nous l'avons fait venir de notre camp du Québec où Alain et moi gardons les chiens. C'est mon ami le grand vétérinaire Dominique Grandjean qui l'a amené jusqu'en Sibérie.
Pendant les deux jours de repos que nous avons accordés aux chiens lors de cette étape, Tagish a été très mal dans sa peau. Mais, dès qu'il a été attelé, il s'est métamorphosé. Il s'est mis à japper de contentement et d'impatience, ce qui a revigoré le reste de la meute. Aussitôt accepté, il a brillé par son volontarisme et son énergie.
Au bout d'une vingtaine de kilomètres, je l'ai même placé en tête avec Gao, ce que les deux chiens ont apprécié. Tagish, ravi et honoré, est reparti de plus belle. Bien mieux qu'une roue de secours, il a été un vrai plus, qui a redonné de la vitalité à une meute qui en manquait après la disparition de Narsuak.

Une terre sans arbres

Saranpaul, c'est le point le plus septentrional de l'Odyssée Sibérienne. Depuis les monts Saïan, nous n'avons fait que progresser vers le nord, si bien que la durée du jour reste à peu près identique. Ce que nous aurions dû gagner, environ cinq minutes par jour, nous le perdons en montant de près de 50 kilomètres par jour vers le pôle, où la nuit dure six mois.

LE TERRITOIRE DES ÉLEVEURS DE RENNES

Avec Saranpaul, que nous atteignons au début du mois de mars, nous arrivons à la limite nord de la taïga. C'est ici que la toundra commence, ici que je retrouve les grands espaces où paissent les rennes. Vers le nord, la taïga laisse de plus en plus souvent la place à de vastes étendues de lichens au bord desquelles vivent les derniers nomades éleveurs de rennes. Ces nomades passent l'été sous les tentes dans les hauts pâturages, allant d'un alpage à un autre chercher en altitude un peu de fraîcheur et la brise qui éloigne les moustiques. Dès les premières neiges, ils redescendent vers les environs de Saranpaul.

Ils habitent dans des cabanes, entre taïga et toundra. C'est là que je croise plusieurs familles qui vivent avec leur troupeau composé de quelques centaines de bêtes, parfois même d'un ou deux milliers pour les plus riches d'entre elles.

LA TOUNDRA EN DANGER

La toundra est une terre sans arbres, où ne poussent que des cailloux, des mousses et surtout des lichens. C'est un milieu fragile, dont l'avenir est préoccupant, notamment dans les zones affectées par les effets du réchauffement climatique.

La fonte du permafrost a transformé d'immenses territoires en marais. La taïga progresse vers le nord, mais la mer, dont le niveau s'élève, mange inexorablement la côte, ce qui réduit d'autant la surface de la toundra. Attaquée au sud par la forêt et au nord par la mer, la toundra pourrait disparaître par endroits, entraînant du même coup la faune endémique et les hommes qui l'habitent.

Le permafrost

C'est une couche souterraine de terre et de rocs gelée en permanence. En Sibérie, le permafrost s'enfonce jusqu'à 1 400 mètres ! Seuls quelques arbustes nains peuvent pousser sur ce ciment naturel recouvert d'une mince couche de terre qui dégèle en été. C'est le paysage de la toundra.

Un parfait congélateur !
Au nord de la Sibérie, bien que l'été soit très court, la température atteint facilement 35 °C. Les habitants creusent alors des trous dans le sol gelé et conservent ainsi leurs denrées.

Le renne
Le nomade du Grand Nord

Le renne est un animal emblématique du Grand Nord et de la toundra. Les Indiens et les Inuits suivent la migration des grandes hardes qui déambulent dans ces immensités sauvages, suivies de près par d'autres prédateurs, les loups.

Renne ou caribou ?

Le nom diffère selon la zone géographique. Les animaux sont appelés rennes en Europe et dans le nord de l'Asie, et caribous en Amérique du Nord.

Une migration millénaire

Depuis des milliers d'années, après avoir passé l'hiver dans la forêt boréale, les rennes migrent vers le nord pour rejoindre la toundra et trouver de quoi se nourrir. Des petits groupes se créent et se rejoignent jusqu'à former parfois un immense troupeau de plusieurs milliers de bêtes.

Mâles et femelles ont des bois

Le renne est le seul cervidé chez lequel les représentants des deux sexes portent des bois. Les bois ont pour rôle de déterminer le rang de chaque animal dans le troupeau.

Ils servent également à écarter la neige pour découvrir les lichens et les mousses dont les rennes se nourrissent.
Les bois tombent au mois de janvier et repoussent au printemps. Les futures mères gardent leurs bois plus longtemps que les mâles, ce qui leur permet de se défendre contre les agressions. En effet, la végétation se faisant rare en hiver, les mâles tentent d'empêcher les femelles de venir manger sur leur territoire.

FICHE D'IDENTITÉ

Le renne ou caribou

Espèce : mammifère ruminant

Territoire : tout le Grand Nord (animal migrateur)

Poids : de 160 à 200 kg pour les mâles ; de 100 à 120 kg pour les femelles

Taille : 1, 20 m au garrot

Régime alimentaire : lichens, saules (herbivore)

Reproduction : 1 faon par an, rarement 2

Prédateurs : le loup, l'ours, l'aigle pour les petits

Le savais-tu ?

Le renne reste toujours en groupe, il est très rare de le trouver seul.

Un bon nageur

Lorsqu'il migre, le renne est souvent amené à traverser des lacs, des rivières, des bras de mer. Ses poils creux remplis d'air ont deux avantages : l'hiver, ils isolent l'animal du froid ; l'été, ils l'aident à flotter tandis que ses larges sabots lui servent de rames.

Un flair exceptionnel

Le renne est capable de sentir le lichen sous une épaisse couche de neige. Ses sabots, qui font office de raquettes lorsqu'il se déplace dans la neige, lui servent alors de pelles pour dégager la neige qui recouvre la végétation convoitée.

Un train de traîneaux

Les rennes sont attelés en couple à un traîneau, et chaque traîneau est relié à celui qui le précède. Ce « train » peut atteindre plusieurs centaines de mètres de longueur.

Le renne et les Évènes

Les Évènes voyagent sur le dos des rennes, ils les bâtent pour transporter du matériel ou des hommes et s'en nourrissent fréquemment.

L'été, les familles montent vers les hauts plateaux avec des troupeaux de 2 000 à 3 000 rennes. Tous les quatre ou cinq jours, ils déplacent leur camp pour changer de pâturage. La transhumance prend fin avec les premières neiges importantes d'octobre. L'hiver, les femmes et les enfants, aujourd'hui scolarisés, restent au village tandis que les hommes parcourent les vallées en traîneau pour surveiller le troupeau et essaient de limiter le nombre de rennes prélevés par les loups. À la fin de l'hiver, les Évènes rassemblent leurs bêtes dans de grands enclos afin de compter les mâles et les femelles pleines, puis ils les marquent.

Le plus grand troupeau de rennes que j'aie rencontré est celui de la rivière Georges, dans le Grand Nord du Québec : plus de 700 000 têtes ! Je pêchais le dîner dans la rivière lorsqu'ils sont arrivés. Il y en avait sur plus de 100 mètres de front. Ils ont commencé à traverser la rivière, ce qui leur a pris plus de six heures ! Derrière cette véritable marée animale se trouvaient les loups. Plusieurs meutes suivaient l'immense harde pour s'emparer des retardataires et des malades. Des années plus tard, je voyageais en Sibérie avec une famille d'Évènes élevant un troupeau de 2 000 rennes. Un soir, au bord du feu, j'ai raconté cette histoire aux nomades incrédules... Eux qui pensaient posséder un immense troupeau !

C'est le cas du territoire situé à l'ouest de l'Oural, où vivent encore des nomades éleveurs de rennes. Signe avant-coureur, le renard polaire a déjà disparu et a été remplacé par son cousin le renard roux, qui a peu à peu étendu son aire de répartition vers le nord.

Les nomades parlent eux aussi d'un climat devenu un peu fou. Autrefois, disent-ils, il était dur mais on savait à quoi s'attendre : les grands froids de l'hiver, les tempêtes des mois de mars et avril, les pluies diluviennes du printemps, la sécheresse de l'automne. Aujourd'hui, tout est décalé et imprévisible. Alors ils se font surprendre par des tempêtes inattendues, ils perdent des rennes à cause de crues improbables et ils ne savent plus où mettre leurs animaux à l'abri du vent.

UNE BELLE JOURNÉE DE TRAÎNEAU

Tout le monde m'avait mis en garde contre les vents terribles soufflant sur les hauts cols de l'Oural, qui marquent le passage de la Sibérie à l'Europe et où deux systèmes météorologiques s'affrontent avec l'arrivée du printemps. Des vents qui pendant des jours empêchent d'approcher les cols.

Je ne pouvais pas me permettre d'attendre une accalmie, car le printemps arrivait. Je devais absolument arriver aux environs de Moscou avant la débâcle, annoncée pour la dernière semaine de mars. Pour y arriver, les chiens et moi devions filer sans ralentir, sans perdre une seule journée.

Deux jours après, nous étions au bas du col. Pas un souffle de vent. Un calme incroyable. Un grand ciel bleu et une température de rêve de – 30 °C, que les chiens adorent pour courir. Nous avons franchi le col sans encombre. C'était inespéré et nous n'avons pas boudé notre plaisir. Cette journée-là reste l'une de mes plus belles journées de traîneau.

Les lichens

Un lichen est un végétal composé de deux plantes, une algue et un champignon, qui vivent en symbiose. L'algue fabrique des éléments nutritifs qu'elle partage ensuite avec le champignon. Celui-ci la protège et lui fournit toute l'humidité dont elle a besoin, en absorbant comme une éponge pluie, brume ou neige fondante. Mouflons, chèvres, rennes et bœufs musqués se nourrissent de lichens. Très résistants, ils se développent dans les conditions les plus difficiles, même là où aucune plante ne pousse : sur les rochers, les troncs d'arbres. Des explorateurs comme sir John Franklin, qui au XIXe siècle a exploré les côtes arctiques du Canada, ont pu survivre des jours entiers en mangeant cette plante. Autrefois, les Indiens la réduisaient en poudre pour en faire une sorte de pain, amer et peu nutritif.

La vie dans le Grand Nord

Les vêtements du trappeur

Les animaux sont bien mieux équipés que les hommes pour résister au grand froid. C'est pourquoi leur peau est utilisée pour faire des vêtements.

Tanner la peau
Le tannage est un procédé difficile. Autrefois, les Indiens utilisaient la cervelle de l'animal et le tanin contenu dans le bois.

Vêtements ancestraux

Les vêtements des Indiens et des Inuits sont confectionnés avec des peaux d'animaux. La peau de renne est très prisée car elle est chaude, souple et légère. Les vêtements sont toujours amples. Ils superposent en alternance des couches de peau et des couches d'air.

Le tannage

Il faut tanner la peau pour en faire des vêtements. Le tannage est nécessaire à sa conservation : il empêche la peau de pourrir et accroît sa solidité. Autrefois, on raclait la peau à l'aide d'os et de manches en bois, puis on la traitait, avec du tanin par exemple. Aujourd'hui, il existe des tanneries industrielles et les outils se sont modernisés.

Les mocassins

Les habitants du Grand Nord portent des chaussettes en fourrure de coyote et chaussent des mocassins. Les mocassins en cuir de renne ou d'élan sont ce qu'il y a de mieux pour marcher avec des raquettes.

Ma femme, ma fille et moi, *nous sommes allés vivre un an dans les montagnes Rocheuses. Montaine avait alors 18 mois. À cette occasion, j'ai conçu et cousu la totalité de ses vêtements : mocassins en cuir d'élan, moufles en castor et en cuir de renne, vestes et pantalons en castor… J'y ai pris le même plaisir qu'à fabriquer ma cabane en bois rond.*

À l'intérieur des mocassins, les pieds respirent tout en étant au chaud. On a la sensation de marcher pieds nus dans ses chaussures souples, et les orteils peuvent s'agripper. L'équilibre obtenu est bien meilleur.

Coudre la peau
Les autochtones savent tous coudre et réparer mocassins, gants, vestes...

Recherche d'élégance
Les éleveurs de rennes utilisent les nuances de la peau du renne pour décorer leurs habits.

Fabrique tes mocassins

Les éléments nécessaires :
un grand morceau de cuir souple – des ciseaux – un poinçon – une très grosse aiguille – une lanière solide pour les coutures

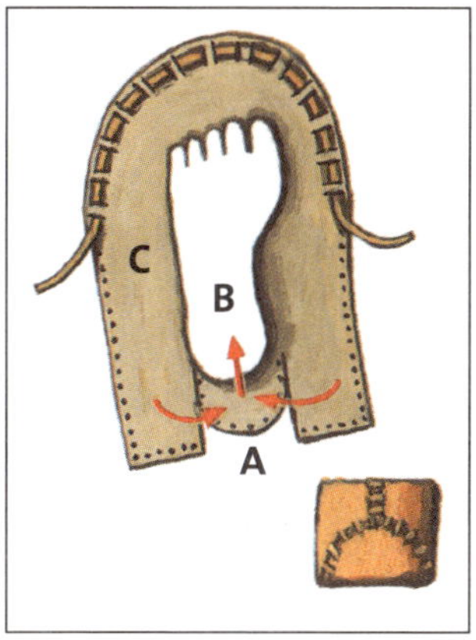

1 La voûte plantaire

Découpe dans le cuir une forme qui enveloppera la voûte plantaire, le talon et les côtés du pied.
Les pointillés représentent les trous qu'il faut faire avec le poinçon pour préparer la couture.
Au bout, passe une lanière avec un point plat qui te permettra d'ajuster le cuir à ton pied.

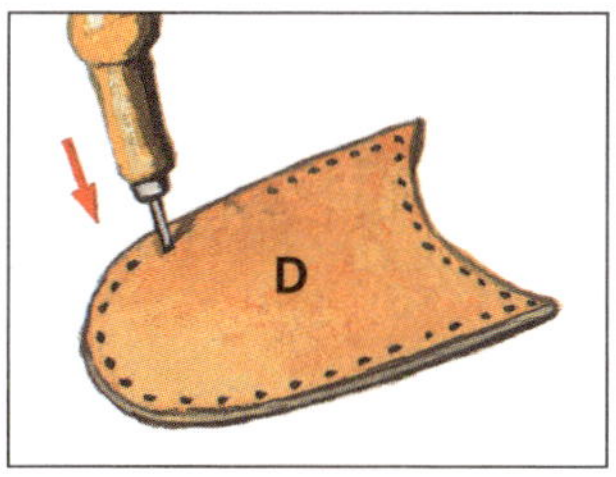

2 La languette

Découpe la languette du cou-de-pied et, de la même façon, prépare la couture avec le poinçon.

3 La bottine

Découpe un grand carré pour le haut de la bottine. Prépare la couture avec un poinçon sur les quatre côtés. Sur un des côtés, passe une lanière qui te permettra de serrer le haut de la chaussure sur la jambe.

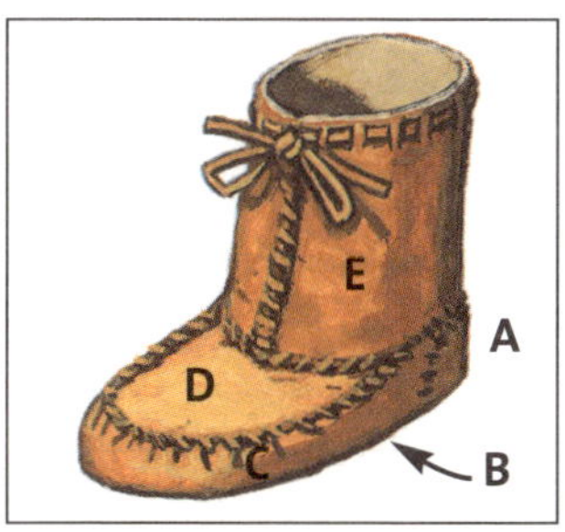

4 Les coutures

Couds les éléments dans l'ordre indiqué sur le schéma.
L'important, c'est que les coutures soient très serrées.

Nos achats

Devenir « écoconsommateur »

Il n'y a pas de consommation sans impact sur l'environnement. Tout ce que l'on achète nécessite des matières premières et de l'énergie, produit des déchets et induit des pollutions…

Le cycle de vie d'un produit, c'est ce qui se passe entre sa fabrication et la fin de sa vie (recyclage ou élimination). À chacune des étapes de ce cycle, tout produit peut avoir un impact sur l'environnement : épuisement des matières premières, consommation d'énergie, pollution, production de déchets.

Comment devenir un écoconsommateur ?

Dans ce cycle, le consommateur (c'est-à-dire toi, moi, tout le monde) est un maillon essentiel. Depuis la décision d'achat jusqu'à la fin de vie du produit, nous pouvons agir en ayant toujours à l'esprit son impact sur l'environnement : être un véritable écoconsommateur, cela commence dans le magasin, se poursuit à la maison ou à l'école, et continue devant la poubelle ou les bacs de tri. Et tous les jours, pour chaque achat…
Bref, il faut s'interroger sur chacun de ses actes pour devenir un écoconsommateur !

Comment bien choisir ses achats ?

À qualité équivalente, il faut choisir le produit qui a le moins d'effets nuisibles sur la nature, à tous les stades de son cycle : celui qui utilise le moins de ressources naturelles non renouvelables lors de sa fabrication, qui pollue moins la nature au cours de sa vie et qui produit le moins de déchets après usage lorsqu'on le jette.

Trouver et utiliser les écoproduits

Pour trouver les produits qui répondent le mieux à ces critères écologiques, il faut lire attentivement les étiquettes et privilégier ceux qui ont des écolabels officiels français et européen (voir « Une maison propre et saine », page 119). De façon plus générale, il est préférable d'acheter des produits

CHIFFRES CLÉS !

1/3 de nos déchets ménagers sont constitués d'emballages.

LÀ-BAS ICI !

Dans l'est de l'Oural, les éleveurs de rennes font paître leurs rennes durant l'hiver. Ces hommes tirent de la toundra tout ce dont ils ont besoin et sont bien loin de notre surconsommation.

Ici, on gaspille des ressources naturelles, de l'énergie polluante, et on génère des déchets pour faire fabriquer des choses aussi inutiles que les gadgets dans les paquets de céréales ou dans les menus enfants des fast-foods.

LE SAVAIS-TU ?

* Les aliments frais demandent moins d'énergie que les conserves ou les produits congelés. Les produits locaux n'ont généralement pas besoin de transport, de serres chauffées, de réfrigération ni de conservateurs chimiques.

2

Le cycle de vie d'un produit

3

5

4

présentés dans le moins d'emballages possible, conçus pour être recyclés, ainsi que ceux qui utilisent des ressources naturelles renouvelables (bois, laine, verre...).
Pour l'achat d'appareils électroménagers (réfrigérateur, lave-linge...), il faut chercher les « étiquettes énergie » et vérifier lequel d'entre eux est le plus économe de ce point de vue.

À savoir

La vie d'un produit comporte quatre ou cinq phases suivant qu'il est ou non recyclé :

1 la fabrication ;
2 le transport ;
3 l'utilisation ;
4 l'état de déchet ;
5 ou le recyclage.

Chaque bonne réponse au Quiz sibérien te permet de gagner un point (solutions page 215).

Les rennes mangent :
- des lichens
- des myrtilles
- des aulnes

Le chien qui est venu du Québec s'appelle :
- Taqui
- Tagish
- Otchum

Quelle proportion de nos déchets les emballages représentent-ils ?
- 10 %
- 25 %
- 33 %

La toundra se trouve :
- au nord de la taïga
- en haut des montagnes
- au sud de la taïga

Dans le Grand Nord du Québec, il y a un troupeau de plus de :
- 10 000 caribous
- 200 000 caribous
- 700 000 caribous

Calcule tes points.
0-2 points :
Ouille, aïe, aïe ! Pas terrible !
3-4 points :
C'est bien, tu es presque un écocitoyen.
5 points :
Bravo, tu es 100 % écocitoyen !

AGIS POUR LA PLANÈTE : CONSOMME MIEUX !

* Réfléchis à tes achats.
* Repère les écolabels.
* Choisis des produits labellisés commerce équitable : cela permet d'aider les pays du Sud à se développer durablement.
* Avant d'acheter, le réflexe utile est de se demander : « Est-ce que j'en ai vraiment besoin ? »

Et surtout, dis-le à tes parents !

Source : ADEME – WWF-OGILVY&MATHER

CHANTE-LE AUX PETITS !

Les légumes, que c'est bon

(Sur l'air de Nous n'irons plus au bois)

Les légumes, que c'est bon ! / J'en achète au marché.
À chacun sa saison / Pour être bien mangé !
Poireaux en hiver / Tomates en été !
Goûtez, mangez
Des légumes et Bonne santé !

« Les forêts précèdent les peuples,

12 – LA FORÊT

LE POUMON DE LA TERRE

J'avais nommé ma première expédition « Coureurs des bois ». Depuis, je suis resté fidèle à ce nom et, au cours de tous mes grands voyages, j'ai essayé de traverser les plus belles forêts ou de ne jamais trop m'en éloigner. Il en a encore été ainsi au cours de l'Odyssée Sibérienne. Mais je suis triste de voir que la plupart des grands massifs forestiers sont en train de disparaître.

les déserts les suivent. » François René de Chateaubriand

Un vétéran
Voulk est aujourd'hui à la retraite. Il est le dernier représentant de ma première meute.

Voulk

Un chien d'exception

De grands progrès
Au cours des deux premières années de sa vie, Voulk était très dissipé. C'est à partir de l'âge de trois-quatre ans qu'il a progressé jusqu'à devenir un chien exceptionnel.

Il est le fils d'Otchum et le père de la plupart des chiens de mon attelage. On le connaît bien car, dans « Le Dernier Trappeur », il dirigeait la petite meute que j'avais composée avec sept de mes chiens pour les besoins du film. Voulk faisait partie de ma première portée de chiens de traîneau, issus du mariage que j'avais provoqué entre Otchum et Ska, une chienne groenlandaise que m'avait recommandée un ami bien inspiré : Louis Bavière, un des premiers grands mushers français, qui a été mon compagnon de voyage dans une traversée des montagnes Rocheuses. Cette portée a donné quatre chiens, des mâles exceptionnels : Torok, Nanook, Baïkal et Voulk. C'est en Sibérie que j'ai appris la mort naturelle de Nanook, de Baïkal et de Torok. Il ne reste plus que mon Voulk, âgé de plus de quatorze ans, qui a effectué tant de voyages au cours de sa vie : la traversée du Canada de l'océan Pacifique à l'Atlantique, de l'Alaska, des montagnes Rocheuses, des Carpates, de la Laponie, et de la péninsule de Kola. Il a terminé la Yukon Quest, la course réputée la plus difficile au monde. Il a accumulé avec moi quelques dizaines de milliers de kilomètres d'une expédition à une autre. Durant le tournage du « Dernier Trappeur », c'était un vrai bonheur de l'avoir avec moi, de le voir emmener cette petite meute et réaliser les exercices difficiles que je lui demandais. Ce Voulk, je l'aime à la folie !

Belle amitié
Dans le film « Le Dernier Trappeur », Voulk était en tête avec Apache : entre eux, une véritable histoire d'amour…

Coureur des bois

Je suis un coureur des bois, beaucoup plus indien qu'inuit. J'ai beaucoup d'admiration pour les Inuits, qui ont traversé les siècles sans pouvoir faire usage du bois ni bénéficier du confort qu'il procure. Chaque fois que mes expéditions m'ont emmené sur la banquise ou dans l'immensité sans arbres de la toundra, au-delà de la limite nord de la forêt, j'ai pris conscience de l'importance qu'elle avait pour moi. J'étais ému dès que je la retrouvais, comme on l'est quand on serre un ami dans ses bras au retour d'un voyage.

En traversant le Grand Nord canadien, j'ai suivi ce qu'on appelle la « tree line », la ligne de délimitation des arbres. La densité d'animaux y est élevée, car on y rencontre la faune de la taïga comme celle de la toundra, qui viennent chercher un peu de « confort » à la limite sud de ces territoires peu hospitaliers.

LA « TREE LIGNE »

La « tree line » est une zone qui facilite le voyage. La forêt y est suffisamment clairsemée pour ne pas gêner la progression et laisser le vent faire son travail en tassant et en durcissant la poudreuse. Au cours de l'Odyssée Sibérienne, j'ai admiré des forêts constituées d'arbres magnifiques, cèdres, bouleaux, pins, épicéas plusieurs fois centenaires.

DES FORÊTS DÉVASTÉES

Au nord de Tomsk, la forêt s'est clairsemée : ce n'était plus que de la taïga, avec des arbres de plus en plus chétifs à mesure que nous avancions. Après avoir atteint la limite nord, au niveau de Saranpaul, où vivent les éleveurs de rennes, nous avons franchi l'Oural, puis nous sommes redescendus vers Moscou en traversant d'immenses forêts. Elles étaient pleines de coupes, opérées par des compagnies reconnues ou non qui exploitent « l'or brun ». C'était désolant de traverser pendant des heures ces zones de coupes à blanc. Ces forêts extraordinaires, abritant une flore et une faune diversifiées, deviennent des déserts où ne repousseront que quelques espèces dominantes, n'offrant plus l'essentiel aux animaux qui en dépendent.

Des tonnes de bois sont prélevées et empilées au bord des rivières afin d'être livrées aux gigantesques usines de pâte à papier de la région. Ces usines alimentent les pays occidentaux, qui gaspillent le papier et sont donc en partie responsables de ces destructions.

L'Oural : un îlot sauvage

Dès que nous nous élevons dans les montagnes, je suis frappé par la quantité de pistes d'animaux sauvages que nous croisons. C'est un plaisir rare de traverser ces paysages grouillant de vie. Les chiens hument toute la journée les odeurs dont l'air est chargé. Ils piquent du nez dans les traces, gobent les crottes de lièvre, cherchent dans les pins les coqs de bruyère dont ils sentent ou entendent la présence. Ils trottent avec cette démarche de conquérants que j'aime tant. Ces instants-là valent tout l'or du monde. J'ai la sensation de vivre une sorte de rêve éveillé. Les chiens, transportés par l'environnement et la bonne humeur qu'il suscite, ne ressentent plus la fatigue. Et je suis moi-même tenté de prolonger la course tant nous prenons de plaisir à glisser dans ces immensités sauvages.

Le loup
Roi de la taïga

Son apparence est connue : une allure de chien sauvage à la fourrure épaisse, une queue touffue et pendante, un museau assez fin, des oreilles toujours dressées, mobiles, des yeux obliques et dorés. Cependant, le loup est sans doute l'animal le plus mythique de la planète. Contrairement à l'image qu'il véhicule depuis toujours, il est inoffensif pour l'homme et mène une vie très organisée.

Le langage du loup

Le hurlement est le moyen d'expression le plus connu du loup. Il hurle pour rassembler la meute, signaler sa présence sur un territoire, prévenir d'une intrusion, communiquer avec ses semblables. Chaque loup possède une fréquence vocale qui lui est propre et qui le distingue de ses congénères.
Les postures, les attitudes et les mimiques sont d'autres moyens dont le loup dispose pour exprimer ses intentions et son humeur (la domination, la soumission) ou pour jouer...
Par exemple, le loup dominateur aura la queue levée, le poil hérissé, et ses babines retroussées laisseront apparaître ses crocs. En face de lui, le loup en état de soumission se fera le plus petit possible en rentrant sa queue entre ses pattes, les oreilles baissées...

Le savais-tu ?

Le hurlement du loup s'entend à plus de 10 kilomètres.

FICHE D'IDENTITÉ

Le loup

Espèce : mammifère canidé
Territoire : montagnes, forêts, toundra arctique
Poids : de 60 à 90 kg
Taille : 1,40 m de long
Régime alimentaire : carnivore ; mange également du poisson, des grenouilles et quelques végétaux
Reproduction : de mars à juin ; de 3 à 9 louveteaux par portée
Prédateurs : les autres loups, l'homme

En meute
Les loups se déplacent en file indienne, le chef de meute en tête.

Le savais-tu ?
Les Inuits comprennent le langage des loups. Ils savent distinguer deux meutes s'avertissant de l'arrivée d'un troupeau de caribous.

Un chasseur organisé

Le loup ne chasse que pour se nourrir, quasiment jamais pour son plaisir. Il est doté d'un flair exceptionnel. Chez lui, les facultés olfactives sont bien plus développées que chez l'homme. L'hiver, il chasse surtout en meute organisée car il traque les grands herbivores ; un loup seul ne peut pas s'attaquer à un animal de cette taille. La meute choisit en général les individus malades ou fatigués, plus faciles à attraper. À la belle saison, en revanche, le loup chasse seul de petites proies, très abondantes à cette période de l'année.

La chasse à l'élan

Pour chasser l'élan, les loups ont recours à un stratagème ingénieux. Ils adoptent une formation en U, entourent le gibier et le rabattent vers le centre. Un groupe d'élans ne s'inquiétera pas de la présence d'un loup isolé, alors qu'il montrera des signes de nervosité à l'approche d'une meute en ordre de chasse.

La saison des amours

Elle commence vers février-mars. Deux mois après, la louve met bas de 3 à 9 louveteaux qui naissent avec un pelage noir.
Les loups mènent une vie de nomades. Toutefois, avant la

Un jour, lors d'une expédition, nous campions au bord d'une rivière et nous n'avions plus de viande fraîche. Par chance, une harde de caribous est arrivée pour traverser la rivière.
Ils se dirigeaient vers nous et nous avons décidé d'en chasser un. Nous nous sommes mis à l'affût derrière les rochers, pensant qu'ils sortiraient de l'eau à cet endroit. Mais, ce que nous ignorions, c'est qu'une meute de sept loups avait fait le même calcul que nous, avec une bien meilleure stratégie ! Les loups s'étaient postés en amont, et c'est effectivement là que les caribous sont sortis de l'eau. Les loups les ont laissés s'engager entre les rochers. Soudain, l'un d'eux a hurlé pour signaler aux autres que la chasse commençait. Ils les ont poursuivis à vive allure en les épuisant. Du haut de la colline, nous pouvions admirer la fameuse formation en U des loups qui entouraient la harde affolée. Ils galopaient souplement dans la toundra et des lièvres arctiques s'enfuyaient devant eux. C'était magnifique. Ils nous ont volé notre caribou, mais le spectacle en valait la peine !

naissance des petits, le couple de loups installe une tanière où les louveteaux naîtront. La couche, appelée liteau, est composée d'un mélange de poils de son ventre, de feuilles et de mousse.

Un animal socialement organisé

Le loup vit et chasse en meute organisée selon une hiérarchie sociale stricte, sur un territoire qu'il délimite en urinant sur les buissons, les pierres ou n'importe quelle autre borne naturelle. Une meute est constituée avant tout d'une famille : les deux parents et les jeunes d'une ou plusieurs générations. Dans la meute, un seul mâle et une seule femelle s'accouplent, en principe pour leur vie entière. Ils forment le couple dominant, auquel tous les autres membres obéissent. À l'âge adulte, les jeunes partent à la recherche d'une compagne et forment ainsi leurs propres meutes.

Le loup dans la neige

Lorsqu'ils se déplacent dans la neige profonde, les loups se suivent en file indienne. Ils économisent ainsi leurs forces en empruntant exactement les traces laissées par le loup de tête. Cela leur évite de trop s'enfoncer dans la poudreuse.

Jeunes fous
Les louveteaux sont débrouillards et turbulents. Leur mère peine à les maintenir autour de la tanière.

Le loup en France

En France, les loups ont été peu à peu exterminés. Disparus depuis un demi-siècle, ils font une timide réapparition. Une douzaine de loups venus d'Italie ont vécu dans un premier temps entre le parc national du Mercantour, dans les Alpes-Maritimes, et le parc national de l'Argentera, en Italie. Aujourd'hui leur domaine s'étend, leur population augmente et commence à poser des problèmes. La réapparition du loup, saluée par les écologistes, est moins appréciée par les chasseurs et les éleveurs, avec lesquels la cohabitation est difficile.

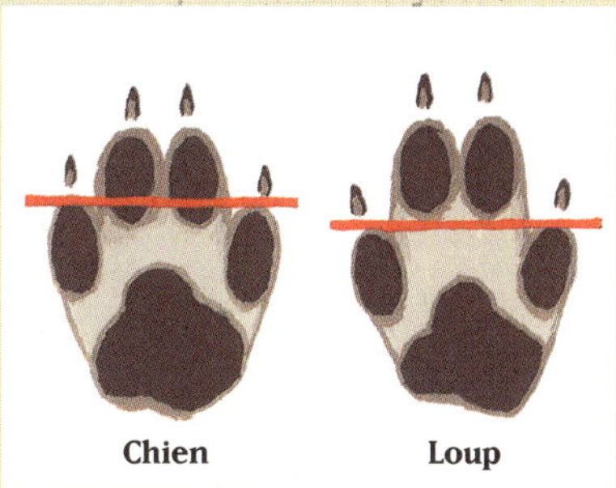

Frères
Apprends à différencier les empreintes de loup et de chien : les deux griffes avant sont plus nettement détachées chez le loup.

Approche
La nuit, les loups s'approchent fréquemment des campements et représentent une menace pour les chiens, qu'ils détestent.

Voir le plus de loups possible : *si cela avait été mon but dans la vie, je n'aurais pas pu mieux faire. Pendant vingt-cinq ans, j'ai traversé la plupart des pays dans lesquels les populations de loups sont importantes : Canada, Alaska, Sibérie, Laponie.*

Voyager avec un attelage de chiens de traîneau est une véritable « machine à voir des loups ». En effet, ceux-ci supportent mal qu'une meute concurrente (c'est ainsi qu'ils considèrent les chiens de traîneau) pénètre sur leur territoire. Ils s'approchent donc. En présence de l'homme, ils n'attaquent pas les chiens. Ils se montrent, tournent un peu autour du campement, observent de loin. C'est ainsi que des loups nous ont parfois suivis plusieurs jours durant, s'arrêtant en même temps que nous... mais au-delà de la portée d'un fusil, comme s'ils avaient conscience du danger potentiel que nous représentons. J'ai donc rencontré beaucoup de loups, solitaires, en couple, en meute. J'ai eu la chance d'en voir se chamailler, se battre, jouer, chasser, pêcher. J'ai approché une portée de louveteaux sous le regard bienveillant d'une louve qui s'était habituée à ma présence quotidienne. J'ai souvent imité leur hurlement et ils m'ont répondu.

Au cours de l'Odyssée Sibérienne, j'ai été très impressionné par un loup qui rôdait aux environs immédiats de la ville de Tomsk. Une bête énorme ! Ses traces m'ont permis de constater qu'il pesait plus de 80 kilos. Il était haut sur pattes et marchait avec flegme, sûr de sa force. Lorsqu'il nous a vus, il s'est arrêté, nous a fixés tel un seigneur en son domaine, puis a disparu tranquillement derrière un épaulement de terrain.

LA FORÊT EST GÉNÉREUSE

Pourtant, la forêt est un bel exemple de la formidable générosité de la nature. Quelques centaines d'hectares fournissent à eux seuls chaque année une quantité de bois conséquente. La nature est généreuse, mais il faut lui laisser la chance de continuer à l'être. En détruisant les forêts au lieu de les exploiter intelligemment, nous agissons comme nous le faisons dans les océans avec les poissons. Nous diminuons la quantité de reproducteurs pour satisfaire des besoins immédiats trop importants. Nous réduisons du même coup les capacités de la nature à se reproduire et nous amputons nos réserves futures.

Pour satisfaire une demande croissante, il faut couper de plus en plus d'arbres. On sait pourtant que la déforestation conduit à l'élimination totale des espèces...

Grignoter le retard

Bientôt le printemps sera là. La course contre la montre est engagée, et je me concentre sur la conduite des chiens. Après des mois de progression difficile, j'éprouve un réel plaisir à gérer cette course comme un pilote de Formule 1. Les chiens sentent que nous abordons la dernière ligne droite et déploient un surplus d'énergie. « Allez, les chiens ! Davaï ! Davaï ! », ainsi que disent les Russes.
Taran, comme s'il était conscient de l'enjeu, accepte de revenir en tête et de quitter Kurvik pour quelques heures. Ce sont alors Québec, Tagish et lui qui assurent l'intérim. Gao est l'avant-centre de tous les matchs.
Ce chien me sidère. À raison de plus de 120 kilomètres par jour, nous grignotons un peu du retard pris.
La météo nous est favorable. Nous atteignons Vologda dans les temps.
Moscou est à notre portée !

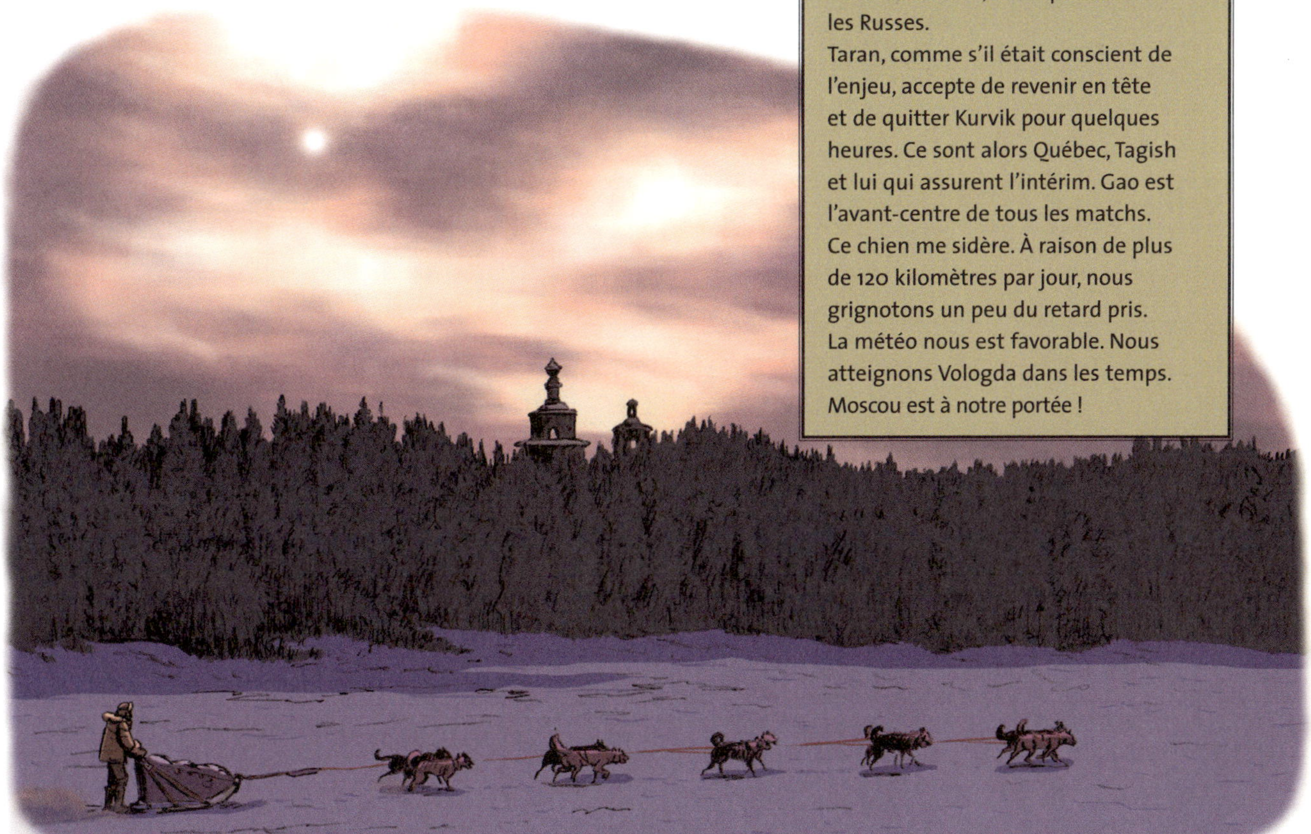

La vie dans le Grand Nord
Observer les animaux

Un Indien m'a dit un jour qu'il ne suffit pas d'apercevoir un animal pour le connaître, qu'il faut surtout apprendre à l'observer. C'est-à-dire analyser son comportement en examinant son allure, ses traces, ses habitudes…

La préparation

Les animaux sauvages ont des sens très développés ! Tu dois donc connaître certaines règles pour avoir la chance de les observer dans leur environnement naturel. Voici quelques conseils de base :

– habille-toi dans des couleurs « naturelles », qui se fondent dans le paysage ;
– avance face au vent, car les animaux ont un très bon odorat ;
– reste silencieux car, même si tu es caché, les animaux te repèrent très vite au bruit que tu fais ;
– apporte une bonne paire de jumelles ;
– trouve un bon affût ;
– et arme-toi de patience…

Tu ne le regretteras pas !
N'oublie pas que ces animaux sont sauvages et qu'ils doivent être traités avec prudence et respect.

L'affût

La clé du succès pour approcher les animaux sans qu'ils prennent peur et s'enfuient, c'est l'affût.
L'affût permet d'observer sans être vu, et le meilleur affût est celui qui ne se voit pas !
Mais cela ne suffit pas. Il ne faut pas oublier que la plupart des animaux sont pourvus d'un odorat très développé, qui leur révélera ta présence même si tu es parfaitement invisible.
La meilleure solution consiste donc à te placer en hauteur.
Tu peux t'asseoir sur une branche, car aucun animal n'aura l'idée de chercher en l'air : il ne lèvera pas la tête et tu n'auras pas besoin de te cacher.
Pour plus de confort, tu peux fabriquer très simplement un petit siège avec une planche et construire une échelle de corde pour monter facilement.
Choisis un arbre situé en bordure de forêt ou sur le passage des animaux, un cheminement que tu pourras repérer grâce aux traces qu'ils laissent derrière eux.
Attention ! Essaie de ne pas abîmer l'arbre inutilement, utilise de la corde et jamais de clous.

***Les grands tétras** sont des oiseaux nobles et prestigieux typiques des grandes forêts russes. Un jour, un ami m'a conseillé de me rendre dans une clairière à 200 kilomètres de Moscou pour écouter leur chant et assister à leurs combats à l'époque des amours.*
Mais, chaque fois que j'essayais d'approcher cette clairière, l'un des grands tétras me repérait et donnait l'alerte. En quelques secondes, la place se vidait. J'ai alors décidé de construire un abri avec des branches de sapin et je m'y suis endormi.
À l'aube, les coqs sont arrivés. Je suis resté caché dans mon sac de couchage, sous les branches…
Quand le seigneur de la place a fait son entrée, certains ont reculé, d'autres se sont envolés. Les poules regardaient ces mâles se défier pour elles.
J'ai assisté à ce spectacle rare, émerveillé par leurs attitudes et leur chant tandis que l'éventail de leur grande queue s'ouvrait pour démontrer leur puissance.

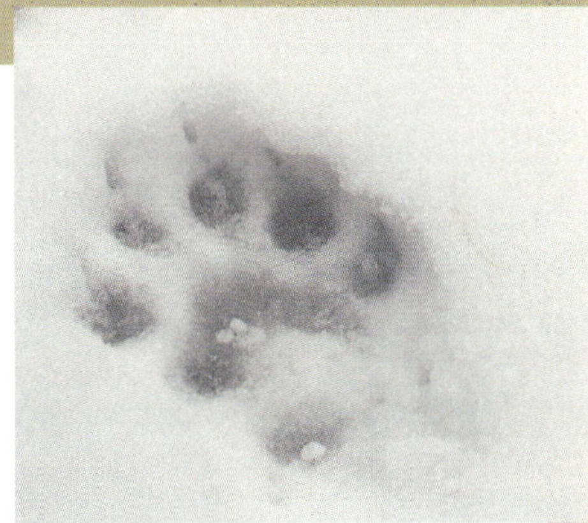

Apprends à reconnaître les traces !

Les animaux laissent des traces de leur passage. Lorsqu'il neige, elles sont bien visibles. Mais on peut aussi les repérer lorsque le sol est humide et meuble.
Regarde attentivement les chemins et apprends à reconnaître les animaux en fonction de la forme et de la taille de leurs empreintes.

Les empreintes d'animaux de nos campagnes

Le sanglier
Ses pattes antérieures présentent deux onglons de 8 à 11 cm à l'avant et deux pointes de 4 cm appelés gardes à l'arrière.

L'écureuil
Ses pattes antérieures laissent des traces en forme de V d'une longueur de 4 à 6 cm.

Le hérisson
Ses pattes antérieures ont une forme ronde, avec cinq doigts bien visibles, et mesurent 3 cm.

Le cerf
Ses pattes antérieures offrent deux grands onglons d'une longueur de 8 à 10 cm.

Le chevreuil
Ses pattes antérieures sont constituées de deux onglons plus pointus que ceux du cerf. Les empreintes sont longues de 4 à 5 cm.

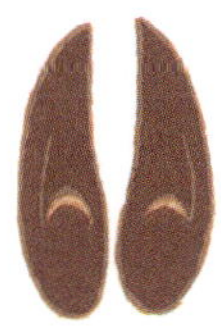

Le renard
Ses pattes antérieures ont une forme ovale, avec quatre ou cinq griffes visibles, et mesurent de 5 à 6 cm.

La martre
Ses pattes antérieures ont une forme ovale, avec cinq doigts, et mesurent de 5 à 6 cm.

Le blaireau
Ses pattes antérieures sont reconnaissables à leurs cinq griffes bien visibles et mesurent environ 5 cm.

Le loir
Ses pattes antérieures ont une forme allongée, avec cinq doigts dont un très écarté, et mesurent environ 5 cm.

Les empreintes d'animaux du Grand Nord

Le lynx

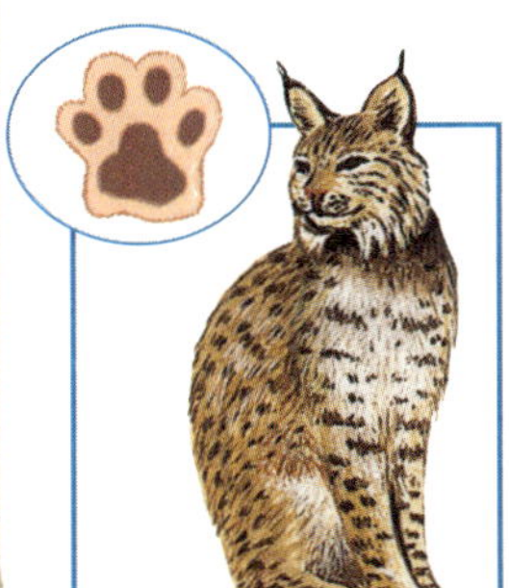

Le grizzli

Le loup

Le porc-épic

La photosynthèse

Un miracle de la nature

C'est un des mécanismes les plus importants et incroyables de la nature.
Grâce à la photosynthèse, les feuilles fabriquent la nourriture de l'arbre.

La forêt boréale
C'est une des forêts les mieux préservées de notre planète.

Les forêts sont une des principales sources d'oxygène. C'est pour cela qu'on les appelle les « poumons » de la Terre. Sans oxygène, pas d'êtres vivants ni de plantes !

Qu'est-ce que la photosynthèse ?

Grâce à la chlorophylle, les végétaux verts captent l'énergie du soleil pour transformer le gaz carbonique et l'eau qu'ils absorbent en sève nutritive (le glucose) : ce processus leur permet de grandir. Le végétal rejette de la vapeur d'eau et de l'oxygène que nous respirons. Ce processus existe également dans les océans avec le phytoplancton.

Heureusement, il y a des arbres dans les villes

En ville, la présence de nombreux habitants, de milliers de voitures et d'industries fait que le niveau de dioxyde de carbone est élevé. La photosynthèse permet de le réduire : les arbres combattent la pollution en aspirant le gaz carbonique et en rejetant l'oxygène dont nous avons besoin pour vivre.

La taïga, la plus grande forêt du monde

Au niveau de la planète, les vastes étendues de forêt jouent le même rôle que les arbres en ville.
La taïga, ou forêt boréale, forme un cercle tout autour de la Terre qui englobe non seulement le nord de la Russie et la Sibérie, mais aussi le nord du Canada et la Scandinavie. C'est la zone boisée la plus septentrionale de la planète et l'une de ses principales réserves d'oxygène. Du fait d'une nature très fragile, les atteintes sur les zones de taïga restent visibles très longtemps. Il faut plusieurs dizaines d'années pour que les arbres repoussent jusqu'à leur hauteur adulte, par exemple. C'est pourquoi l'exploitation forestière doit y être sévèrement contrôlée.

Le savais-tu ?

La nuit, il se produit l'inverse de la photosynthèse !
En effet, sans l'énergie du Soleil, la photosynthèse ne se réalise plus. La plante respire alors, comme tout autre être organique. Elle consomme donc de l'oxygène et rejette du dioxyde de carbone.

Calcule l'âge approximatif d'un arbre

Pour connaître l'âge d'un arbre, il existe deux techniques.

- **Mesure la circonférence du tronc (en centimètres) à 1,60 mètre de hauteur et applique la formule : âge de l'arbre = circonférence divisée par 2,5.**
- **Si l'arbre est coupé, calcule le nombre de cernes (cercles) qui apparaissent sur la tranche : il correspond au nombre d'années de vie de l'arbre.**

Un label pour les forêts

Il existe des labels garantissant que l'exploitation forestière tient compte de critères écologiques dans la production du bois.
Le plus répandu est le label FSC (Forest Stewardship Council), qui garantit la fabrication du produit à partir de bois issus de forêts gérées durablement. Il certifie également la traçabilité des produits.

FSC
FSC-SECR-0060
avec l'aimable autorisation du WWF France.

Qu'est-ce qu'un bois écologique ?

Le bois est un matériau écologique lorsqu'il provient de forêts correctement exploitées : c'est-à-dire quand la biodiversité, la capacité de régénération de la forêt et les populations locales sont respectées.

Le mécanisme de la photosynthèse

1 L'arbre capte l'énergie issue de la lumière solaire.

2 Les racines absorbent l'eau et les sels minéraux du sol : c'est la sève brute qui remonte dans l'arbre.

3 La chlorophylle des feuilles utilise l'énergie du soleil pour transformer en sève nourricière le gaz carbonique (invisible mais présent dans l'air) et la sève brute apportée par les racines.
Les feuilles rejettent alors un autre gaz : l'oxygène.

4 La sève nourrit toute la plante.

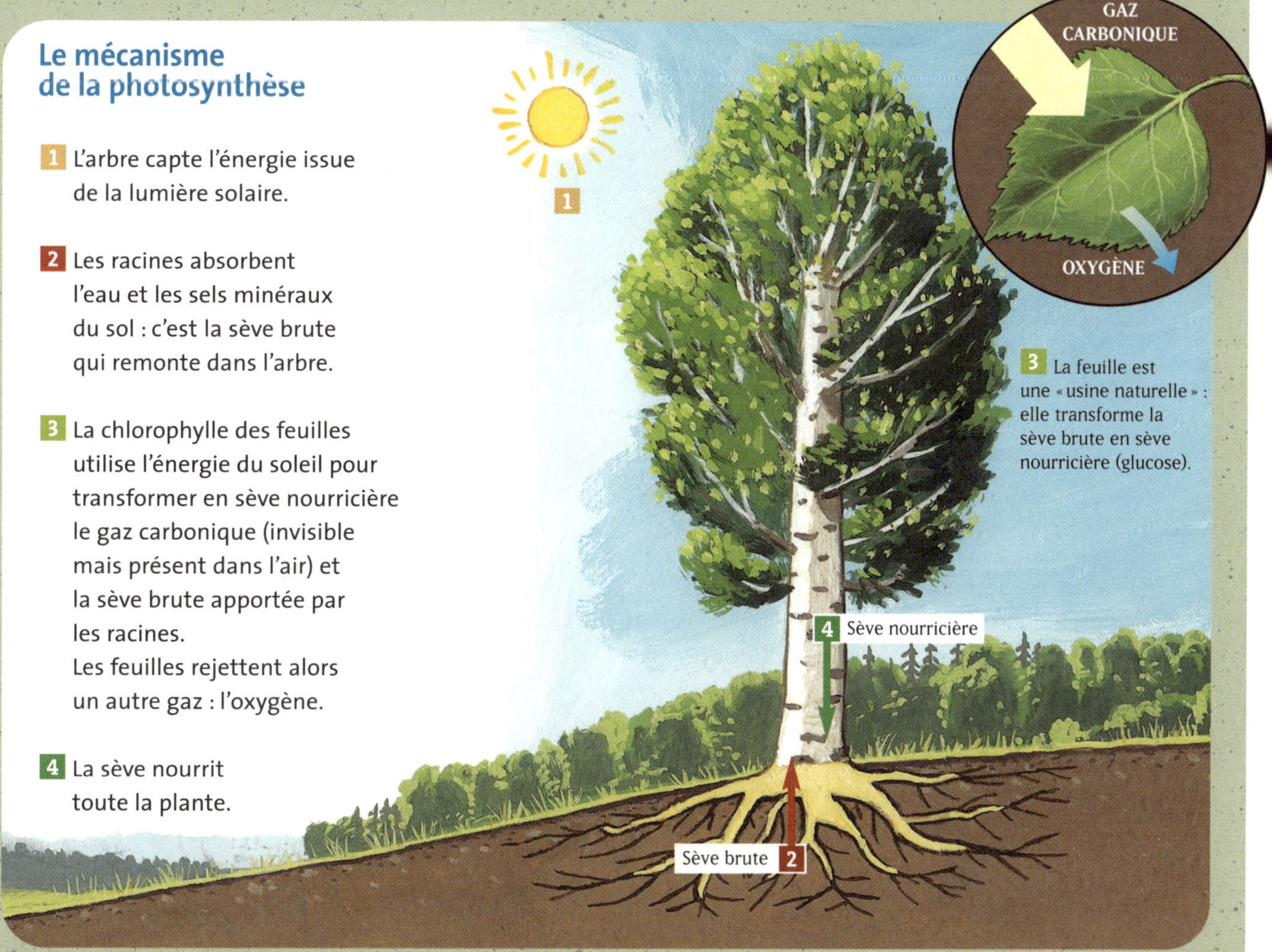

Économiser les forêts

Les poumons de la Terre

Les forêts sont des écosystèmes qui abritent près de la moitié des espèces animales et végétales de notre planète. Elles jouent surtout un rôle majeur dans la régulation de l'effet de serre.

Les « poumons » de la Terre jouent un rôle essentiel dans l'équilibre climatique. La diminution des forêts accélère le réchauffement du climat et la réduction de la biodiversité.

1 La déforestation
La déforestation est la principale cause de disparition des forêts à l'échelle de la planète.
Les forêts tropicales sont les plus touchées par la déforestation.
La diminution est due aux coupes des agriculteurs qui, pour nourrir une population de plus en plus importante, transforment des forêts en terres agricoles.
Cela entraîne la disparition de la flore et de la faune sauvages de la région.

2 Les incendies
Les incendies sont un véritable fléau, car ils sont très difficiles à maîtriser. Ils détruisent chaque année plus de 7 millions d'hectares de taïga sibérienne. Ces feux sont très souvent le résultat d'une négligence humaine, comme une cigarette mal éteinte.

3 L'exploitation forestière
La demande croissante de bois qui accompagne le développement économique de pays comme la Chine ou l'Inde est une menace pour les forêts du monde. En effet, pour y répondre, les exploitants forestiers sibériens n'hésitent pas à opérer de nombreuses coupes illégales.

4 Les pluies acides
Les pluies acides sont le résultat de la pollution. Lorsqu'elles tombent sur les feuilles et les épines de sapin, ces dernières jaunissent puis tombent.

5 Les tempêtes
Les tempêtes causent également de gros dégâts dans les forêts. Souviens-toi de la terrible tempête qui a dévasté plusieurs régions de France en décembre 2000.

% CHIFFRES CLÉS !

La déforestation entraîne la disparition définitive de **137 espèces** animales et végétales chaque jour.

Les forêts les plus menacées sont les forêts tropicales, qui disparaissent au rythme de la superficie d'un terrain de football toutes les **5 secondes.**

LÀ-BAS ICI !

L'Odyssée Sibérienne entame sa descente vers le sud, au travers des immenses zones de forêts du nord de la Russie. La forêt est saccagée par endroits, notamment à cause de coupes à blanc irrégulières pratiquées en des zones de non-droit. Pour limiter ces actions nuisibles, il faut se soucier de la provenance des objets ou des meubles en bois que l'on achète.

En France, la forêt couvre 15 millions d'hectares, soit 28 % du territoire national. Et pourtant, nous sommes le premier importateur européen de bois tropicaux africains, dont la moitié est considérée comme provenant de coupes illégales.

Chaque bonne réponse au Quiz sibérien te permet de gagner un point (solutions page 215).

On ne trouve pas cet arbre dans la taïga :
- le pin
- le chêne
- le bouleau

Le loup est :
- un carnava
- un canidé
- un calidé

Pour observer un animal, on construit :
- un affût
- un patient
- un jumelar

La déforestation, c'est :
- l'étude des forêts
- lorsque des arbres sont abattus sans être replantés
- l'exploitation des forêts

Quelle source d'énergie est utilisée pour la photosynthèse ?
- l'eau
- le soleil
- l'air

Calcule tes points.
0-2 points :
Ouille, aïe, aïe ! Pas terrible !
3-4 points :
C'est bien, tu es presque un écocitoyen.
5 points :
Bravo, tu es 100 % écocitoyen !

Il faisait très froid, *aux alentours de – 50 °C. J'aurais dû avoir déjà rejoint un village, mais le vent avait effacé la piste et les chiens avançaient au ralenti dans plus de 10 centimètres de neige fraîche. La nuit tombait. J'avais faim et froid, et nous nous trouvions dans une immense zone de marais. Je ne voyais aucun arbre à l'horizon qui pourrait me permettre de faire un feu. J'ai avancé pendant une heure encore sans succès.*

Soudain, au loin, est apparu un minuscule îlot de végétation. Les chiens l'ont vu en même temps que moi et ont accéléré le pas. Il y avait là quelques bouleaux rachitiques et quelques morceaux de bois mort, à peine de quoi faire un feu, mais quel bonheur ! J'ai rarement été si content de trouver un peu de forêt, même minuscule !

LE SAVAIS-TU ?

* La taïga représente une superficie de 15 millions de kilomètres carrés, soit environ 30 fois celle de la France.

* Dans le monde, plus de 250 millions de tonnes de dioxyde de carbone sont absorbées chaque jour par les arbres. Et cependant, nous continuons à détruire les forêts !

Source : ADEME – WWF-OGILVY&MATHER

AGIS POUR LA PLANÈTE : PROTÈGE LA FORÊT !

* Il ne faut jamais graver des cœurs ou des prénoms sur l'écorce des arbres, car on laisse des plaies dans lesquelles s'infiltrent des parasites et des champignons. Les arbres peuvent tomber malades, et même mourir.

* Il faut éviter d'acheter des produits non certifiés, en particulier lorsque les bois sont issus de forêts tropicales (teck, ébène, iroko). Préférons les bois locaux (chêne, châtaignier, aulne, pin sylvestre...).

Et surtout, dis-le à tes parents !

« On ne peut vaincre la nature

13 — MOSCOU !

L'ARRIVÉE

L'arrivée marque une fin.
Deux sentiments contradictoires s'affrontent, la tristesse d'en avoir fini avec une aventure riche et extraordinaire, mais aussi la joie de la réussite, la satisfaction du devoir accompli et le bonheur de retrouver les siens. On rêve de cet instant pendant des mois. Pourtant il est éphémère et précède un retour à la réalité souvent difficile.

qu'en lui obéissant. » Francis Bacon

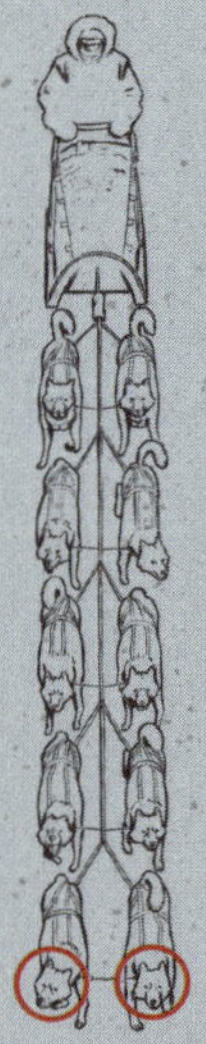

Sa place dans l'attelage
Les cercles rouges indiquent les deux places différentes que j'assigne à Gao.

L'équipe de tête
Gao a couru presque toute l'Odyssée Sibérienne en tête, secondé par Taran, comme ici sur la photo, mais aussi par Québec, Abache, Churchill ou même Kurvik.

Un modèle de concentration
Gao ne se laisse jamais distraire.

Gao

Le chien de tête bien dans sa fourrure !

Gao occupe le poste de chien de tête depuis longtemps déjà. Il est presque né chien de tête, tant dès son plus jeune âge il semblait prédisposé à cette place. Alors qu'il n'était qu'un chiot, il recherchait déjà le contact avec l'homme, dont il semblait vouloir saisir les attitudes et les attentes. Il répondait avec une étonnante vivacité à l'appel de son nom, tandis que ses frères de la même portée ignoraient encore qu'ils en avaient un. Lorsqu'on lui parle, Gao vous regarde avec cette inclinaison de la tête caractéristique du chien qui cherche à tout comprendre.

Studieux de nature, il veut toujours être le premier et c'est dans cet état d'esprit qu'il effectue sa tâche. Gao est un travailleur et non un joueur.
De ce manque de fantaisie lui vient un excès de prudence qui peut s'avérer handicapant dans certaines situations.
C'est quasiment son seul défaut car, en plus d'être intelligent, prudent et appliqué, Gao est un formidable « tireur ». Rares sont les chiens de tête qui tendent ainsi leur trait. Beaucoup se contentent de conduire l'attelage et laissent cette basse besogne aux chiens d'attelage, qu'ils regardent avec une certaine condescendance. En un mot, Gao joue un rôle essentiel dans l'attelage.
À la fin de l'Odyssée Sibérienne, c'est lui que je suis allé remercier le premier.

Attention aux rivalités
La relation que l'on entretient avec un chien de tête est particulière. Il faut veiller à ce qu'elle n'éveille pas trop de jalousie chez les autres membres de l'attelage.

Merci les p'tits chiens !

Le panneau indiquant que Moscou n'est plus qu'à 100 kilomètres me procure une première émotion. Nous y sommes presque ! Il n'y a plus de place pour l'improvisation. À partir de maintenant, tout est programmé en détail et le moindre retard peut être lourd de conséquences. Des carrefours sont sécurisés, des médias attendent, des officiels ont organisé des arrêts avec des rencontres. Je me laisse porter, mais je n'en reste pas moins très concentré sur les réactions des chiens.

DES BOTTINES POUR LES CHIENS

S'il est un exercice auquel les chiens ne sont pas habitués, c'est bien celui auquel ils sont confrontés lorsque nous arrivons dans la région de Moscou. Ici, plus question de glisser sur la neige. Il n'y en a plus ! Les quelques rivières qui coulent vers la ville sont en partie dégelées, et donc dangereuses. Nous n'avons pas d'autre choix que d'emprunter les routes.

Le système de roues s'adaptant sous les patins du traîneau fabriqué en prévision de cette situation se révèle très utile. J'ai aussi demandé à la société Geologic de concevoir pour les chiens des bottines en Kevlar (une matière à base de fibres légères et robustes) doublées de laine polaire. Ainsi chaussées, les pattes de mes chiens n'auront pas à souffrir du bitume, sur lequel les services d'entretien ont en outre déversé de grandes quantités de sel et d'autres produits plus ou moins toxiques.

SOUS BONNE ESCORTE

En prévision de notre arrivée, des ordres ont été donnés au plus haut niveau afin que « tous les moyens nécessaires soient mis en œuvre pour assurer des conditions de sécurité maximale aux chiens ». Le dispositif est impressionnant et presque embarrassant. Dès que j'emprunte la route, de nombreux véhicules de police m'accompagnent. Il y en a partout, devant, derrière, sur les côtés... Ils bloquent la circulation, se moquant éperdument des gigantesques embouteillages que cela provoque.

Je les soupçonne même d'y prendre un certain plaisir. Auréolés de la gloire éphémère que leur confère cet ordre qui leur donne toute autorité, les policiers font du zèle, d'autant qu'ils ont parfaitement conscience de faire partie du spectacle que les médias retransmettent.

Un peu honteux de la gêne occasionnée par mon passage, je m'arrête toutes les vingt minutes sur le bord de la route pour laisser passer le flot de véhicules. Contrairement à ce que je pensais, personne ne se plaint ni ne m'insulte. Les gens passent en me prodiguant des encouragements, ils prennent des photos, ils filment, tant et si bien que la police est contrainte de leur demander d'accélérer. Je profite de ces arrêts pour donner à boire aux chiens et pour changer leurs bottines.

Le lagopède des saules
L'art du camouflage

Le lagopède des saules se fond dans la neige. Pourtant, malgré ce « plumage-camouflage », il ne réussit pas à échapper aux nombreux prédateurs, notamment les lynx, qui lui font une chasse incessante.

Le lagopède des saules est une perdrix blanche, la plus grosse et la plus fréquente. Comme son nom l'indique, il se nourrit de pousses de saule, arbre qui a la particularité de bourgeonner en automne et de conserver des bourgeons en hiver.
Il existe deux autres sortes de lagopèdes :
– le lagopède des rochers, dont l'aire de répartition s'étend encore plus au nord ;
– le lagopède des Rocheuses, assez rare et reconnaissable à sa blancheur immaculée.

Un plumage changeant

Le lagopède des saules revêt trois sortes de plumage au cours de l'année, alors que la plupart des oiseaux n'en portent que deux. Ce plumage mimétique (qui se fond dans l'environnement) lui permet de se camoufler. En hiver, le mâle et la femelle sont entièrement blancs, à l'exception de quelques plumes de la queue qui restent noires.

Des chants reconnaissables

Le chant typique du lagopède, émis aussi bien en vol qu'au sol, ressemble à un caquètement assez aigu : *kaduek, kadouek, kèk-kèk-kèk*.
Mâles et femelles ont en commun un deuxième cri, un *koc* assez doux, et le mâle possède un autre cri plus rauque, *go-bac, go-bac, go-bac*. Les Anglo-Saxons s'amusent de ce *go-bac* par lequel les lagopèdes semblent les chasser (« go back » signifie « va-t'en» en anglais).

FICHE D'IDENTITÉ

Le lagopède des saules

Espèce : oiseau phasianidé

Territoire : régions de moindre altitude, toundra et forêts

Poids : de 370 à 510 g

Envergure : de 55 à 65 cm

Taille : de 35 à 43 cm

Régime alimentaire : bourgeons de saule, de bouleau et d'aulne en hiver ; feuilles, fruits et graines en été (végétarien)

Je me souviens *de ma première émotion liée aux animaux du Grand Nord. Elle n'a pas eu lieu devant des loups ou devant un ours, comme on pourrait le croire, mais devant des lagopèdes.*

Nous traversions la péninsule du Labrador, au Québec. Je marchais loin devant le traîneau pour tracer une piste. Il régnait depuis des jours un silence total et envoûtant que rien ne paraissait pouvoir troubler.

Mais, ce soir-là, je me suis arrêté pour écouter. Une rumeur semblait sourdre des montagnes. Des lagopèdes, j'en étais sûr ! Mais combien y en avait-il pour provoquer un tel tintamarre ? On eût dit une extraordinaire musique défiant le grand silence blanc. De la vie, enfin ! J'avais envie de courir, de danser dans la neige.

Nous n'étions plus seuls !

Je me suis approché. La rumeur ondulait, envahissait l'espace. Soudain, elle cessa. Je n'entendis plus que mon cœur qui battait des ailes dans mon corps devenu perdrix blanche.

Puis un autre son retentit, celui de milliers d'ailes claquant dans l'air. Des nuées de lagopèdes s'élevèrent comme un nuage de neige.

Ils traversèrent le fleuve au-dessus de moi et planèrent vers les îles, d'où d'autres lagopèdes décollèrent dans un fracas indescriptible. Ils volaient en formation tellement serrée que leurs ailes claquaient les unes contre les autres. Je croyais voir un même oiseau blanc battant de milliers d'ailes. La bouche ouverte, les yeux écarquillés pour embrasser l'espace entier, j'assistais à ce miracle de la nature, un spectacle agencé par un chef d'orchestre génial. Soudain, le spectacle cessa comme il avait commencé. La nuit tombait.

Les lagopèdes font le bonheur des chiens de traîneau, *qui parviennent parfois à en attraper un au bord de la piste. Ils se nichent en bande dans des terriers de neige qu'ils creusent tout simplement en se laissant tomber de 1 ou 2 mètres de haut.*

Cet hiver, nous traversions de nuit une grande forêt de conifères. Les lagopèdes, à cause du vent qui nous faisait face, ne nous ont pas entendus arriver.

Quand ils ont voulu s'enfuir, il était déjà trop tard pour l'un d'entre eux : Abache avait réussi à le saisir du bout de l'aile. La perdrix blanche se débattait furieusement en frappant le museau du chien de son autre aile.

Mais Abache n'aurait pas lâché sa proie pour tout l'or du monde (d'ailleurs, comme tu le sais, un chien se moque pas mal de l'or !).

Voyant cela, Kurvik, attelé aux côtés d'Abache, n'a pas résisté. Il a mordu à pleines dents dans l'oiseau et l'a avalé d'un coup.

Abache est tout d'abord resté penaud, une aile arrachée dans la gueule. Puis il s'est mis à bouder. Il lui a fallu plusieurs kilomètres pour retrouver sa bonne humeur !

Gao réalise des prouesses dans cet environnement difficile, alors qu'il est perturbé, gêné, effrayé par tant de monde. Dès que les choses se compliquent, il se retourne vers moi pour obtenir la confirmation d'un ordre qu'il a mal entendu dans le brouhaha ambiant ou tout simplement en quête de réconfort. Je n'arrête pas de lui parler, de l'encourager, et je fais de même avec les autres.

L'ARRIVÉE SUR LA PLACE ROUGE

Le dernier jour est une folie, aussi inimaginable que l'entrée dans cette ville avec un attelage de chiens de traîneau, acclamé, entouré et protégé. Je vis tout cela comme un rêve. C'est un autre que moi qui arrive sur la très impressionnante place Rouge. Une centaine de militaires en uniforme multicolore nous font une haie d'honneur. C'est un moment solennel. J'en viens à me demander si tout cela est réellement pour moi, si je ne me suis pas inopportunément immiscé dans un cortège présidentiel !

Nous franchissons la grande porte. La foule, nombreuse, pousse alors une grande exclamation de joie qui se transforme en clameur.

– Oui, mes p'tits chiens !

Ils n'ont pas peur. Bien au contraire. Ils ont compris. Ils ont vu tout là-bas, au beau milieu de la place, le grand portique symbolisant l'arrivée dressé pour nous accueillir. Un couloir de neige a été spécialement aménagé pour nous y conduire. Les chiens prennent le galop à la seconde même où je le leur demande. Je lève les bras au ciel en signe de victoire alors qu'ils allongent l'allure, gagnés par l'allégresse générale.

– Oui, les p'tits chiens ! Oui !

Le reste n'est que brouillard, tempête de flashs et de questions, embrassades, émotions et pleurs. À l'oreille de Gao, le nez dans sa fourrure que je mouille de larmes, je murmure un seul mot : « Merci. »

La vie dans le Grand Nord
Se déplacer

Les modes de déplacement traditionnels respectent l'environnement. Ils sont plus lents, mais permettent de mieux apprécier les régions traversées.

Voyager à dos de poney ou de renne, en canoë ou encore en traîneau tiré par des chiens est une façon de se rendre disponible pour rencontrer les habitants et comprendre leur territoire.

Le poney

En Sibérie, les populations nordiques utilisent souvent le poney comme moyen de locomotion. Cet animal habitué à vivre dehors par les plus grands froids est capable de tout faire : tirer de lourdes charges, avancer sur des fleuves de glace et même grimper des pentes abruptes couvertes de gel. Les poneys sibériens peuvent couvrir des distances de 50 à 80 kilomètres par jour sans souffrir, même par des températures extrêmes. Leurs fers sont équipés de crampons qui accrochent la neige durcie ou la glace des fleuves.

Le renne

Le renne est un moyen de déplacement très utilisé par les nomades dans la toundra sibérienne. Les hommes suivent leur troupeau toute l'année. Au printemps, ils abandonnent le traîneau et montent les bêtes sur des selles qu'ils posent sur leur garrot. Contrairement aux chiens, qui répondent à la voix, les rennes sont guidés au bâton : il suffit de l'agiter à droite de la tête de l'animal pour aller à gauche et inversement.

Les cours d'eau

En hiver, on voyage sur l'eau gelée des lacs, de la mer, des fleuves et des rivières. En été, les grands déplacements se font sur les mêmes itinéraires, mais en canoë, en kayak ou en se laissant glisser sur un radeau.

Le traîneau à chiens

Le traîneau à chiens a longtemps été le mode de déplacement le plus utilisé pour circuler l'hiver.

Modes de transport hivernal dans le Nord
Sur cette page, on peut en voir quelques-uns ; poney, rennes, traîneau à chiens et motoneiges.

C'est, de loin, celui que je préfère. Avec les chiens, nous éprouvons le même plaisir à voyager, et de ce partage naît une complicité extraordinaire.

La motoneige

Aujourd'hui, dans le Grand Nord, les motoneiges ont peu à peu remplacé les chiens et les poneys pour les déplacements en hiver. Plus rapides, elles ont surtout l'avantage de pouvoir être rangées dans un garage, alors qu'il est contraignant d'entretenir une meute de chiens durant les longs mois d'inactivité de l'été.

Comment conduire un traîneau ?

Trois éléments sont nécessaires à la conduite du traîneau

1. Le frein. On agit dessus avec le pied pour réduire la vitesse (dans une descente par exemple, ou dans un virage) ou pour corriger une trajectoire (dans une courbe, l'avant du traîneau se remettra plus vite dans l'axe des chiens si l'on freine).

Deux types de freins

La plaque sert pour la neige profonde. La tige filetée vissée dans un axe est utilisée dans la glace.

L'ancre à neige

L'ancre est attachée au trait devant le traîneau. À l'arrêt, elle agit comme une ancre de bateau pour empêcher les chiens de partir sans le musher.

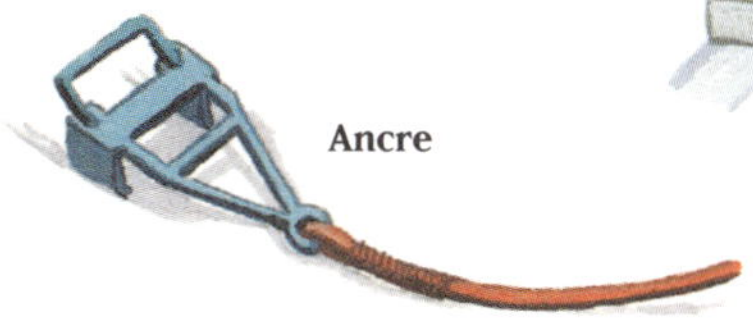
Ancre

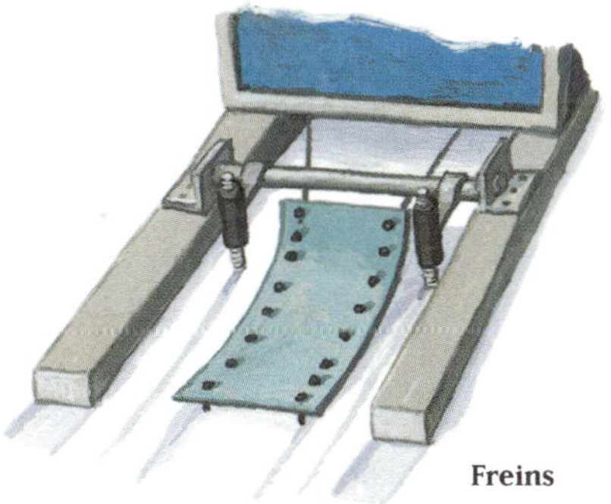
Freins

2. Le poids du musher. Le traîneau est composé de deux skis recourbés sur lesquels on peut agir en balançant son poids d'un côté ou de l'autre. Ce mouvement permet de prendre les trajectoires souhaitées, c'est-à-dire de suivre au plus près celles des chiens afin que le traîneau glisse avec le plus de fluidité possible.

3. La voix. Les meilleurs chiens de tête peuvent comprendre jusqu'à vingt mots et exécuter parfaitement les ordres exprimés. Il faut parler beaucoup aux chiens, non parce qu'ils comprennent tous les mots, mais parce qu'ils saisissent le sens global du message grâce à l'intonation de la voix.
Les ordres basiques sont *yap* pour aller à gauche et *djee* pour aller à droite. Ces termes sont phonétiquement très distincts. Les chiens entendent le « i » de *djee* et le « a » de *yap,* alors que les sons « o » et « oi » de gauche et de droite ne sont pas assez différents.

Ces deux ordres sont complétés par d'autres comme « hoooo... » pour s'arrêter, « allez » pour partir, ainsi que par les consignes suivantes : doucement, reviens, encore, devant, oui, non...

Traîneau traditionnel
Nous avons utilisé ce traîneau réalisé en bois de frêne ligaturé avec de la « babiche » (cuir cru d'orignal) pour la traversée du Labrador.

La conduite d'un traîneau

On pourrait imaginer que la conduite d'un traîneau à chiens est facile ! La réalité est tout autre : c'est un sport qui demande de l'équilibre, de la force et surtout de l'endurance.
En dehors des pistes, le musher est plus souvent devant pour tasser une piste ou derrière pour pousser le traîneau que sur les patins à se laisser glisser ! Et, même quand il se laisse glisser, il doit fournir beaucoup d'efforts pour conduire le traîneau et faire en sorte qu'il suive le plus exactement possible la course des chiens.

Conduire des chiens, c'est comme préparer un match de foot

Une journée de traîneau est comme un match de football, et le musher est l'entraîneur. Il dispose de joueurs qu'il déplace selon ce qu'il recherche. À chaque situation correspond un dispositif qui évolue en fonction de critères variés : la météo, l'état de la piste ou les difficultés qu'elle présente, les amitiés ou les animosités, l'humeur des uns ou des autres... Le bon musher, comme le bon entraîneur, est celui qui fait le bon choix au bon moment et parvient à l'imposer à son équipe, dans un état d'esprit de confiance réciproque où la bonne humeur prime sur tout le reste. C'est ce qui rend ce « métier » passionnant, et c'est l'une des raisons qui me poussent à me lancer dans des aventures où l'homme et les chiens doivent exceller pour aller au bout de leur défi.

Un regain d'intérêt pour le traîneau

Le tourisme de nature et les courses ont favorisé un retour des chiens de traîneau dans la plupart des pays enneigés en hiver... y compris en France, où l'on compte plusieurs centaines de mushers !

Les trois types de traîneaux traditionnels

Les traîneaux modernes utilisant des matériaux composites (carbone et fibre de verre) sont légers et extrêmement résistants. Mais ils posent un problème : ils ne peuvent être réparés dans la nature. Avec un traîneau en bois (trois exemples ci-contre), il suffit de couper un arbre et de savoir se servir de sa hache pour refaire une pièce cassée...

Traîneau basket pour les pistes balisées

Traîneau toboggan pour la neige profonde

Traîneau inuit pour la banquise

Un bon équilibre

Conduire un traîneau consiste à tout mettre en œuvre pour qu'il paraisse le plus léger possible aux chiens. Il doit suivre leur course avec fluidité, sans dérapages intempestifs et sans à-coups. Bref, il doit être une sorte de prolongement de l'attelage et non un poids mort.
Pour ce faire, le musher patine, pousse, contrebalance et joue de tout son corps.

Des manœuvres difficiles

1 Le demi-tour
Dans le demi-tour, tout est une question de coordination. Les chiens doivent tourner seulement quand leur tour est arrivé. Sinon, le trait (ligne qui tient les chiens entre eux) se transforme en un véritable sac de nœuds.

2 Le virage serré avec obstacle
Cette manœuvre est encore plus compliquée que le demi-tour. Il faut de très bons chiens de tête pour la réussir. S'ils prennent un virage trop serré, le traîneau entre en collision avec l'obstacle. Ils doivent donc virer un peu plus loin pour s'en écarter.

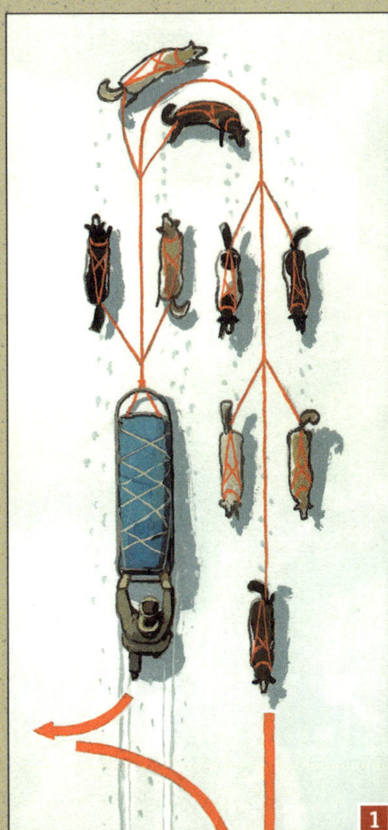

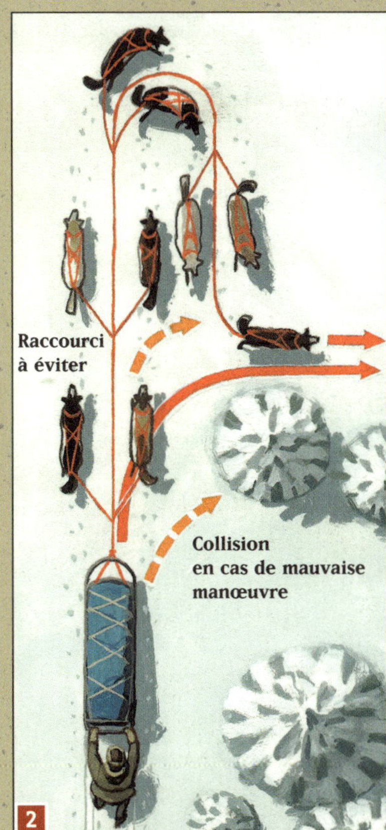

L'effet de serre

Son amplification par l'homme

Au départ, l'effet de serre est un phénomène naturel et surtout nécessaire à la vie. Alors, pourquoi tout le monde s'inquiète ?

Certains des gaz présents dans l'atmosphère jouent le même rôle que les vitres des serres des jardiniers : ils laissent passer les rayons du soleil mais empêchent la chaleur de s'échapper. C'est grâce à eux qu'il règne sur la Terre une température moyenne de 14 °C sans laquelle la vie ne serait pas possible.

Le savais-tu ?

En France, la hausse moyenne des températures hivernales liée à l'effet de serre est de l'ordre de 0,5 à 1 °C, alors que dans le Grand Nord ces variations de température peuvent atteindre 2 à 4 °C.

Le réchauffement climatique

En deux siècles, notre mode de vie a changé. L'utilisation de combustibles à base de carbone (pétrole, gaz naturel, charbon et bois) pour l'industrie, l'agriculture, le chauffage ou la voiture a fait augmenter la concentration de certains gaz dans l'atmosphère. Celle du dioxyde de carbone s'est ainsi accrue de 50 %. Comme il y a de plus en plus de gaz qui retiennent la chaleur, il fait de plus en plus chaud : c'est ce que l'on appelle le réchauffement climatique. En adoptant les gestes utiles des pages « Le petit écolo », tu peux aider à enrayer ce phénomène.

Les conséquences du réchauffement

En effet, le changement climatique qui s'annonce fait peser de nombreuses menaces sur l'homme. Voici celles qui semblent les plus probables.

L'augmentation du nombre de catastrophes naturelles
On assistera à une instabilité climatique et à l'augmentation d'événements météorologiques violents et imprévisibles tels que les tempêtes, les tornades, les ouragans, les canicules, les pluies diluviennes et les sécheresses.

L'élévation du niveau des mers
La fonte de la calotte glaciaire et la dilatation des eaux qui s'ensuivra pourraient entraîner une hausse du niveau des mers de 20 à 50 centimètres d'ici à 2100. Des régions situées en bordure de mer comme le Bangladesh, les atolls du Pacifique ou la Camargue sont ainsi menacées d'être entièrement inondées.

Le retard de l'embâcle
En Sibérie, l'embâcle des fleuves se fait avec une à trois semaines de retard, ce qui empêche les nomades du froid de voyager avec leur troupeau...

L'aggravation de l'effet de serre

1 L'énergie solaire pénètre dans l'atmosphère.

2 Le rayonnement solaire est renvoyé dans l'atmosphère par le sol.

3 Les gaz à effet de serre retiennent une partie de la chaleur pour maintenir une température moyenne de 14 °C sur la Terre.

4 Les gaz à effet de serre, toujours plus nombreux, retiennent davantage de chaleur. La Terre se réchauffe.

Les principaux gaz à effets de serre produits par l'activité humaine sont :

A le gaz carbonique (CO_2), produit par la combustion des énergies fossiles (transports, centrales thermiques, chauffage) ;

B le méthane (CH_4), produit par les élevages de bovins et d'ovins ;

C le protoxyde d'azote (N_2O), dégagé par les fertilisants agricoles.

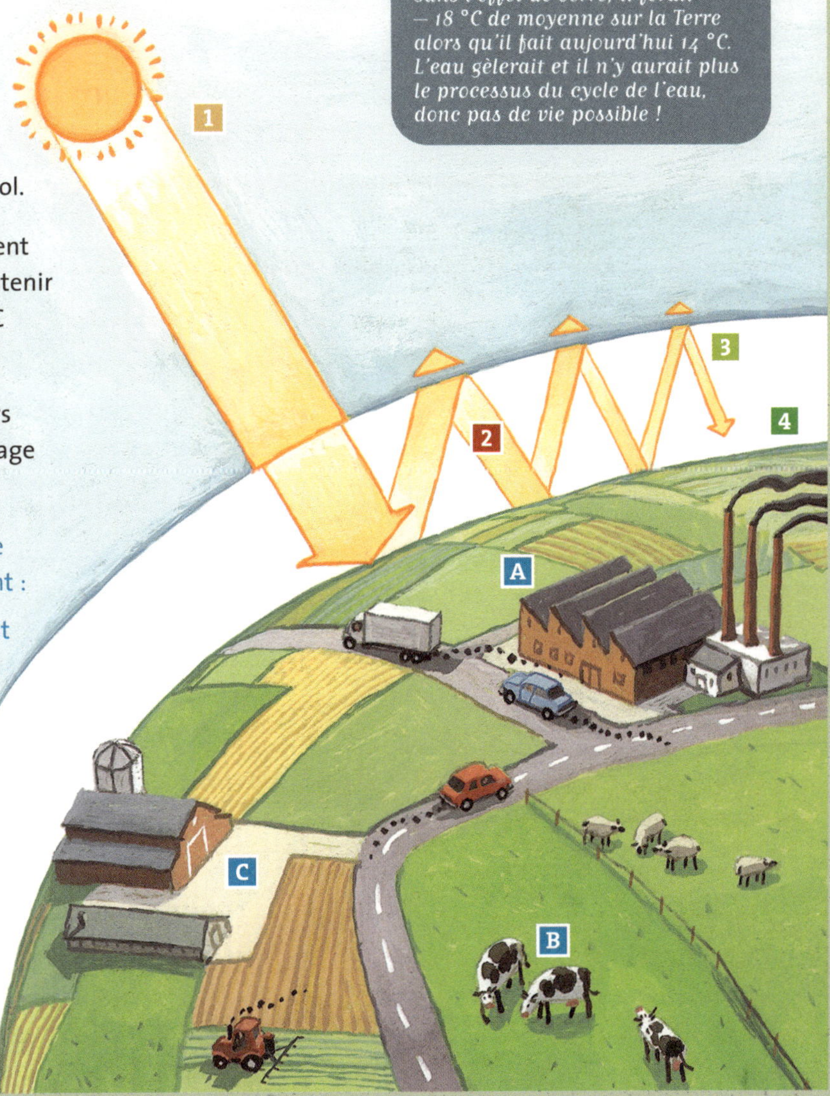

Le savais-tu ?

Sans l'effet de serre, il ferait – 18 °C de moyenne sur la Terre alors qu'il fait aujourd'hui 14 °C. L'eau gèlerait et il n'y aurait plus le processus du cycle de l'eau, donc pas de vie possible !

La biodiversité en danger
Les scientifiques annoncent que, d'ici à 2050, près de 1 million d'espèces végétales et animales risquent de disparaître à cause de la modification de leur habitat naturel.

La réduction de la sécurité d'approvisionnement en eau
Elle est inévitable à cause de phénomènes climatiques comme l'augmentation des sécheresses, mais aussi à cause de l'évolution du cycle de l'eau.

Le savais-tu ?

Les émissions de pets par les vaches sont responsables de l'augmentation de la concentration de méthane dans l'atmosphère !

Les transports

Vers un permis de bonne conduite

Les moyens de transport font partie intégrante de notre mode de vie, mais engendrent nombre de nuisances. Il est urgent de changer nos habitudes !

Nous utilisons des moyens de transport pour travailler, voyager, importer et exporter des produits. Mais l'ensemble de ce trafic engendre des problèmes croissants : pollution, nuisances sonores, embouteillages... Aujourd'hui, c'est à chacun de changer sa manière de se déplacer, d'opter pour un « permis de bonne conduite ».

1 Utiliser les transports en commun

Choisir les transports en commun, c'est préserver la qualité de l'air et réduire l'effet de serre : un autobus rempli de passagers égale moins d'embouteillages, moins de pollution et une économie de carburant. De plus, dans les grandes villes, ils sont souvent plus rapides que les voitures.

2 Bien choisir son mode de transport

Pour les longues distances, il existe trois modes de transport principaux : la voiture, le train et l'avion. Il faut éviter l'avion pour des distances de 300 à 700 kilomètres, car les décollages et les atterrissages sont très gourmands en kérosène.
Le train est le mode de transport le moins dangereux et le moins polluant. En outre, il dépose les passagers au cœur de la ville.

3 Optimiser ses déplacements

Quand il est indispensable d'utiliser la voiture, il faut en tirer le meilleur parti. On peut par exemple regrouper les courses ou pratiquer le covoiturage. Sais-tu que les trois quarts des trajets domicile-travail effectués en voiture le sont avec un seul passager à bord ?

4 Bien choisir sa voiture

Les petits véhicules sont moins voraces en énergie que les voitures puissantes. Avant tout achat, il est bon de se renseigner sur la consommation et les rejets de CO_2. En France, la climatisation est rarement nécessaire. Or, elle contribue à l'effet de serre en générant une surconsommation de carburant pendant son fonctionnement.

% CHIFFRES CLÉS !

Chaque Américain fait au moins **40 000 kilomètres** tous les ans avec sa voiture, soit l'équivalent du tour du monde.

En France, **50 %** des trajets en voiture font moins de 3 kilomètres.

LÀ-BAS ICI !

En Sibérie, deux mondes s'affrontent : celui des grandes sociétés « énergivores » qui gaspillent une énergie bon marché car disponible sur place et à bas prix ; et celui des hommes qui vivent encore à l'époque des chevaux et des rennes.

En Europe, la voiture est responsable de 65 % de la pollution atmosphérique.
En France, il y a plus de 30 millions de véhicules qui roulent. 78 % des Français utilisent leur voiture chaque jour.

? LE SAVAIS-TU ?

✱ La quantité d'émissions de gaz carbonique (CO_2) par mode de transport et par personne sur un trajet Paris-Marseille :

- **voiture :** 178 kilos (pour le conducteur seul, 89 kilos avec un passager) ;
- **avion :** 97 kilos (l'avion plein) ;
- **TGV :** 3 kilos.

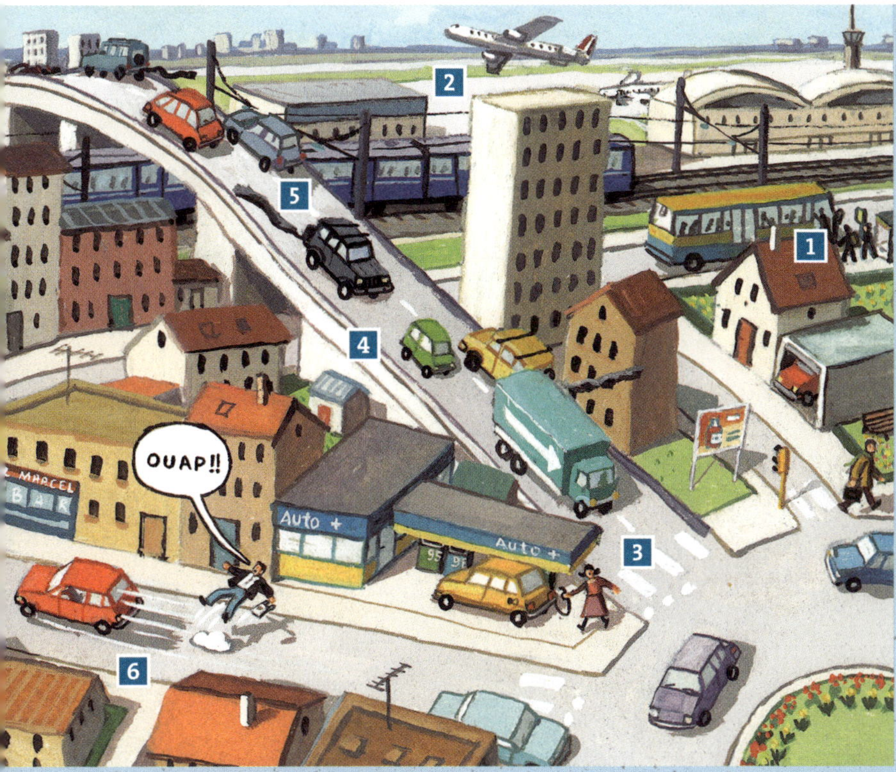

5 Prendre en compte le carburant

Dis aussi à tes parents de réfléchir au choix du carburant : et si l'avenir passait par les véhicules fonctionnant au gaz de pétrole liquéfié (GPL), au gaz naturel véhicule (GNV) ou à l'électricité ?

6 Rouler tranquillement

Si nous sommes obligés de prendre la voiture, limitons notre vitesse : entre une conduite agressive et une conduite souple, on peut gagner jusqu'à 40 % de consommation.

7 Couper le contact à l'arrêt

Contrairement aux idées reçues, au-delà de 30 secondes d'arrêt, le moteur d'un véhicule maintenu au ralenti consomme beaucoup plus d'énergie que si on le coupe et qu'on redémarre ensuite.

8 Faire de l'exercice

Si on le peut, et si la distance le permet, se déplacer à pied, à vélo, en rollers, en trottinette est non seulement bon pour l'environnement, mais aussi bénéfique pour la santé !

Le Quiz sibérien !

Chaque bonne réponse au Quiz sibérien te permet de gagner un point (solutions page 215).

Comment avance le traîneau de Nicolas ?
- il a un moteur
- il est poussé par le vent
- il est tiré par les chiens

L'atmosphère se réchauffe à cause de l'activité humaine, qui :
- provoque des trous dans la couche d'ozone
- augmente l'effet de serre
- provoque des pluies acides

Le gaz à effet de serre que les humains rejettent le plus est :
- l'ozone
- le dioxyde de carbone
- le méthane

Quelle est la cause première des émissions de CO_2?
- les bombes aérosol
- les pets de vache
- les transports

Quel est le type de transport de marchandises le plus économe en énergie ?
- le train
- le bateau
- la route

Calcule tes points.
0-2 points :
Ouille, aïe, aïe ! Pas terrible !
3-4 points :
C'est bien, tu es presque un écocitoyen.
5 points :
Bravo, tu es 100 % écocitoyen !

AGIS : ADOPTE LE PERMIS DE BONNE CONDUITE

- Prends les transports en commun : l'autobus, le métro et le train consomment beaucoup moins qu'une voiture et permettent d'éviter les embouteillages.
- Marche ou roule à vélo pour les petites distances.
- Demande à tes parents de choisir une voiture peu « énergivore » ou, encore mieux, hybride.

- En ville, un gros 4x4 consomme 40 % de carburant en plus, rejette plus de CO_2 et occupe plus d'espace qu'une voiture moyenne.

Et surtout, dis-le à tes parents !

Source : ADEME – WWF-OGILVY&MATHER

CHANTE-LE AUX PETITS !

Les voyages

(Sur l'air de PROMENONS-NOUS DANS LES BOIS)

Voyageons à vélo ou à pied quand il fait beau.
Et pour aller loin, mieux vaut prendre le train !
L'avion et l'auto, seulement s'il le faut !

© Krystell de Mouette

Et maintenant ?

Cette expédition est la dernière d'une longue série que j'ai commencée à l'âge de 16 ans, dès que j'ai pu quitter le cocon familial pour donner corps à mes rêves d'enfant, tous consacrés à cette partie du monde que j'appelais les « pays d'en haut ».

Il y a donc bientôt trente ans que je ne fais que partir et revenir.

Aujourd'hui, je suis comme un joueur de foot qui doit savoir, un jour, raccrocher les crampons. Mais je continuerai en « amateur ». Je repartirai avec mes chiens pour de modestes projets qui ne nécessiteront plus une organisation aussi importante. Je suis las d'être le héros du Grand Nord, d'autant que je ne me sens pas l'âme d'un héros. Je ne suis qu'un voyageur amoureux des espaces sauvages.

Mais je ne voyage plus comme autrefois, émerveillé par les beautés du monde. La situation s'est aggravée, je le constate à chacune de mes expéditions. Je ne peux plus traverser le monde avec la même insouciance et je n'éprouve plus le même plaisir. J'ai découvert à quel point cette vie est éphémère et menacée. Je sais que mes rêves deviendront bientôt des cauchemars, que les ours polaires auront disparu car la banquise d'été indispensable à leur chasse aura fondu...

Ainsi, cette traversée de la Sibérie était ma dernière grande expédition. Elle a pris un sens particulier grâce à l'opération d'éducation à l'environnement que nous avons menée : ce « rêve utile » que Marie et moi avons voulu prolonger dans ce livre. Maintenant, je veux rendre à la nature ce qu'elle m'a donné. Il y a du travail. C'est à cela que mes voyages, mes films et mes livres seront désormais consacrés.

Index

Les numéros en gras renvoient aux pages traitant spécifiquement du sujet.

Solutions

Page 33
- Le lac Baïkal
- 20 %
- À la rame
- Le Rêve Utile
- Le nerpa

Page 47
- Il ne faut pas bouger
- Kurvik
- Le grizzli est un ours brun
- Les monts Saïan
- Le léopard des neiges

Page 61
- Abache
- Le castor est amphibie
- Le glouton
- On écorce les arbres à cause des parasites
- Les incisives

Page 75
- Des skis
- Québec
- Une ligne de trappe
- Un ovin
- Le caribou

Page 91
- Les chiens dorment dehors
- L'élan porte des bois
- Un orignal
- Les alaskans
- Le « will to go »

Page 105
- 15 mètres
- Mauvais temps
- Un phénomène lumineux
- Une dépression
- L'atmosphère

Page 119
- Avec des raquettes
- Le chauffage
- Les Évènes
- La hase
- Une énergie fossile

Page 135
- Churchill
- Du poisson
- La coccinelle
- Dix seaux
- Du compost

Page 151
- Les yeux vairons
- Narsuak
- À – 30 °C avec un vent de 70 km/h
- La sterne arctique
- L'ours : il n'hiberne pas, il hiverne

Page 165
- Le carcajou
- Le givre
- Du slutch
- L'embâcle
- 1,2 kilo

Page 177
- Des lichens
- Tagish
- 33 %
- Au nord de la taïga
- 700 000 caribous

Page 193
- Le chêne
- Un canidé
- Un affût
- Lorsque les arbres sont abattus sans être replantés
- Le soleil

Page 211
- Il est tiré par les chiens
- L'atmosphère se réchauffe parce que l'activité humaine augmente l'effet de serre
- Le dioxyde de carbone (ou gaz carbonique)
- Les transports (surtout la voiture et les camions)
- Le train

Toutes les informations sur le site : www.nicolasvanier.com

ILLUSTRATEURS

Grégory Blot : illustration des récits et des anecdotes, dessins humoristiques de l'introduction et du sommaire

Nicolas Debon : illustration des rubriques « Le petit aventurier », « Curieux de nature », « Le petit Écolo » et « Zoom », dessins de l'introduction

Jean-François Pénichoux : illustration de la rubrique « Faune sibérienne »

Claude Quiec : illustration p.192-193

CRÉDITS PHOTOGRAPHIQUES

Légendes : h : haut – **c** : centre – **b** : bas – **g** : gauche – **d** : droite.

DL : Didier Langou – **MR :** Marie Rouvillois – **NV :** Nicolas Vanier –**TB :** Thibaut Branquart – **TM :** Thierry Malty – **SR :** Sacha Romanoff

Cartouches visage de NV dans encadrés : TB • **6/7** : TB • **8/9** hd : Pierre Michaut • **10** bg : NV ; bd : Thomas Bounoure • **11** h : TB • **12** h : TM ; b : NV • **15** hg : TB ; hd : TB ; bg : NV ; bd : TM • **18/19** : NV • **20** h : MR ; c : TB ; b : NV • **22** : NV • **24** h : Nature Picture Library ; c : TB • **27/28/29/30** : NV • **34/35** : NV • **36** : TB • **39** : NV • **40** : NV • **43** : TB • **47** : NV • **48/49** : TB • **50** h : NV ; cb : TB • **53** : NV • **54** h : BSIP/Leonard Lee Rue III ; c : Sunset • **58** : NV • **60** : SR • **61/62/63** : NV • **64** : TB • **66/67** : NV • **68** : NV• **70** : NV • **74** : NV • **76/77** : TM • **78** : NV • **81** : NV • **82** : NV • **84** h : NV ; bg : NV/Planet ; bc : NV ; bd : NV/Planet • **85** hg : NV ; hd : NV ; cg : NV ; cc : NV ; cd : NV ; bg : NV ; bd : TB • **87** : NV • **88/90/91** TB • **92/93** NV • **94** h : TB ; c : PV ; b : TB • **97/98** : NV • **103** : NV • **104/105** : NV/A. Rastoin • **106/107** : NV • **108** h : SR ; c : TB ; b : NV • **110/111/112/113/114/115** : NV• **117** h : Getty Images/Sarah Leen ; c : Getty Images/Larry Dale Gordon ; b : Corbis/Walter Geiersperger • **118/119** : SR • **120/121** : NV • **122** h : NV ; c : TB ; b : NV • **125** : Alan & Sandy Carey/Zefa/Corbis • **126** : Tom Vezo/NPL/Jacana • **128/129** : NV • **130** h : TB ; b : TB • **131** h : NV ; b : TB • **133** h : NV ; b : NV • **136/137** : DL • **138** h : NV ; c : TB ; b : TM • **140** : NV • **141** D. Robert & Lorri Franz/Corbis • **142** : Sunset • **143** : NV/Explorer • **144/145** : NV • **146** : NV • **147** : NV • **149** : NV • **150/151** : NV • **152/153** : NV • **154** h : NV ; c : MR ; b : TB • **157** : Konrad Wothe/Minden Pictures/FLPA • **158** : Sunset • **160** g : DL ; d : NV • **162/163** : NV • **166/167** : NV • **168** h : TB ; c : TB ; b : Pierre Vanier • **170** : DL • **171** : Thomas Bounoure • **172/173** : NV • **174** h : TB ; b : NV • **175** : NV • **178/179** : TB • **180** : NV • **182** : TB • **183/184/185** : NV • **189** : NV • **190/191** : NV • **194/195** : TB • **196** : TB • **199** : NV/A. Rastoin • **200** : NV • **202** : NV • **202/203** : NV • **203** c : TB • **204** : NV • **206** : NV • **210** : TB.

Les infographies des pages 32, 44 et 45 ont été fournies par Strass Production.

Photos de la couverture : Thibaut Branquart

Comptines extraites de « Chansonnettes pour ma planète » reproduites avec l'aimable autorisation de Krystell de Mouette, AlMaKane éditions www.lesexpertsdelaprudence.fr

REMERCIEMENTS

Une expédition parrainée par Gaz de France et

En partenariat avec Gazprom Joint-Stock Company

Partenaires techniques : Pedigree, Energizer.

Fournisseurs officiels : La Roche-Posay, Yamaha.
Partenaires institutionnels : ADEME, CRDP de Paris, WWF-France.
Autres partenaires : Algyval, Audisoft Consultants, Avomark, Canon, Daher, Garbolino, Laboratoire Esculape, la Boîte à piles, Normaction, Renault, Voyager.
L'équipe : Rock Boivin, Didier Langou, Pierre Michaut, Thomas Bounoure, Thibaut Branquart, Jean Affanassief, Emmanuel Hachette, Pierre Heleu, Sacha Romanoff.
Les cameramen occasionnels : Thierry Machado, Pascal Delisi, Christian Gaume, Nicolas Gruau.
En Russie : Anna Simbireva, Anton Kouzmi, Andrei Molotsev, Alexi Golovinov, Patricia Chichamonva.
Équipe à Paris : Marie Rouvillois, Ysabel Noël, Romain Lecoq, Marie Amachoukeli.

Conforme à la loi n° 49956 du 16 juillet 1949
sur les publications destinées à la jeunesse
N° éditeur : 10135725 - Dépôt légal : novembre 2006
Imprimé en France par Pollina - n° l41370

« Va toujours par le chemin le plus court ;